本书系广西哲学社会科学规划研究项目 “碳中和约束下
广西资源型企业绿色转型动力机制及政策研究”（编号：２１ＦＧＬ０４４）研究成果

数字化背景下
广西资源型企业绿色转型
动力机制及政策研究

韦佳培 吴洋滨／著

西南财经大学出版社
中国·成都

图书在版编目(CIP)数据

数字化背景下广西资源型企业绿色转型动力机制及政策研究/韦佳培,吴洋滨著.--成都:西南财经大学出版社,2025.6.--ISBN 978-7-5504-6568-8

Ⅰ.F279.276.7

中国国家版本馆 CIP 数据核字第 2025BE1686 号

数字化背景下广西资源型企业绿色转型动力机制及政策研究

SHUZIHUA BEIJING XIA GUANGXI ZIYUANXING QIYE LÜSE ZHUANXING DONGLI JIZHI JI ZHENGCE YANJIU

韦佳培　吴洋滨　著

策划编辑:杨婧颖
责任编辑:杨婧颖
责任校对:杜显钰
封面设计:墨创文化
责任印制:朱曼丽

出版发行	西南财经大学出版社(四川省成都市光华村街 55 号)
网　　址	http://cbs.swufe.edu.cn
电子邮件	bookcj@swufe.edu.cn
邮政编码	610074
电　　话	028-87353785
照　　排	四川胜翔数码印务设计有限公司
印　　刷	成都市新都华兴印务有限公司
成品尺寸	170 mm×240 mm
印　　张	12
字　　数	208 千字
版　　次	2025 年 6 月第 1 版
印　　次	2025 年 6 月第 1 次印刷
书　　号	ISBN 978-7-5504-6568-8
定　　价	68.00 元

前　言

随着数字化与绿色化日益成为全球经济社会转型发展的重要趋势，资源型企业面临着前所未有的挑战与机遇。党的二十届三中全会提出，支持企业用数智技术、绿色技术改造提升传统产业。《中共中央 国务院关于完整准确全面贯彻新发展理念做好碳达峰碳中和工作的意见》《数字中国建设整体布局规划》《中共中央 国务院关于加快经济社会发展全面绿色转型的意见》《数字化绿色化协同转型发展实施指南》等政策文件，都对数字化和绿色化协同发展作出了重要部署。如何把握机遇，推动企业高效且可持续地发展，已经成为时代的关键课题。

资源型企业对广西经济社会发展至关重要。它们不仅为全区提供了大量就业机会，还在地方财政上作出了重要贡献。广西的 210 家有色金属企业，为社会提供了 8.40 万个就业岗位，且广西资源型企业在“中国制造业企业 500 强”的企业中占比高达 77.8%，为地方经济发展提供了强大支撑。然而，这些企业普遍存在数字基础设施薄弱、数字化人才匮乏以及治理体系不完善等短板，同时在高能耗、高排放和高污染等生态环境问题上也面临挑战。因此，如何有效地利用数字化技术推动资源型企业的绿色转型，成为广西经济可持续发展的核心问题。

目前学术界主要是从产业中观层面，针对山西老工业基地等特定区域开展研究，而从企业微观层面针对广西等西南边疆民族地区①的研究相对较少。随着数字化技术的迅猛发展，企业在数字化转型中扮演着越来越重

① 曹艳春等（2024）指出西南边疆地区包括广西、云南、西藏三省（自治区）54 个陆地边境县（市、区、镇）。王旦等（2018）指出广西是西南地区沿边、沿海的少数民族集聚地。

要的角色。数字化技术不仅能够提高企业的生产效率，还能为资源型企业的绿色转型提供新的动力。实际上，企业是自然资源的主要消耗者，污染物的主要排放者和市场、社会的基本单元，因此研究数字化背景下企业绿色转型动力问题尤为关键。尤其是在边疆民族地区，经济发展与资源开发紧密相连，涉及“全面建成小康社会，一个民族都不能少”的战略任务。鉴于此，研究广西资源型企业在数字化背景下的绿色转型问题，不仅具有现实紧迫性，也事关区域经济的可持续发展。本书探讨了数字化背景下广西资源型企业绿色转型的动力机制与政策，研究内容分为六个部分：

①导论。本部分旨在为研究的全面展开奠定理论基础。首先阐述本书的研究背景及研究意义；其次界定研究内容与介绍研究方法；最后概述本书的研究创新和不足之处。

②文献综述与理论基础。本章系统梳理国内外关于企业绿色转型驱动因素、实施路径、绩效评估以及数字化与绿色化协同关系的研究进展。在此基础上，深入剖析相关理论基础，涵盖可持续发展理论、制度理论、自组织理论、企业战略变革理论及资源编排理论，为研究构建坚实的理论框架。

③数字化背景下广西资源型企业绿色转型现状与存在的问题。本章系统梳理数字化背景下广西资源型企业的基本现状，归纳其核心特征；结合广西面临的新形势与发展机遇，研判该类企业的发展趋势。在此基础上，全面剖析广西资源型企业绿色转型进程中存在的主要障碍及其成因，为深入探究其绿色转型的内在驱动力及作用机制奠定基础。

④数字化背景下广西资源型企业绿色转型动力要素。本章基于科技进步、政府规制及社会舆论等外部驱动力，以及企业资源禀赋、转型认知、行动策略与制度安排等内部驱动力，多维度探析广西资源型企业绿色转型的影响因素与作用路径，为后续构建实证模型奠定理论假设基础。

⑤数字化背景下广西资源型企业绿色转型动力机制的实证分析。基于模型构建与分析，本章深入探究了影响广西资源型企业绿色转型的关键驱动因素、作用方向及影响强度。实证结果表明，在数字化背景下，企业绿色转型受多重因素驱动，包括企业数字化水平、绿色技术创新能力、高管环保实践经验、内部激励与约束机制以及政府补贴等。本章对于揭示数字

化背景下广西资源型企业绿色转型的动力机制，并为后续针对性研究提供方向，具有重要的理论价值与实践意义。

⑥数字化背景下广西资源型企业绿色转型路径与政策体系构建。基于对数字化背景下广西资源型企业绿色转型过程中面临的关键制约因素分析，本章系统提出提升企业绿色转型动力的针对性对策，旨在促进广西资源型企业实现发展动能转换，加速碳中和目标约束下的产业绿色升级进程。

本书通过深入分析数字化与绿色转型的内在机理，结合广西资源型企业的实际情况，构建了全新的理论框架，并提出了切实可行的政策建议。本书研究成果不仅为广西资源型企业的绿色转型提供了理论支持，还为政府制定相关政策提供了实践依据。具体而言，本书具有以下几方面的研究价值：首先，有助于推动碳中和约束下广西资源型企业的发展动力转换，打通“绿水青山就是金山银山”的转型通道，为地方经济发展提供新动能。其次，有助于加快西南边疆民族地区的开发与开放，促进区域的社会稳定与边疆安宁，进而提升社会的综合发展水平。此外，推进西南边疆民族地区的生态治理，筑牢生态安全屏障，增强绿色发展的可持续性。最后，研究成果为其他边疆民族地区提供了有益的借鉴和政策启示，助力推动其他资源型企业的绿色转型与可持续发展。

本书的出版得到了广西财经学院工商管理学院杜蓉、熊娟、玉鑫萍、王小燕、刘亚玉、黄诗语、杨思盈、冯施婷、刘智妍、沈潇燕、方思琪、韦采岑等多位同学的大力支持。在此，我对她们的辛勤付出和卓越表现表示衷心的感谢！

本书是在广西哲学社会科学规划研究项目“碳中和约束下广西资源型企业绿色转型动力机制及政策研究”（编号：21FGL044）和广西一流学科应用经济学（数字经济方向）资助研究项目“数字经济背景下广西糖业产业链韧性提升的机制与路径研究”（编号：2024GSXKB09）成果的基础上形成的，本书的出版得到了广西财经学院“应用经济学广西一流学科建设项目”的资助。西南财经大学出版社杨婧颖编辑为本书的出版付出了大量辛勤劳动。在此表示十分感谢！

通过本书的研究，我们希望为广西资源型企业提供绿色转型的理论支持与实践指南，帮助企业更好地应对转型过程中的复杂挑战，抓住数字化带来的机遇，从而为广西经济的可持续发展作出积极贡献。当然，本书内容仅是笔者在此研究领域的个人见解，因水平有限，书中难免存在不足之处，敬请广大读者谅解并不吝赐教。

韦佳培　吴洋滨

2024 年 12 月

目　录

1 导论

1.1 研究背景和研究意义

1.1.1 研究背景

（1）广西资源型企业绿色转型是践行国家生态文明建设战略的区域使命

作为我国南方重要生态屏障及粤港澳大湾区核心生态保育区，广西在维系漓江流域生态廊道和北部湾海洋生态系统安全方面承担着特殊使命。党的二十大报告明确提出“推动绿色发展，促进人与自然和谐共生”的战略部署，将生态文明建设提升至中国式现代化建设全局的战略高度，强调“必须牢固树立和践行绿水青山就是金山银山的理念，统筹产业结构调整、污染治理、生态保护、应对气候变化，协同推进降碳、减污、扩绿、增长”。

2025 年 3 月 26 日，生态环境部新闻发言人裴晓菲在发布会上指出，钢铁、水泥、铝冶炼行业是碳排放大户，年排放约 30 亿吨二氧化碳当量，占全国二氧化碳排放总量的 20%以上。。电力、钢铁、水泥、铝冶炼行业纳入管理后排放总量达 80 亿吨，占全国排放总量近 60%。这一数值不仅揭示了上述行业在我国碳达峰进程中的关键性作用，更凸显其低碳转型成效对实现 2060 年碳中和目标的决定性影响。广西部分区域资源型行业的粗放发展模式已引发生态警示：河池市凤山世界地质公园因破坏性开采导致喀斯特地貌景观受损，梧州岑溪市花岗岩矿山粗放式开采造成植被破坏和水土流失面积超 500 公顷。此类案例反映出资源型行业盲目扩张与生态保护的矛盾在广西已较为突出。

在“双碳”目标约束下，广西若不能有效遏制高耗能、高排放项目盲目发展，不仅会加剧漓江、北部湾等生态敏感区的环境压力，更将对全国碳达峰、碳中和战略实施形成制约。加快资源型企业绿色转型，既是落实国家生态文明战略的政治任务，也是守护广西“山清水秀生态美”金字招牌的必然选择。2022 年 12 月，柳州市政府发布的《柳州市推动钢铁产业绿色协同发展实施目标》提出，到 2025 年实现吨钢综合能耗较 2021 年下降 7.4%，从而为行业转型提供可行路径。唯有将绿色转型纳入产业升级核心议程，才能在筑牢生态屏障的同时实现经济高质量发展，切实肩负起边疆民族地区在中国式现代化中的生态使命。

（2）广西资源型企业绿色转型是破解地方经济结构性矛盾的关键路径

广西资源型经济发展面临显著的“低端锁定效应”困境。根据《广西壮族自治区工业和信息化厅贯彻落实第二轮中央生态环境保护督察反馈意见整改任务完成情况》文件披露，2015—2020 年，全区有色金属、冶金等六大高耗能行业能源消费占规模以上工业比重呈现持续攀升态势，由 83. 2%增至 89. 7%，其中煤炭消费量占比更从 66. 2%跃升至 90. 9%。数据表明，区域产业结构对能源密集型产业形成深度路径依赖，高碳经济模式与“双碳”战略目标的矛盾已进入显性化阶段。这种产业扩张态势直接导致广西“十三五”规划中单位地区生产总值能耗强度（累计下降 10. 4%）和碳排放强度（累计下降 12. 5%）两项核心指标均未达成国家约束性目标，进一步凸显产业结构系统性重构的迫切性。微观地级市层面数据显示，百色、贺州、桂林三大重点工业城市六大高耗能行业能耗占比分别高达 98. 2%、95. 5%和 78. 1%，反映出区域经济结构单一化程度已突破合理阈值，传统增长模式的技术锁定效应显著，亟需构建多元化产业升级路径。值得注意的是，在《区域全面经济伙伴关系协定》（Regional Comprehensive Economic Partnership，RCEP）合作框架下，东盟国家已全面实施 ISO14067 产品碳足迹认证等绿色贸易壁垒，据海关总署统计，2022 年广西对东盟出口商品因碳关税壁垒导致的贸易损失达 23. 7 亿元。这种国际贸易环境的结构性变化，客观上形成了对资源型企业绿色转型的倒逼机制，使低碳技术创新成为参与全球价值链重构的准入资质。因此，构建“数字化赋能+绿色化转型”双轮驱动的现代产业体系，是突破资源禀赋依赖陷阱、实现区域经济能级跃迁的战略选择。

(3) 广西资源型企业绿色转型是顺应数字化绿色化融合发展的必然选择

第四次工业革命正深刻变革全球生产方式，推动其向智能化与低碳化方向演进。在此背景下，数字技术与绿色技术的协同创新已成为企业转型升级的核心驱动力。广西资源型产业以场景创新为突破口，着力构建高耗能领域“数智化赋能绿色转型”的示范性范式。广西壮族自治区发展和改革委员会联合大数据发展局及百色市人民政府发布的《2024 年应用场景创新“机会清单”“能力清单”（第二批）》显示，华润水泥（田阳）有限公司通过集成 35 个数智化应用系统实现全业务链覆盖，取得显著成效：熟料标煤耗降低 16%，生料电耗下降 13%，二氧化碳减排 24%，人均水泥产量提升 105%，设备非计划停机率减少 56%，质量稳定性提高 25%，客户提货交付时效缩短 39%。值得关注的是，该公司智慧管理平台于 2023 年 12 月获得“第四次工业革命（4IR）灯塔工厂”认证，成为全球建材行业及粤港澳大湾区中央企业的首座标杆工厂，为资源密集型产业数智化绿色转型确立了国际典范。但需指出，作为广西工业用电量首位城市及电力负荷中心，百色市电解铝产业存在显著能源消耗强度，特别是对照《电解铝行业节能降碳专项行动计划》要求，其产业数字化水平与智能化装备渗透率亟待提升，铝产业链节能降耗需求尤为迫切。当前全球产业链供应链正处于深度重构的战略机遇期，建议广西资源型企业把握数智化转型窗口期，依托工业互联网平台与大数据分析技术，构建能源效率优化模型及污染物精准治理体系，通过数字化与绿色化深度融合抢占产业技术制高点。

(4) 广西资源型企业绿色转型是应对资源环境约束趋紧的内生性需求

广西区域矿产资源开发面临严峻的可持续性挑战，平果铝土矿、合山煤矿等主力矿区已进入资源衰退期，矿竭城衰风险显著上升。以鹿寨县屯秋铁矿为例，该矿区作为柳州钢铁厂历史主要原料供应基地，历史峰值年产量曾达到 60 万吨铁矿石，但受资源枯竭影响，2010 年后开采规模锐减至 18 万吨/年，其对柳州钢铁厂的原料供给贡献率已降至 3%~5%，矿区可持续发展面临严峻挑战。河池北山铅锌矿经数十年高强度开采，现探明可采储量已逼近临界阈值。这些案例反映了传统资源型矿区的发展困境。南宁市自然资源局《南宁市废弃矿井清单》数据显示，横县大站铜矿勘探项目因资源枯竭及经济开采价值丧失被列为废弃矿井，该案例进一步印证了金属矿产资源接续能力不足的普遍性问题。值得注意的是，合山市早在

2009年便因煤炭资源枯竭被国务院列为国家级资源枯竭型城市，标志着广西矿产资源危机已从个案演变为区域性问题。

政策环境方面，随着《广西壮族自治区漓江流域生态环境保护条例（2025年修订）》《广西西江经济带水环境保护规划（2016—2030）》及《广西壮族自治区水功能区管理办法（试行）》等系列规范性文件的密集出台，区域环境保护标准呈现系统性提升态势。自2024年起，漓江、西江等重点流域水质标准已提升至国家二级标准以上，全区污染物排放管控体系较国家标准严格30%以上。特别是在火电行业领域，根据《全面实施燃煤电厂超低排放和节能改造工作方案》（环发〔2015〕164号）要求，烟尘排放限值严控至10mg/m^3，与欧盟现行环境标准接轨，倒逼企业进行技术改造。在此刚性约束下，传统“三高”（高投入、高消耗、高排放）发展模式的经济可行性已丧失，行业统计显示企业环保合规成本年均增幅超20%。通过构建基于数字化技术的资源循环利用体系，并运用区块链技术建立绿色供应链全流程溯源机制，已成为破解资源环境双重约束、实现企业内生型增长的必然选择。

综合研判，广西资源型企业的绿色转型具有多维战略价值：作为区域经济支柱与生态影响主体，其转型实践既承载着贯彻国家生态文明战略、维护区域生态安全的政治使命，又肩负着突破传统发展路径依赖、培育国际竞争新优势的经济重任。在全球“数字化-绿色化”协同转型趋势与国内“双碳”目标刚性约束的双重历史方位下，系统研究其转型动力机制与政策支撑体系，不仅为破解广西资源依赖型发展困局提供了关键路径，更将为同类型区域探索“生态优先、数字驱动”的新型工业化模式提供实践范本，对推进区域经济社会全面绿色转型具有突出的理论创新价值与实践指导意义。

1.1.2 研究意义

广西资源型企业的绿色转型既是贯彻国家生态文明战略的必然选择，更是突破区域性资源环境约束瓶颈、实现可持续发展目标的核心路径。本书系统探究了数字化背景下广西资源型企业绿色转型的动力机制，兼具理论创新价值与实践指导意义。

（1）理论意义

在数字化与绿色化融合的背景下，提出生态生产力与数字生产力协同驱动资源型企业绿色转型，突破传统单一要素研究局限，为生态屏障地区经济社会全面绿色转型提供新动力源。构建碳中和目标约束下的绿色转型动力机制理论框架，从理论层面对资源型企业转型动力不足的根源进行解析，完善资源型企业绿色转型的理论体系。立足对广西工作的重要指示精神，结合数字化发展趋势，深入剖析广西资源型企业绿色转型的本土化特征，形成适配本地资源禀赋的绿色转型理论框架，丰富资源型区域绿色发展的理论研究。

在数字化与绿色化深度融合的时代背景下，本书创新性地提出生态生产力与数字生产力协同驱动资源型企业绿色转型的理论范式，突破了传统单一要素研究的理论局限，为生态屏障地区经济社会全面绿色转型提供新的动力机制。通过构建碳中和与碳达峰双重目标约束下的绿色转型动力机制理论框架，从系统动力学视角解构资源型企业转型动力缺失的制度性根源，完善资源型企业绿色转型的系统理论架构。基于对广西“生态优先、绿色发展”战略定位的学理阐释，结合数字化转型的演进规律，系统阐释广西资源型企业绿色转型的本土化特征与路径依赖，构建适应当地资源禀赋结构的绿色转型理论模型，拓展资源型区域绿色发展的理论维度与研究边界。

（2）实践意义

在数字化转型赋能背景下，本书旨在通过系统性路径创新有效促进广西资源型企业的动能转换，构建“绿水青山”向“金山银山”的价值转化路径，加快推进碳中和目标约束下的产业绿色化升级进程。通过数字化资源配置机制的多维度优化，系统性提升西南边疆民族地区资源要素配置效率，强化区域开放开发效能，实现经济发展与社会稳定的动态平衡，最终形成“数字化-绿色化”协同发展的边疆经济新范式。基于智能感知与大数据分析技术，本书重点突破西南边疆生态治理中的技术瓶颈，实现生态保护模式从经验驱动向数据驱动的范式转换，构建智能化生态安全防护体系。研究成果可为西南边疆民族地区在数字经济背景下实施资源型企业绿色转型提供实践参考，形成具有区域特色的绿色转型方法论体系，为同类地区破解资源依赖型发展路径与生态承载力约束的协同优化问题提供解决方案。

1.2 研究内容和研究方法

1.2.1 研究内容

导论。旨在为本书的研究开展奠定基础。对本书的选题背景、研究目的以及研究意义进行说明。在此基础上简要介绍本书的基本思路和研究方法，并对研究内容和研究框架进行说明。

文献综述与理论基础。回顾国内外在企业绿色转型驱动因素、路径、绩效及数字化与绿色化关系方面的研究现状。最后，深入分析相关理论基础，包括可持续发展理论、制度理论、自组织理论、企业战略变革理论和资源编排理论，为绿色转型提供理论支撑。

数字化背景下广西资源型企业绿色转型现状与存在的问题。本书系统梳理数字化背景下广西资源型企业的基本发展态势，通过实证归纳总结其核心特征，并基于新发展格局下的战略机遇开展前瞻性研判。在此基础上，深入剖析广西资源型企业在绿色转型过程中面临的关键问题及其成因机制，进而揭示转型阻力的内在逻辑关联，为后续深入研究绿色转型驱动因素及其作用机制奠定理论基础。

数字化背景下广西资源型企业绿色转型动力要素。本书基于多维视角，系统探讨广西资源型企业绿色转型的内外部动力要素及其作用机制。从外部动力维度，重点考察科技进步、政府规制及社会舆论等环境要素；从内部动力维度，深入剖析企业资源禀赋、转型认知、战略行动及制度架构等核心要素。通过揭示关键影响因素及其内在作用机理，为后续构建理论模型开展实证研究奠定假设基础。

数字化背景下广西资源型企业绿色转型动力机制的实证分析。通过建立模型，深入探究影响广西资源型企业绿色转型的关键因素、影响方向及力度。结果显示，企业数字化水平、绿色技术创新能力、高管环保实践经验、内部激励与约束机制、政府补贴等因素，均对广西资源型企业绿色转型产生不同程度的影响。这一发现对于挖掘广西资源型企业绿色转型动力、开展后续针对性研究具有重要意义。

数字化背景下广西资源型企业绿色转型路径与政策体系构建。针对广西资源型企业绿色转型过程中存在的制约因素，提出相应的对策建议，以增强其绿色转型动力，助力企业实现发展动力转换，推动广西资源型产业在碳中和约束下加速绿色升级。

1.2.2 研究方法

文献研究与实际调查相结合。本书基于实地走访与深入调查，同步收集和分析相关文献资料，力求将研究结果构建于严谨的实证基础之上。在实地调查环节，选取广西具有代表性的资源型企业作为考察对象，细致剖析其在数字化背景下的绿色转型动力现状，并精准识别亟待解决的核心问题。

定性分析和定量分析相结合。本书运用文献研究、实地调研及访谈等定性分析手段，对数字化背景下广西资源型企业绿色转型动力的内涵、现状、制约因素及提升措施等进行深入探讨；同时，借助因子分析和回归分析法等定量分析工具，对大量调研数据进行处理和分析，实现对定性分析的深化与精确化，达成定性与定量分析的有机结合。

历史分析与对比分析相结合。系统回顾和评述了国内外学术界有关企业绿色转型动力的理论，通过剖析广西资源型企业绿色转型的历史进程来揭示主要问题；并且，通过对国内外数字化背景下资源型企业绿色转型动力较强的典型案例进行研究，为提升广西资源型企业的绿色转型动力提供有益的参考和借鉴。

1.3 创新和不足之处

1.3.1 研究创新

从研究的总体情况来看，本书的创新点主要体现在研究视角、研究方法和对策研究创新等三个方面。

（1）研究视角比较新颖

资源型企业绿色转型问题研究并非新事物，已有大量相关研究，但大多集中于体制改革、基础设施建设、产业体系构建等方面。本书区别于已有的研究，基于数字化视角研究资源型企业绿色转型问题，有利于把握企业绿色转型的整个过程，因此研究具有一定新颖性。

（2）研究方法的综合运用

本书采用规范研究与实证研究、定性研究与定量研究、文献研究和实地调查相结合的方法。在综述研究中，采用理论分析法、文献分析法对国内外资源型企业绿色转型动力文献进行比对梳理；采用调查研究法对广西资源型企业在数字化背景下绿色转型现状进行全面分析；在国际经验借鉴研究中，采用比较分析法；在测度广西资源型企业绿色转型动力时，运用因子分析法；在提出资源型企业绿色转型动力的改进措施时，运用经济政策学，进行规范研究。

（3）对策研究的综合与创新

当前理论界对促进资源型企业绿色转型动力的对策措施进行了一定的研究，结合实际提出了一些切实可行的措施，但由于缺乏相应的实证研究支撑，这些对策和建议零散而不够深入，针对性亦不强。本书运用实证方法定量测度广西资源型企业绿色转型动力及其发展趋势，为提出改进转型动力的对策提供科学依据。然后，对国内外资源型企业绿色转型渠道建设、绿色转型动力改进措施进行比较与综合，再结合广西经济社会发展的客观实际，有针对性地提出促进资源型企业绿色转型发展的对策建议。

1.3.2 不足之处

限于时间与科研水平，本书还存在很多不完善的地方，突出地表现在以下三个方面：

一是转型动力要素的理论建构存在客观数据壁垒。在设计绿色转型动力要素时，因统计口径未完全统一、企业信息披露有限及跨区域数据共享机制尚未完善，部分指标难以纳入分析框架。此外，部分资源型企业出于商业机密保护，未公开核心工艺能耗数据、绿色技术研发投入占比等微观层面信息，致使动力要素的覆盖广度和作用机理的量化分析受到限制。

二是实证研究的现实支撑受调研条件制约。部分企业因活动记录存档不完整、核心数据涉及技术保密，导致调研获取的一手资料存在维度缺失，影响实证分析对复杂动力机制的深度解构。

三是对策建议的实践适配性受区域差异与政策复杂性影响。广西各市资源禀赋、产业基础及政策实施场景存在显著差异，而本书受限于跨区域数据整合难度，未能充分结合县域经济特征进行分层分类设计。同时，部分政策建议的落地需要依赖跨部门协同和动态调整机制，但受限于对政策执行细节的掌握深度，对策的精准性和可操作性仍有待进一步结合实践优化。

2 文献综述与理论基础

2.1 文献综述

资源型企业绿色转型的思想萌芽可以追溯到20世纪70年代。罗马俱乐部（1972）描述了粗放的经济发展方式造成资源枯竭、环境污染、增长濒临极限，学者们开始意识到生态资源的有限性。随后，生态资源价值（发展的动力）及其另一面（发展的外部性）问题将学术焦点引向绿色发展。现将与本书研究密切相关的国内外相关研究动态进行梳理。目前，国内外针对在数字化背景下资源型企业绿色转型的研究主要集中在绿色转型驱动因素、绿色转型路径、绿色转型绩效以及数字化与绿色发展的关系四个研究视角。

2.1.1 企业绿色转型驱动因素的研究

企业绿色转型的驱动因素是企业绿色转型研究的重要内容之一，对企业绿色转型的驱动因素进行研究可以进一步揭示企业绿色转型的内部机理，为企业促进绿色转型提供决策参考。已有研究从制度理论、市场理论和自然资源基础观（Natural Resource Based View，NRBV）等视角分析了制度、市场和组织内部等因素对企业绿色转型的驱动作用。

（1）制度环境因素

制度环境因素主要包括环境规制和政府政策等。关于环境规制的研究，原毅军和谢荣辉（2016）通过对中国工业省际面板数据的实证分析，认为费用型规制与投资型规制对工业绿色生产率的影响存在异质性，费用型规制对工业绿色生产率具有“U”形影响，而投资型规制会降低工业绿色生产率。彭星和李斌（2016）将环境规制分为命令型、经济激励型和自愿意识型，他们通过实证研究表明经济激励型和自愿意识型规制显著促进工业绿色转型，而命令型规制影响不显著。朱东波和任力（2017）发现环境规制强度与中国工业绿色转型呈“U”形关系，目前的环境规制强度对工业绿色转型仍表现为负效应。申晨等（2018）研究表明，市场激励型规制中“利用市场”类政策工具对工业环境效率具有正向促进作用，而“建立市场”类工具影响不显著。侯建和陈恒（2018）研究发现环境规制对高专利密集制造业技术创新绿色转型绩效具有抑制作用。王丽霞等（2018）提出环境规制对工业企业绿色发展绩效存在门限效应，大多数省份的规制强度已进入对绿色发展绩效的抑制阶段。齐亚伟（2018）发现环境规制与工业绿色转型呈倒“N”形关系。关于政府政策的研究，哈姆杜什和德普雷（Hamdouch & Depret，2010）指出绿色经济的发展与政府政策战略齐头并进，政策战略是发展绿色经济的必要条件。王昀和孙晓华（2017）研究发现政府补贴显著促进研发投资，但目前水平不足以引发绿色转型。刘蕊（2019）发现排污权交易政策对企业绿色转型具有显著促进作用。王晓祺和宁金辉（2020）证明强制社会责任披露政策会通过增强规制和合法性动机促进企业绿色转型。于连超等（2019）发现环境税通过提高合法性压力和增加成本黏性促进绿色转型，并指出环保约谈的监督效应显著促进企业绿色转型。

（2）市场因素

市场因素包括市场环境的不确定性和市场竞争等方面。关于市场不确定性，戴斯和比尔德（Dess & Beard）提出环境不确定性可以分为动态性、丰腴性和复杂性。米勒（Miller）等（1982）研究发现环境动态性与企业创新强度显著正相关。汪丽等（2012）验证了这一点，并发现环境复杂性对企业创新的相关性不显著。傅皓天等（2018）发现环境动态性和丰腴性对企业战略变革具有显著正向影响。孟凡生和赵刚（2018）研究指出环境动态性会正向调节创新柔性与智能化转型的关系。刘刚（2019）发现环境动态性加强了扫描搜索与商业模式创新之间的正向关系。关于市场竞争，侯建和陈恒（2018）发现市场竞争激发高专利密集度制造业的绿色创新动力，进而促进其绿色转型。

（3）组织内部因素

组织内部因素包括技术创新水平、TMT 异质性、管理者认知、高管环保经历和企业规模等。关于技术创新水平，陈诗一（2009）发现高能耗、高排放行业需要通过技术创新实现绿色转型。张江雪和王溪薇（2013）研究表明地区技术进步对区域工业绿色增长具有显著正向影响。岳鸿飞等（2017）认为技术创新是实现工业绿色转型的重要方向，不同行业应选择适合的技术创新方式。吴静（2017）强调新能源技术改革是工业绿色转型的关键。张峰和宋晓娜（2020）指出高技术进步水平不仅直接促进制造业绿色转型，还通过调节资源禀赋关系间接发挥促进作用。关于TMT异质性，苏丹（2011）研究表明，TMT异质性对战略变革有显著负面影响，异质性越高，战略变革程度越低。关于管理者认知，沙玛（Sharma，2000）认为高管的态度和价值观会影响其环境战略选择，当管理者将环境问题视为机遇时，更倾向于采取自愿型环境战略。和苏超等（2016）进一步证明前瞻性环境战略显著促进企业财务绩效和环境绩效。关于高管环保经历，毕茜等（2019）发现高管的环保经历通过降低调整成本和提升创新水平促进企业绿色转型。关于企业规模，侯建和陈恒（2018）发现企业规模与绿色技术创新绩效显著正相关，大规模企业在节能减排设备投资等方面具有优势。

（4）其他因素

经济因素主要包括经济开放程度和经济发展水平。袁晓玲等（2014）发现经济开放程度和政府干预负向影响陕西省绿色全要素效率。傅为忠和黄小康（2016）研究发现地方经济发展水平显著促进工业绿色转型。韩晶和蓝庆新（2012）提出技术进步、产业结构升级和经济开放程度对工业绿化具有显著促进作用。彭星和李斌（2015）研究表明出口贸易的低水平扩张对工业绿色转型具有负向影响，而进口贸易具有正向作用，并与研发水平形成互补效应。结构因素方面，涂正革（2008）发现经济结构升级和产权结构改革有利于提高环境技术效率。李玲（2012）指出结构调整对绿色全要素生产率有重要影响，并检验了所有制结构、能源结构等维度的作用。吴静（2017）发现新能源革命显著推动工业绿色转型，且能源技术改革效果优于能源结构调整。利益相关者因素方面，德索萨（D'souza，2022）认为利益相关方的压力和参与有助于推动企业的社会环境责任实践的制度化。巴（Baah，2021）利益相关方的压力是推动企业采取主动环境策略的主要因素。格雷厄姆（Graham，2020）提出利益相关方压力是推动企业采取主动环境策略的重要驱动因素。

综上所述，企业绿色转型的驱动因素多种多样，涵盖制度、市场、组织内部和其他视角。现有研究多采用定量研究方法，侧重于分析单一因素或少数因素的净效应，而对多个因素联动效应的研究仍需进一步深入。

2.1.2 资源型企业绿色转型路径研究

目前国内外关于资源型企业绿色转型路径的研究并不多，以国内学者的研究为主，并且主要采用案例研究等定性研究方法。以下是不同学者对资源型企业绿色转型路径的研究综述：

（1）绿色战略驱动力与形成路径

严良等（2014）以湖北兴发集团为例，通过案例研究系统分析了资源型企业绿色战略形成的驱动力及路径。研究指出，绿色战略的形成受到企业外部和内部双重压力的驱动。外部压力主要来源于政府政策的强制性要求、市场对绿色产品的需求增加以及社会对环保责任的关注；内部压力则集中在企业自身的资源制约、成本上升以及提升竞争力的需求。严良等进一步构建了绿色战略形成的过程模型，他们指出，在不同的外部和内部压力条件下，企业可能采取主动型或非主动型的绿色战略。主动型绿色战略主要表现为企业自发进行绿色技术创新和产业结构调整，具有较强的前瞻性和可持续性；而非主动型绿色战略则多表现为企业被迫应对外部政策规制或市场压力，具有被动应对的特征。该研究为理解资源型企业在复杂环境中的绿色战略选择提供了重要参考，但其基于单一案例的研究方法可能无法推导出结论的普适性，未来研究可以通过更多案例或定量分析验证驱动力的影响机制。

（2）基于生命周期理论的转型路径

阎俊爱等（2020）将资源型企业的绿色转型过程置于生命周期理论框架下，细分为五个阶段：准备期、启动期、成长期、成熟期和衰退期。他们基于多案例研究方法，以四家资源型企业为例，剖析了不同生命周期阶段企业绿色转型的路径及特点。研究提出了内生型和外生型两条核心路径。内生型路径强调通过调整产业结构、转变管理模式和技术创新协同发展来实现绿色转型。在此路径中，企业重视内部资源的高效利用，注重工艺改进与流程优化，逐步向绿色生产模式过渡。外生型路径则通过行业转型、降低对不可再生资源的依赖以及利用渠道优势和资本运作向相似产业转型为主。在该路径中，企业更多依赖外部资源，利用行业联动效应和资本市场的运作机会实现绿色转型。研究还指出，不同生命周期阶段的企业对两种路径的选择存在显著差异：早期阶段更倾向于内生型路径，而后期阶段更注重外生型路径。该研究为资源型企业绿色转型的阶段性规划提供了具体指导，但对转型实施的深层机制有待进一步探讨。

（3）分阶段演化的绿色转型路径

任相伟等（2021）从整体视角研究了资源型企业绿色转型的演化过程，并提出了一种分阶段的演化路径。研究以河北钢铁集团为例，采用扎根理论质性分析方法，指出资源型企业的绿色转型可以分为准备阶段和实施阶段两个主要阶段。在准备阶段，企业需要围绕政策导向、市场需求以及自身资源禀赋等因素进行战略规划，构建转型的目标和方向。核心层的技术研发、运转层的生产调整和保障层的政策支持在此阶段起到了关键作用。在实施阶段，企业则需要协调各个层面的资源和能力，具体包括引入绿色生产工艺、加强资源循环利用、优化能源使用效率等。该研究强调转型过程中的多层次交互作用，例如核心层技术创新如何驱动运转层流程优化，以及保障层的政策支持如何为企业转型提供资源和条件保障。这一研究不仅突出了绿色转型的分阶段性特点，还提供了全方位、多角度的路径规划指导，但对不同阶段之间的动态交互机制研究尚有不足，需要进一步探索。

（4）环境规制下的绿色转型路径

付瑶（2020）聚焦环境规制对资源型企业绿色转型的影响路径，研究了政府规制强度在不同地区对绿色转型的差异性作用。她采用模糊集定性比较分析方法，以中国钢铁产业为例，分析了环境规制的两种典型模式：强规制地区和弱规制地区。研究表明，强规制地区的绿色转型路径主要通过政府的政策推动实现，包括制定更严格的排放标准、提供绿色技术补贴和实施强制性清洁生产措施等。这些政策措施能够有效激励企业进行绿色技术创新和产业结构升级。弱规制地区则更依赖市场驱动，主要通过绿色产品的市场需求和竞争压力来推动企业逐步进行转型。研究进一步指出，两种模式在实施过程中存在显著差异：强规制路径具有较高的推动力，但可能面临成本高和企业抵触的问题；而弱规制路径的转型速度较慢，但市场驱动机制具有可持续性。该研究为环境规制政策的设计与实施提供了理论依据，但对规制强度与企业创新之间的非线性关系探讨不足，值得进一步研究。

（5）绿色工艺与产品创新路径

郭丕斌和张爱琴（2021）基于扎根理论，以国家能源、兖矿集团、冀中能源、潞安集团四家煤炭企业为例，研究了资源型企业绿色转型升级路径，提出绿色工艺创新和绿色产品创新是企业绿色转型的两条关键路径。研究发现，企业内部资源压力主要促使企业专注于绿色工艺的创新，通过优化生产流程、提升资源利用效率和引入清洁技术来提高经济绩效。例如，通过工艺改进实现的节能减排技术，不仅降低了生产成本，还增强了企业的市场竞争力。同时，外部环境和竞争压力则驱动企业在绿色产品创新领域取得突破。这类创新包括开发环保型产品、可再生能源相关产品以及绿色材料，旨在满足日益增长的市场需求和政策要求。研究还提出，工艺创新与渐进型动态能力的互动能够提升企业经济效益，而产品创新与突破型动态能力的协同可以强化企业的社会价值响应。该研究为资源型企业如何在内部和外部压力下选择适合的绿色转型路径提供了理论依据，但对两种创新路径的交互关系及其对企业长期发展的综合影响仍需进行深入研究。

（6）工业绿色转型的结构性路径

胡安军（2019）基于绿色发展理论，从工业结构调整的视角剖析了工业绿色转型路径，认为工业绿色转型可分为工业结构清洁化转型、工业绿色效率提升以及工业结构高级化转型三大方向。在工业结构清洁化转型中，企业通过引入清洁生产技术、优化能源结构和发展循环经济模式来降低环境负荷。例如，企业利用资源回收再利用技术提高资源使用效率，从源头上减少污染物排放。在工业绿色效率提升方面，绿色发展强调通过技术创新和管理优化实现资源消耗和污染排放的双降。具体方法包括生产工艺改进、智能制造技术应用以及能源效率提升。在工业结构高级化转型中，企业需要向高附加值和高技术含量的绿色产业升级，如新能源、新材料等行业。研究进一步通过实证分析，提出环境规制和技术创新对工业绿色转型的五条促进路径：强规制促进、技术创新激励、规制与技术协同发展、高素质人力资源支持以及生态意识的培养。这一研究全面揭示了工业绿色转型的多维路径，但对不同路径间的相互作用及其对企业整体绩效的综合效应尚未深入探讨。

（7）技术创新与协同发展的多元路径

闫雅芬（2021）围绕技术创新与工业绿色转型之间的关系，提出了基于系统模型的三种技术创新促进路径，包括自主研发创新路径、产学研协同发展路径以及技术创新与其他系统要素协同发展路径。第一，自主研发创新路径强调企业通过加大技术研发投入，建立创新机制，开发具有自主知识产权的绿色技术，从而提升技术创新水平和工业信息化融合水平。例如，企业在新能源领域的研发创新，不仅提升了生产效率，还促进了绿色产业发展。第二，产学研协同发展路径通过企业、高校和科研机构的合作，促进技术成果转化为绿色生产实践，从而实现绿色经济效益和环境效益的双提升。第三，技术创新与其他系统要素协同路径关注技术创新与政策支持、资本投入及市场需求的联动，通过资源优化配置与系统协同效应促进工业绿色转型。研究通过系统动力学仿真模拟表明，自主研发路径适用于创新基础较强的企业，而产学研协同路径更适合创新能力较弱但资源丰富的企业。协同发展路径应用于技术创新能力较强且政策支持力度大的企业时则表现最佳。这一研究为企业设计绿色转型技术路线提供了多元化的参考，但对不同路径实施的具体障碍与解决方案探讨尚显不足。

（8）资源型区域的阶段性绿色转型

孙毅（2012）将资源型区域绿色转型描述为从传统“黑色”发展模式向理想“绿色”发展模式的逐步过渡，并强调这一过程具有显著的阶段性特征。研究指出，资源型区域的绿色转型可以划分为“寻优”过程中的多个阶段，包括初始阶段的政策推动和规划指导、中期阶段的技术创新和产业调整，以及后期阶段的绿色产业集群化和可持续发展机制的建立。在初始阶段，政府通过制定环保法规和提供资金支持，推动传统资源型企业进行清洁生产改造和节能减排。在中期阶段，企业依赖技术创新推动转型，重点包括新能源开发、废弃资源循环利用以及绿色技术的引进和应用。在后期阶段，绿色产业集群的形成是实现区域可持续发展的关键，通过行业间的协同效应和规模经济优势，进一步提高资源利用效率和环境保护水平。研究还强调了不同阶段政策支持、企业能力建设和市场机制的重要性，并指出阶段性特征的存在要求政策设计具有前瞻性和灵活性。尽管研究揭示了区域转型的总体框架，但对不同阶段间的衔接机制及跨阶段问题的应对策略讨论尚显不足。

2.1.3 企业绿色转型绩效的相关研究

（1）绿色转型对企业绩效的正向影响

大量学者的研究表明，绿色转型能够促进企业绩效的提升。姜秀娟和侯贵生（2015）通过对上市煤炭企业的实证分析，发现转型文化重塑能力显著提升了企业的安全绩效、社会绩效和环境绩效，而转型战略规划能力对经济绩效的提升作用最为显著。李怡娜和叶飞（2011）研究了广东制造企业的绿色实践，发现绿色环保实践能够通过提升环境绩效间接促进经济绩效的提升。类似地，曾江洪等（2020）发现绿色产品创新显著促进企业经济绩效，但绿色过程创新的效果不明显。迟楠等（2016）通过元分析发现，先动型环境战略不仅能提升环境绩效，也能显著提高经济绩效。其他学者如 Wong C Y（2020）和尤尔达库尔姆（Yurdakul M，2020）指出，引入污染预防技术和绿色创新能够减少资源消耗和治理成本，从而提高企业绩效。此外，陈泽文和曹洪军（2019）的研究表明，绿色创新战略通过核心能力和绿色形象的完全中介作用促进了企业经济绩效和社会绩效。总体而言，这些研究从多个维度验证了绿色转型对企业绩效的正向促进作用，但具体影响程度因研究方法、样本和行业情境而异。

（2）绿色转型对企业绩效的负向影响

部分学者认为绿色转型可能对企业绩效产生负面影响。LIU M F（2023）指出，企业进行绿色技术创新可能增加企业的运营成本，进而影响其竞争力。阿韦沃姆姆杰（Awewomon J，2024）指出企业实施污染防御型的绿色战略可能会在短期内降低企业的经济绩效。这些研究表明，绿色转型在某些情境下可能增加企业运营成本，从而影响短期市场竞争力和财务表现，但其对长期绩效的影响尚需进一步探讨。

（3）绿色转型与企业绩效的倒“U”形关系

部分研究者综合前两种观点，提出绿色转型与企业绩效之间可能呈倒“U”形关系。杨静和施建军（2015）以 132 家制造企业为样本，研究发现生态创新与企业经济绩效呈倒“U”形关系，即在绿色转型初期，创新投入对绩效有显著促进作用，但当转型达到一定程度后，过高的创新成本可能对绩效产生负面影响。同时，组织学习能力对二者关系具有显著调节作用。刘林艳和宋华（2012）在美国和中国的双重情景下验证了这一结论，发现美国情景下企业的积极环境行为与绩效呈倒“U”形关系，而在中国情景下这一关系未能成立。此类研究表明，绿色转型对企业绩效的影响可能随着投入程度和经济情境的不同而变化，需结合具体环境和发展阶段审慎评估绿色转型的效果。

（4）企业绿色转型研究的影响因素

关于绿色转型对绩效影响结论不一致的原因，研究者提出了多个视角。首先，不同研究的样本选择可能导致结论差异，例如，不同行业、规模和地区的企业在绿色转型中的表现和挑战各异。其次，变量维度的选择会显著影响研究结果，如经济绩效、环境绩效和社会绩效的权重及其相互作用可能对整体绩效评价产生偏差。此外，经济情景的差异也会影响研究结论，尤其在政策规制和市场竞争强度不同的背景下，绿色转型的成本和收益表现差异显著。然而，目前少有研究探讨企业绿色转型驱动因素的多样性及其对绩效的影响，即绿色转型的前因不同是否会导致结果的差异。进一步的研究应关注不同驱动因素如何通过绿色转型路径影响企业绩效，并综合考虑短期和长期的绩效表现。

（5）研究方法和理论的多样化

不同学者采用了多样化的研究方法和理论模型来分析企业绿色转型绩效的影响。元分析方法（迟楠 等，2016）提供了整合多项实证研究结论的视角，而多元层级回归（陈泽文 等，2019）和结构方程模型则被广泛用于分析变量间的直接和间接作用。部分学者通过案例研究深入探讨特定行业的绿色转型绩效，如张刚和张小军（2013）针对中国制造企业的研究。同时，系统动力学和仿真方法被用于模拟绿色战略对企业绩效的动态影响。然而，不同方法的选择和模型假设可能导致结果的多样性。因此，未来研究应在方法上进一步标准化，并通过跨学科研究综合多种理论模型，探讨绿色转型绩效的更全面和一致的机制。

可以看出，以上关于企业绿色转型对企业绩效的影响研究未形成统一结论，不同的研究者考虑了各方面的原因，如样本选择、变量维度选择以及经济情景等方面的原因，但少有研究考虑企业绿色转型驱动因素差异的原因，即企业绿色转型前因不同是否会造成结果不同，需进一步考虑不同驱动因素影响下绿色转型是否会对企业绩效产生差异。

2.1.4 数字化与绿色发展的相关研究

数字化为绿色发展带来了新的机遇（曹裕 等，2023）。通过充分释放数据的绿色价值创造作用（Von et al.，2018），数字化能够有效解决制造企业绿色转型中面临的运营成本困境和技术突破难题（Luo et al.，2023）。现有研究指出，数字化赋能绿色增长的主要路径包括两种方式：一是直接参与生产过程，优化资源利用效率；二是颠覆传统经济生产模式，提高资源配置效率（魏丽莉 等，2023）。现有文献主要集中在两个方面的探讨：数字化与绿色发展之间的关系，以及数字化驱动绿色发展的机理。

（1）数字化与绿色发展之间的关系

数字化与绿色发展的关系在技术视角下存在一定的争议。部分研究认为技术与环境之间存在悖论（王文军，2017），其中技术悲观主义者认为技术进步会加剧环境问题，而技术乐观主义者则认为技术是解决环境问题的关键（袁富华 等，2001）。目前的研究表明，数字化对环境的净效益存在不确定性（Wu S，2023；Lange et al.，2020）。一些研究发现，数字化可能增加能源消耗和污染（Chen W，2023），但也有研究认为数字化能带来环境效益（Feng H 2022；Sarfraz M et al.，2022）。关于数字化的环境效益，已有研究主要探讨了数字化与污染物排放、绿色创新、环境绩效等企业绿色发展指标之间的关系。具体来说，数字化有助于减少污染物排放（何小钢 等，2023；金祥义 等，2023；刘胜 等，2023；曾庆 等，2023），提升环境绩效（高厚宾 等，2023；李婉红 等，2023；于连超 等，2023；热比亚·吐尔逊 等，2023），推动绿色创新（申明浩 等，2022；宋德勇等，2022；靳毓 等，2022；王锋正 等，2022；刘海曼 等，2023），降低能源消耗强度与污染排放强度（戴翔 等，2022），并在实现减排和增效的同时，提升环境绩效、经济绩效和绿色创新绩效（李金昌 等，2023；王海花等，2023）。

（2）数字化影响绿色发展的机理

数字化对绿色发展的影响机理得到了广泛的研究，学者们普遍将其环境影响分为直接影响和间接影响。直接影响主要来源于数字技术的生产、使用和处置过程，它可能导致电力消耗增加和碳排放上升，从而对环境产生负面影响（Rayhan I et al.，2018；Andrae ASG，2020）。然而，间接影响则通过技术进步、生产规模扩展和结构优化等方式产生积极效应。例如，数字化可以优化生产和运营流程，从而降低能源强度和污染排放（Feroz AK et al.，2021；Gil-Gomez H et al.，2020）。规模效应方面，数字化转型可以促进企业规模扩张，尽管这可能增加能源需求，但也为绿色投资和节能减排提供了机会，因此其环境影响具有不确定性。结构优化效应则通过优化生产体系和组织结构，降低能源消耗，推动企业绿色转型。数字化转型对环境的影响是复杂的，既有直接效应也有间接效应（Hongyun T et al.，2025）。不同学者基于不同的视角得出了不同的结论：袁宝龙（2018）认为，节能技术和清洁生产技术推动了绿色创新成果的转化，促进了企业绿色发展；罗军（2023）发现，数字化促进了制造业的绿色发展，但生产规模扩大却可能抑制这一过程；戴翔和杨双至（2022）则指出，数字技术通过规模效应和技术效应赋能制造业绿色转型；史丹（2018）强调，技术进步和结构调整是工业部门实现能源节约的关键途径。

（3）数字化与企业的转型升级

企业的转型升级涵盖了内部管理模式的优化和企业在不同领域或产业间的转换，旨在推动发展模式的转型和提升整体效率。数字技术的应用有助于解决“数据孤岛”问题，推动生产经营向模块化、柔性化和智能化发展（Bianchini D et al.，2024），加速制造企业生产方式的变革（李廉水等，2019）。数字化与企业深度融合能够提升跨界经营能力，拓展经营范围，创造新的价值增长点（吴非 等，2021），同时重构产品制造和服务流程，实现从前端产品创新到中端混合产品生成，再到后端服务创新（潘蓉蓉 等，2023）。此外，数字化推动生产模式向低能耗方向转型，帮助企业消除生产过程中的冗余和浪费，提高生产效率。（Borowski P F，2021），改善能源结构，提升清洁生产能力（张涵钰 等，2023），进而降低污染排放（张三峰 等，2019）。数字化还能够优化生产模式，实现供需精准对接（韩国高 等，2022），增强客户信息获取的优势（梁小甜 等，2023），有助于准确获取个性化需求并满足用户动态需求（肖静华 等，2020），推动个性化定制和差异化生产（姜奇平 等，2023），并实现大规模定制（周文辉等，2018）。面对内外部环境变化，数字化实现了供应链体系和企业内部的柔性生产（张晴 等，2023），通过敏捷制造和柔性生产对制造业的绿色创新产生了积极作用（马红 等，2024），有效促进节能减排和绿色效率提升（张晴 等，2023）。制造业服务化是推动转型升级的重要途径之一（杨蕙馨 等，2020），数字化发展显著提升了企业的服务化水平（赵宸宇，2021；王锋波 等，2023），且服务型制造在污染减排方面具有显著效果（江三良 等，2023），尤其是在生产端发挥重要作用（张远 等，2022）。通过服务化获取价值和资源，促进绿色创新（朱雪春 等，2024），并改善污染和提升环境全要素生产率，带来双重绿色福利的提升（许冬兰 等，2021）。

2.1.5 文献评述

综上，从对国内外资源型企业绿色转型相关研究的文献计量分析和具体研究梳理中不难发现，国内外已有不少关于资源型企业绿色转型的研究成果，尤其是近十年来，相关研究数量呈现井喷式增长，越来越多的学者关注企业绿色转型这一研究领域。但是，尽管研究成果不断增多，研究视角、研究方法和研究样本各异使得很多研究结论未形成共识，也没有形成统一的理论体系。

（1）资源型企业绿色转型的研究发展现状

近年来，关于资源型企业绿色转型的研究呈现出快速增长的趋势。尤其是在过去十年，随着对资源型经济转型的讨论逐渐深入，相关研究显著增加，企业绿色转型已成为当前的研究热点。然而，尽管研究成果丰硕，国内外在研究视角、方法和样本选择上的差异，使得很多研究结论缺乏共识，且未形成统一的理论框架。国外研究多关注宏观层面的能源系统、行业或产业绿色转型，而国内则提供了独特的情境和案例，尤其是在政策和经济环境的影响下，推动了资源型企业绿色转型的探索。然而，目前的研究仍存在进展缓慢、结论不一等问题，亟需进一步完善相关研究框架和理论体系，以便更有效地指导资源型企业的绿色转型实践。

（2）资源型企业绿色转型路径的研究方法与挑战

资源型企业绿色转型路径的研究主要采用案例研究和扎根理论进行编码分析的方法，提出了多个绿色转型路径。这些路径通常从经济政策、技术等角度进行分析，如阎俊爱、任相伟、郭丕斌等人提出的路径虽然具有一定的意义和借鉴价值，但其普适性较低。在实际情况下，绿色转型路径往往是多因素交织的动态过程，而非某种单一的发展模式。因此，未来的研究应通过引入其他研究方法，尤其是 QCA 方法和组态视角，对资源型企业绿色转型路径进行更为全面的探索。QCA 方法认为前因条件相互依赖，共同形成多个并发的路径，为资源型企业绿色转型提供了更有效的研究方法和视角。

（3）绿色转型与企业绩效关系的研究现状

关于绿色转型与企业绩效的关系，现有研究从不同视角和情境出发，得出了正向、负向及倒“U”形三种不同的结论。这些差异不仅来源于研究方法、情境和样本的不同，还可能与研究范式的局限性有关。现有研究大多将绿色转型的前因和后果分开讨论，或者通过回归分析方法从单一视角探讨前因对转型的影响及转型对绩效的影响。然而，这种研究方式忽视了前因条件和绿色转型结果之间的复杂关联及联动效应。因此，未来的研究应将前因和后果结合起来，系统分析资源型企业绿色转型的全貌，避免单一因果关系的割裂，从而更全面地理解绿色转型对企业绩效的多维影响。

（4）数字化与绿色发展的研究现状与挑战

数字经济与绿色发展是实现经济高质量发展的关键战略，也是中国式现代化的重要组成部分。尽管现有研究已在数字化与绿色发展关系的不同维度，如污染减排、环境绩效提升和绿色创新等方面取得了一定进展，但在数据来源、时间维度和研究深度上仍存在不少局限。现有的研究大多集中在环境效应上，且结果存在分歧。一些研究认为数字化可能增加能源消耗和污染（Chen W，2023），而另一些则认为数字化能够促进企业的绿色发展（Sarfraz M，2022）。此外，数字化对环境的影响涉及直接和间接效应。直接效应是数字技术生命周期中的负向环境影响，如生产、使用和处置过程中的污染；间接效应则包括数字化技术带来的技术进步、生产规模和结构优化等对环境的积极作用（Feroz A K，2021）。未来的研究应更加关注数字化如何通过技术创新和绿色升级，促进企业的绿色发展，探索不同数字化技术在不同行业和企业中的环境效应差异，并从系统性和综合性的角度进行深入研究。为确保数字化的绿色效益，研究需要进一步整合各类技术、应用场景及政策管理，综合评估其在不同企业中的环境效应。

2.2 理论基础

2.2.1 可持续发展理论

（1）可持续发展理论基本思想

可持续发展理论最早源于1962年美国生物学家雷切尔·卡森（Rachel Carson）的著作《寂静的春天》，该书引发了全球对人类发展方式的广泛讨论。十年后，巴巴拉·沃德（Barbara Ward）和雷内·杜博斯（Rene

Dubos）在《只有一个地球》中再次强调了环境保护的重要性。同年，美国学者德内拉·梅多斯和乔根·兰德斯等人在《增长的极限》中提出了从“无限增长”向“可持续增长”转变的理念。1980 年，《世界自然保护大纲》首次提出了“可持续发展”的概念，并在 1987 年由世界环境与发展委员会（WCED）发布的《我们共同的未来》报告“将可持续发展”明确界定为“既满足当代人的需求，又不危及后代满足其需求的能力的发展”。

可持续发展理念强调，在追求经济增长的同时，必须从环保角度出发，转变传统的增长模式，推动经济、社会和环境之间的协调发展。它要求自然资源作为发展的基础，强调经济建设和社会进步应与环境承载力相适应，目标是提高生活质量和促进社会的全面发展。可持续发展理念还确认了自然环境在支持经济系统和生命支持系统中的关键作用，并为绿色、环保、节能等新兴产业提供了发展的机会。随着可持续发展理念的提出，学者和各类组织围绕经济、社会、环境和资源的平衡关系，提出了循环经济、低碳经济、绿色发展等多种发展范式，以应对全球气候变暖、环境恶化等挑战。

（2）绿色发展理论

绿色发展理论起源于 1989 年英国学者皮尔斯在《绿色经济蓝皮书》中提出的“绿色经济”理念。该理念强调经济生产必须在自然环境和人类承受的范围内进行。联合国环境规划署（UNEP）将绿色经济定义为一种能够提升人类幸福和社会公平，同时降低环境和生态风险的经济形态。刘思华（2001）则认为，绿色经济在本质上是可持续发展的经济形式，核心在于生态经济的协调发展。2005 年，联合国亚洲及太平洋经济社会委员会（ESCAP）正式提出“绿色增长”，强调低碳发展和社会成员普惠的环境可持续经济模式。随后，经济合作与发展组织（OECD）及其他学者对绿色增长进行了更为细致的定义，提出其涵盖了资源、环境和社会的平衡，致力于经济增长和发展的同时兼顾生态保护。

在中国，“绿色发展”概念自 1994 年由熊映梧首次提出以来，逐渐引起学术界和政策界的关注。绿色发展被认为是“灰色发展”的转型升级，既考虑当前经济繁荣，也注重后代发展和生态环境保护。随着“科学发展观”的提出以及应对气候变化的政策压力，绿色发展逐渐成为国家战略的一部分。2006 年，王金南等提出的国家绿色发展战略规划首次强调将环境视为内在生产力，推动人与自然的和谐共生。2010 年，欧盟发布《欧洲战略2020》，明确提出建设节能环保型的绿色创新经济。2012年，党的十八大报告进一步强调绿色、循环、低碳发展，将绿色发展作为国家战略。

绿色发展的研究在国内外迅速增长，特别是在中国经济转型进入高质量发展阶段后，绿色发展成为应对气候变化和实现“双碳”目标的重要指导理念。绿色发展强调经济、社会与自然的共生性，依托绿色经济增长模式，并注重全球治理，为未来经济发展提供了可持续的理论框架。

2.2.2 制度理论

制度理论起源于社会科学领域，它汇集了多位学者的创新思想，如马克思（Marx）、韦伯（Weber）、库利（Cooley）、米德（Mead）、凡伯伦（Veblen）和科曼斯（Conmans）等。早期的制度理论侧重于研究结构（如计划、规范和常规）如何引导社会行为，特别是组织行为的研究。早期的观点认为，组织作为社会系统，不仅受外部技术环境的影响，还受到社会价值观的驱动，可能导致非理性和低效行为，这一过程被称为组织的“制度化”过程（Selznick，1953）。梅耶（Meyer）和罗恩（Rowan，1977）将制度理论引入组织社会学，提出组织受制度环境影响，探索组织如何通过遵循制度规则形成。这些理论提出了一个核心问题：“为何不同领域的组织趋于相似，行为为何如此一致？”

迪马乔（DiMaggio）和鲍威尔（Powell，1983）进一步扩展了制度理论，提出“制度趋同”理论，认为制度环境促使组织趋同的主要动力包括三方面：强制性趋同（来自政治和合法性压力，组织不得不适应制度），模仿性趋同（由于外部不确定性，组织模仿同行业成功企业），和规范性趋同（社会规范或群体观念的影响）。制度理论迅速发展，形成了制度经济学派和组织社会学派两大主要流派。

制度经济学派的代表人物诺思（North，1990）提出了“制度—选择—经济”的分析框架，探讨了制度对经济的影响，并将制度划分为正式制度和非正式制度。正式制度是政府和国家制定的法律、规章和契约，非正式制度则是由社会和组织形成的习俗和规则。组织社会学派的代表人物斯科特（Scott，1995）基于迪马乔（DiMaggio）等人的研究，提出了制度“三系统模型”，通过管制、规范和文化认知三个维度分析制度对组织行为的影响，并提出了合法性理论：管制合法性（法律和标准的约束）、规范合法性（社会规范和群体影响）、认知合法性（行为是否符合社会认知的期望）。

制度理论强调，组织行为既受到经济理性驱动，也受到规范和合法性机制的影响。许多战略管理课题，如战略选择、企业绩效、社会责任和技术创新等，均基于制度理论进行了深入研究。

对于资源型企业来说，它们的战略行为不仅受市场竞争影响，还受到政府政策、社会舆论及环保观念等制度环境的制约。这些企业通常消耗大量资源并对生态造成较大影响，因此，制度理论特别是合法性理论，对其绿色转型提供了重要的指导，帮助它们在面对环境保护要求和市场需求时寻求平衡。

2.2.3 自组织理论

自组织理论由德国物理学家赫尔曼·哈肯（Hermann Haken）提出，强调系统在没有外部干预的情况下，通过自发的方式，自动获得空间、时间或功能结构。具体而言，外界以非特定的方式影响系统，并未直接决定其结构或功能。罗珉（2008）进一步解释，自组织是指事物通过自我组织逐渐走向有序化的过程，具备动态性、演化性和自我进化的特征。该理论是基于贝塔朗非（Bertalanffy）的一般系统论发展而来，研究复杂系统如何从无序状态向有序状态演化。自组织理论被认为是20世纪60年代以来最重要的理论之一，涵盖了耗散结构理论、协同学理论、突变论、超循环理论以及混沌理论等多个分支。

耗散结构理论由普里高津（Prigogine）提出，关注系统与环境的相互作用及物质能量交换。当外部控制参数达到临界值时，系统通过随机涨落机制，自动形成新的、更有序的结构，远离平衡状态。其形成需要四个条件：开放性、远离平衡、非线性作用机制和涨落。

协同学理论由哈肯（Haken）提出，认为系统从无序到有序的转变，关键在于各子系统间通过非线性相互作用和合作，产生稳定有序的结构。其核心概念是“序参量”，即在演化过程中产生的物理参量，决定系统的新结构及其有序程度。

本书认为，企业绿色转型是指在绿色发展理念的引导下，通过绿色创新推动企业向可持续发展模式转变的过程。绿色转型作为动态且复杂的战略现象，具备开放性、非线性、非平衡和随机涨落等自组织特征。自组织理论为理解资源型企业在转型过程中如何通过自组织机制应对外部挑战，提供了理论支持。

2.2.4　企业战略变革理论

为了应对日益复杂和动荡的外部环境，企业必须进行战略变革，以确保生存、发展并实现可持续发展目标。现有的战略变革理论主要分为内容学派和过程学派两大流派。

战略变革内容学派（Content School）关注企业战略变革的驱动因素及影响。该学派通过实证研究，揭示战略变革受到内外部多重因素的推动，如市场变化、技术进步和竞争压力等，着重探讨这些因素如何共同促进战略调整。

战略变革过程学派（Process School）则关注战略变革的实施过程，特别是管理者的作用和变革所需步骤。该学派通常采用纵向案例研究，提出了如勒温（Lewin，1947）的“三段式”理论，强调变革需经过解冻、改变和再冻结三个阶段；坎特（Kanter，1983）提出的10个条件；科特（Kotter，1995）的“八步骤”变革法等。这些理论为变革实践提供了具体指导。金斯伯格（Ginsberg，1988）提出了战略变革过程研究模型（见图2.1），认为战略变革由内外部环境驱动，变革结果可以通过企业绩效反映出来，强调变革与绩效之间的相互关系。拉贾戈帕兰（Rajagopalan）和斯普瑞策（Spreitzer，1997）通过梳理战略变革的文献，提出理性、学习和认知三种视角，整合了管理者认知和行为因素，建立了一个互动过程模型，探讨战略变革的前因后果。

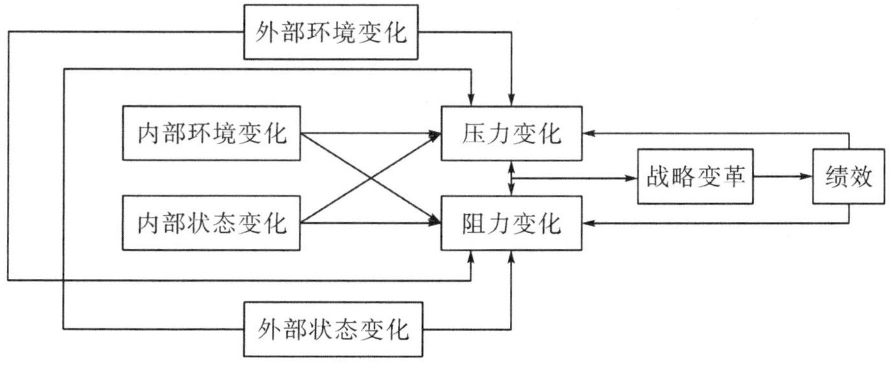

图2.1　战略变革过程研究模型

本书认为企业绿色转型是战略变革的一种形式，不能仅考虑其驱动因素或对企业绩效的影响，而应综合考虑二者。拉贾戈帕兰（Rajagopalan）

和斯普瑞策（Spreitzer）的模型为分析企业绿色转型的驱动机制和结果提供了理论框架。

2.2.5 资源编排理论

资源编排理论由希尔蒙等学者提出，它是对资源基础理论的进一步补充与深化。该理论强调，企业通过对现有资源池的有效配置、组合与运用，形成一个动态的竞争优势构建过程。它揭示了资源的来源、转化与利用的完整过程，具体包括结构化、能力化与杠杆化三个子过程。

结构化阶段指企业通过购买、开发或剥离资源，来构建符合自身发展需求的资源池。企业在这一过程中，筛选出具备战略价值的资源，并去除无效或不匹配的资源。

能力化则是指企业通过资源的整合与管理，基于现有资源构建并提升自身能力的过程。企业可以通过优化资源组合、提升管理效能等手段，调整现有能力或创造新能力，以适应市场的变化与需求。

杠杆化是指企业通过利用其资源与能力来实现价值创造，进而获得竞争优势。在这一阶段，企业通过协调资源与能力的整合效应，发挥其最大潜力，为企业带来持续的经济价值。

总体而言，资源编排理论强调资源管理的系统性和动态性，提出了资源从获取到利用、能力建设到价值创造的全链条过程。在这一框架下，资源是竞争优势的基础，企业必须通过合理配置与管理，使资源不断转化为能力，进而推动长期竞争优势的形成。

3 数字化背景下广西资源型企业绿色转型现状与存在的问题

3.1 数字化背景下广西资源型企业发展现状

3.1.1 基本现状

（1）研究对象

广西的资源型企业中有7家上市公司，包括桂冠电力、柳钢股份、华锡有色、广西能源、柳化股份、两面针和绿城水务。这7家企业2024年合计营收超过2 000亿元，贡献全区60%的电力供应、85%的钢铁产能、90%的有色金属冶炼产值，选择这7家企业为研究对象分析广西资源型企业，具有较好的代表性。其中，桂冠电力和广西能源属于电力热力生产和供应业；柳钢股份为黑色金属冶炼和压延加工业；华锡有色、柳化股份和两面针则归属于化学原料和化学制品制造业；绿城水务隶属于水的生产和供应业。

这些企业在区域分布上呈现明显的集聚特征，主要在南宁、柳州、贺州三个城市：一是南宁市。桂冠电力总部位于青秀区民族大道，是广西最大的水电上市企业。绿城水务作为南宁建宁水务集团核心子公司，总部及主要业务均集中在南宁。华锡有色虽以河池锡矿资源开发为主，但总部设立在南宁市良庆区，是广西唯一国有有色金属上市企业。二是柳州市。柳钢股份作为广西钢铁龙头企业，总部及生产基地均位于柳州。柳化股份和两面针以柳州为总部，形成了传统制造业与现代化工产业协同发展的空间集聚格局。三是贺州市。依托当地水电资源，广西能源总部设在贺州市八步区松木岭路，其发供电业务覆盖贺州全域及梧州部分区域，是桂东地区重要的能源供应主体，广西能源的水电项目还延伸至来宾、防城港等地，形成跨区域能源网络。从整体来看，南宁作为广西壮族自治区首府承担着资源型企业总部职能，柳州、贺州分别依托工业基础和水电资源形成特色产业聚集，河池则作为矿产资源主产区支撑相关企业的生产环节。表 3-1 展示了 2020—2024 年广西资源型企业营业收入和资产情况。

表 3-1　2020—2024 年广西资源型企业营业收入和资产情况

单位：亿元

企业名称	营业收入	资产总计
桂冠电力	375.22	4 746.11
两面针	42.49	226.19
华锡有色	158.65	538.81
广西能源	340.59	2 034.54
柳化股份	5.85	34.61
柳钢股份	4 460.06	5 798.68
绿城水务	153.15	2 232.57

注：数据来源于 CSMAR 数据库。

根据这些企业的营业收入和资产总计情况，可以大致将其分为三类。一是大型企业，包括柳钢股份、桂冠电力、广西能源。其中，柳钢股份营业收入 4 460.06 亿元，资产总计 5 798.68 亿元；桂冠电力营业收入 375.22 亿元，资产总计 4 746.11 亿元；广西能源营业收入 340.59 亿元，资产总计 2 034.54 亿元。二是中型企业，包括华锡有色、绿城水务、两面针。华锡有色营业收入 158.65 亿元，资产总计 538.81 亿元；绿城水务营业收入 153.15 亿元，资产总计 2 232.57 亿元；两面针营业收入 42.49 亿元，资产总计 226.19 亿元。三是小型企业，仅有柳化股份，其营业收入 5.85 亿元，资产总计 34.61 亿元。整体来看，钢铁、电力、能源等重工业企业多呈现高营收、高资产特点，公用事业企业资产规模较大，传统制造业与小型化工企业规模体量较小。

（2）人员分布情况

根据这些企业的人员规模情况，可以大致将其分为三类：大型企业中，柳钢股份在职员工 12 637 人，子公司员工占比 47%，体现钢铁行业劳动密集型特征；华锡有色在职员工 4 863 人，子公司员工占比达 97%，但离退休职工达 6 993 人，负担较重。中型企业包括桂冠电力、两面针、绿城水务、广西能源，在职员工人数分别为 3 404、1 563、1 715、2 039 人。其中，桂冠电力离退休职工最多，达 2 638 人，绿城水务离退休职工人数最少，仅 39 人。小型企业仅有柳化股份一家，在职员工仅 91 人，无子公司及离退休职工，人员高度集中于母公司，规模最小且负担最轻。整体来看，资源开采、钢铁冶炼等重工业企业人员规模庞大，而化工、水务企业因业务集中度或转型调整规模较小。

根据企业的专业结构与行业类型，大致可将其分为三类：一是钢铁及有色金属开采冶炼行业，包括柳钢股份、华锡有色，其人员以生产人员为主体，技术岗位占比突出。柳钢股份生产人员占比 80.5%，技术人员占比 11.6%，反映出钢铁冶炼对大规模生产及工艺优化的高需求。华锡有色生产人员占比 60.7%，技术人员占比 19.7%，高于样本均值，凸显有色金属开采冶炼对技术研发的较高依赖性。二是能源与公用事业行业，包括桂冠电力、广西能源、绿城水务，该行业技术运维与管理岗位占比有显著提升。其中，桂冠电力技能人员（含生产运维岗位）占比 60.1%，技术人员占比 19.3%，电力行业对技术运维的需求尤为突出。广西能源生产人员占比 53.2%，行政人员占比 31.5%，体现了能源集团总部管理职能的集中性。绿城水务生产人员占比 64.5%，技术人员占比 20.4%，为样本中技术岗占比最高，凸显了水处理行业对环保技术的专业性要求。三是传统制造业及化工行业，包括两面针、柳化股份，岗位分布呈现出生产导向与规模差异的特征。两面针生产人员占比 54.6%，销售人员占比 13.4%，反映出日化制造业对生产规模与市场拓展的双重需求。柳化股份生产人员占比 41.8%，技术与行政人员合计占比 42.9%，因企业规模较小，岗位分工更为综合，管理岗占比较高。

根据这些企业人员的学历层次情况，大致可将其分为三类：一是高学历聚集型，包括绿城水务、广西能源、柳钢股份。绿城水务本科及以上学历占比 51%，其中研究生及以上 67 人、本科 808 人，技术岗位高学历人才密集。广西能源本科及以上学历占比 54.2%，涵盖博士 2 人、硕士 35 人，能源行业数字化转型对高学历管理与技术人才需求突出。柳钢股份本科及以上学历占比 37%，硕士研究生及以上 287 人、本科 4 388 人。二是均衡型，包括华锡有色、桂冠电力，学历分布呈现本科、大专、中专及以下均衡特征。华锡有色本科及以上占25.1%，大专占23.5%，中专及以下占51.4%，有色金属开采冶炼对技术型大专人才与技能型中专及以下人才需求均衡。桂冠电力硕士76人、本科及以下3 328人，电力运维以本科及以下技能型人才为主，管理岗位吸纳部分高学历人才。三是低学历为主型，仅有两面针一家企业，初中及以下学历占比突出。其中，初中及以下525人，占比33.6%，大专及以下合计1 170人，占比75%。日化制造业一线生产岗位对学历要求较低，高学历人才硕士研究生及以上35人主要集中于研发与管理岗位，但占比不足3%。整体来看，高学历聚集型企业集中于技术密集型行业，能源、水务、钢铁龙头本科及以上学历占比超35%，均衡型企业适配技能与技术复合需求，有色开采学历分布均衡，低学历为主型企业存在于传统制造业，日化行业低学历员工占比超30%，学历结构与行业技术创新强度、岗位操作复杂度高度相关。

（3）污染物排放情况

2020—2024年广西资源型企业污染物排放情况如表3-2所示。

表3-2　2020—2024年广西资源型企业污染物排放情况

统计日期	企业名称	排放物名称	排放量	单位
2021-12-31	桂冠电力	氮氧化物排放率	0.12	克/千瓦时
2021-12-31	桂冠电力	二氧化硫排放率	0.07	克/千瓦时
2021-12-31	桂冠电力	烟尘排放率	0.02	克/千瓦时
2023-12-31	桂冠电力	二氧化硫	460.64	吨
2023-12-31	桂冠电力	碳氮氧化物	675.92	吨
2023-12-31	桂冠电力	烟尘	100.95	吨
2023-12-31	桂冠电力	温室气体	4 245 604	吨二氧化碳当量
2023-12-31	桂冠电力	温室气体排放强度	20.59	吨二氧化碳当量/产值
2023-12-31	华锡有色	温室气体	88 225.38	吨二氧化碳当量
2023-12-31	华锡有色	废水	499.29	万吨
2023-12-31	华锡有色	化学需氧量	63.03	吨
2023-12-31	华锡有色	悬浮物	47.02	吨
2023-12-31	华锡有色	氨氮	1.92	吨

表3-2(续)

统计日期	企业名称	排放物名称	排放量	单位
2023-12-31	华锡有色	总磷	0.55	吨
2023-12-31	华锡有色	总氮	9.52	吨
2023-12-31	华锡有色	一般废弃物	161.10	万吨
2022-12-31	桂东电力	氮氧化物	251	吨
2022-12-31	桂东电力	二氧化硫	106.34	吨
2022-12-31	桂东电力	挥发性有机物	8.87	吨
2022-12-31	桂东电力	一般工业固体废弃物	308 033	吨
2022-12-31	桂东电力	危险废弃物	39.84	吨
2023-12-31	广西能源	氮氧化物	301.13	吨
2023-12-31	广西能源	二氧化硫	152.36	吨
2023-12-31	广西能源	挥发性有机物	8.55	吨
2023-12-31	广西能源	一般工业固体废弃物	29.14	万吨
2023-12-31	广西能源	危险废弃物	40.09	吨
2022-12-31	柳化股份	挥发性有机物	2.03	吨
2022-12-31	柳化股份	氨氮	0.96	千克
2022-12-31	柳化股份	化学需氧量	0.02	吨
2022-12-31	柳化股份	五日生化需氧量	0.007	吨
2022-12-31	柳化股份	固体悬浮物	0.01	吨
2023-12-31	柳化股份	有组织废气 挥发性有机物	0.15	吨
2023-12-31	柳化股份	无组织废气 挥发性有机物	0.02	吨
2023-12-31	柳化股份	氨氮	0.35	千克
2023-12-31	柳化股份	悬浮物	0.003 3	吨
2023-12-31	柳化股份	五日生化需氧量	0.002 3	吨
2023-12-31	柳化股份	化学需氧量	0.013	吨
2023-12-31	柳化股份	废水	793	吨
2024-12-31	柳化股份	有组织废气 挥发性有机物	0.692 9	吨

表3-2(续)

统计日期	企业名称	排放物名称	排放量	单位
2024-12-31	柳化股份	无组织废气 挥发性有机物	0. 040 7	吨
2024-12-31	柳化股份	氨氮	0. 425 8	千克
2024-12-31	柳化股份	悬浮物	11. 98	千克
2024-12-31	柳化股份	五日生化需氧量	9. 68	千克
2024-12-31	柳化股份	化学需氧量	22. 82	千克
2024-12-31	柳化股份	废水	1 416	吨
2020-12-31	柳钢股份	氮氧化物	12 757. 4	吨
2020-12-31	柳钢股份	二氧化硫	4 448. 17	吨
2020-12-31	柳钢股份	烟粉尘	22 274. 2	吨
2020-12-31	柳钢股份	废水	910. 78	万吨
2020-12-31	柳钢股份	化学需氧量	156. 38	吨
2020-12-31	柳钢股份	二氧化碳	23 498 796	吨
2021-12-31	柳钢股份	化学需氧量	47. 095	吨
2021-12-31	柳钢股份	废水	440. 22	万吨
2021-12-31	柳钢股份	二氧化硫	4 076. 85	吨
2021-12-31	柳钢股份	氮氧化物	12 346. 75	吨
2021-12-31	柳钢股份	烟粉尘	19 556. 55	吨
2021-12-31	柳钢股份	二氧化碳	22 760 576	吨
2022-12-31	柳钢股份	氮氧化物	11 066. 54	吨
2022-12-31	柳钢股份	烟粉尘	4 864. 02	吨
2022-12-31	柳钢股份	二氧化碳	18 291 842	吨
2022-12-31	柳钢股份	二氧化硫	3 518. 26	吨
2022-12-31	柳钢股份	化学需氧量	75. 459	吨
2022-12-31	柳钢股份	废水	883. 74	万吨
2023-12-31	柳钢股份	二氧化碳	2 276. 80	万吨
2023-12-31	柳钢股份	化学需氧量	92. 4	吨
2023-12-31	柳钢股份	二氧化硫	3 989. 92	吨

表3-2(续)

统计日期	企业名称	排放物名称	排放量	单位
2023-12-31	柳钢股份	氮氧化物	1.37	万吨
2023-12-31	柳钢股份	烟粉尘	4 803.90	吨

注：数据来源于 CSMAR 数据库。

根据企业污染物排放量，可将其分为三类：第一类为高排放强度企业，包括柳钢股份、桂冠电力及广西能源，均属于重工业或能源行业，污染物排放总量显著高于其他样本企业。其中，柳钢股份 2023 年二氧化碳排放量达 2 276.80 万吨，二氧化硫排放量为 3 989.92 吨，氮氧化物排放量为 1.37 万吨，烟尘及粉尘排放量为 4 803.90 吨，废水排放量为 883.74 万吨，各项污染物排放指标均居样本首位，这主要源于钢铁冶炼工艺固有的高能耗特性。桂冠电力 2023 年温室气体排放量（以二氧化碳当量计）为 4 245 604 吨，二氧化硫排放量为 460.64 吨，氮氧化物排放量为 675.92 吨；尽管其废水排放量为零，但其气体污染物及温室气体排放总量突出，体现了电力行业能源转化过程中的典型污染特征。广西能源（原桂东电力）2023 年氮氧化物排放量为 301.13 吨，二氧化硫排放量为 152.36 吨，一般工业固体废弃物产生量为 29.14 万吨，危险废弃物产生量为 40.09 吨，反映出能源行业运营过程中伴随显著的废气及固体废弃物排放。第二类为中等排放强度企业，包括华锡有色与两面针，其排放规模与行业属性及生产规模密切相关。华锡有色 2023 年温室气体排放量（以二氧化碳当量计）为 88 225.38 吨，废水排放量为 499.29 万吨，化学需氧量（COD）排放量为 63.03 吨，悬浮物（SS）排放量为 47.02 吨，一般固体废弃物产生量为 161.10 万吨，突显了有色金属开采及冶炼过程中废水和固体废弃物排放的重要性，须重点关注矿区环境保护措施。第三类为低排放强度企业，仅包括柳化股份，作为小型化工企业，其各项污染物排放量均处于所比较的样本中最低水平。2023 年，其有组织废气挥发性有机物（VOCS）排放量为 0.15 吨，无组织废气挥发性有机物（VOCS）排放量为 0.02 吨，氨氮排放量为 0.35 千克，悬浮物（SS）排放量为 0.003 3 吨，废水排放量为 793 吨。所有污染物排放量均处于微量水平，反映出该小型化工企业在经历业务收缩或转型后，其环境负荷已显著降低。

（4）资源使用情况

2015—2023 年广西资源型企业资源使用情况如表 3-3 所示。

表 3-3　2015—2023 年广西资源型企业资源使用情况

统计日期	企业名称	资源名称	消耗量	单位
2021-12-31	桂冠电力	清洁能源比重	89.25	%
2021-12-31	桂冠电力	供电煤耗	323.98	克标准煤/千瓦时
2023-12-31	桂冠电力	新鲜水	65.11	万吨
2023-12-31	桂冠电力	循环用水	206	万吨
2023-12-31	桂冠电力	能源	150.93	万吨标准煤
2022-12-31	两面针	取水	35	万吨
2023-12-31	两面针	水	45.7	万吨
2023-12-31	华锡有色	循环用水	440.06	万吨
2023-12-31	华锡有色	地下水	341.82	万吨
2023-12-31	华锡有色	汽油	55.48	吨
2023-12-31	华锡有色	柴油	1 107.51	吨
2023-12-31	华锡有色	电力	1.52	亿千瓦时
2023-12-31	华锡有色	能源	2.04	万吨标准煤
2023-12-31	华锡有色	市政购水	344 471	吨
2023-12-31	华锡有色	地表水	696 275	吨
2022-12-31	桂东电力	外购电力	251 711.59	万千瓦时
2022-12-31	桂东电力	间接能源	309 353.54	吨标准煤
2022-12-31	桂东电力	直接能源	821 576.86	吨标准煤
2022-12-31	桂东电力	水	5 670.66	兆升
2023-12-31	广西能源	水资源	6 223.91	吨
2023-12-31	广西能源	综合能耗	52.93	万吨标准煤
2015-12-31	柳钢股份	吨钢新水耗	2.66	立方米/吨
2015-12-31	柳钢股份	新水	2.66	立方米
2015-12-31	柳钢股份	高炉喷煤量	153	千克/吨铁
2015-12-31	柳钢股份	入炉焦比	343	千克/吨铁
2017-12-31	柳钢股份	新水	2.06	立方米/吨
2018-12-31	柳钢股份	新水	1.64	立方米/吨

表3-3(续)

统计日期	企业名称	资源名称	消耗量	单位
2019-12-31	柳钢股份	吨钢新水耗	1.8	立方米/吨
2019-12-31	柳钢股份	新水	1.8	立方米/吨
2020-12-31	柳钢股份	入炉焦比	365	千克/吨铁
2020-12-31	柳钢股份	高炉喷煤量	146	千克/吨铁
2020-12-31	柳钢股份	新水	1.76	立方米/吨
2021-12-31	柳钢股份	新水	1.64	立方米/吨
2021-12-31	柳钢股份	吨钢新水	1.62	立方米/吨
2021-12-31	柳钢股份	高炉喷煤	133.8	千克/吨铁
2021-12-31	柳钢股份	入炉焦比	371.1	千克/吨铁
2021-12-31	柳钢股份	吨钢综合能耗	623.44	千克标准煤
2021-12-31	柳钢股份	能源	774.21	万吨标准煤
2022-12-31	柳钢股份	高炉喷煤量	148	千克/吨铁
2022-12-31	柳钢股份	能源	612.88	万吨标准煤
2022-12-31	柳钢股份	吨钢综合能耗	552.85	千克标准煤
2022-12-31	柳钢股份	吨钢新水耗	1.34	立方米/吨
2023-12-31	柳钢股份	新水	1.1	立方米/吨
2023-12-31	柳钢股份	吨钢综合能耗	581.98	千克标准煤
2023-12-31	柳钢股份	吨钢新水耗	1.23	立方米/吨

注：数据来源于 CSMAR 数据库。

根据企业资源使用情况，可将它们分为三类：一是资源使用量最大的企业。包括柳钢股份、桂冠电力、广西能源，均属于重工业或能源类企业，资源消耗总量显著高于其他企业。柳钢股份 2023 年吨钢综合能耗 581.98 千克标准煤，吨钢新水耗 1.23 立方米/吨，2022 年能源消耗 612.88 万吨标准煤，钢铁冶炼的高耗能、高耗水特性突出。桂冠电力 2023 年清洁能源比重达 89.25%，供电煤耗 323.98 克标准煤/千瓦时，新鲜水消耗 65.11 万吨，循环用水消耗 206 万吨，能源消耗 150.93 万吨标准煤，电力生产依赖清洁能源且水资源循环利用量较大。广西能源（原桂东电力）2023 年综合能耗 52.93 万吨标准煤，水资源消耗 6 223.91 吨，能源业务的生产与供应过程需要一定资源支撑。上述企业资源使用量最大可能与企业所属行业及生产规模直接相关。钢铁、电力、能源等重工业因生产工艺特性呈现高耗能、高耗水特点，资源消耗总量最大；二是资源使用量较大的企业。包括华锡有色、两面针，资源消耗量与行业属性及生产规模匹配。华锡有色 2023 年循环用水 440.06 万吨，地下水消耗 341.82 万吨，电力消耗 1.52 亿千瓦时，能源消耗 2.04 万吨标准煤，有色金属开采冶炼过程中水资源和电力需求较高。两面针 2023 年水消耗量 45.7 万吨，资源消耗以水资源为主，规模相对有限，体现日化制造业的资源使用特征。绿城水务在现有数据中未体现资源消耗信息，可能与其水处理业务的资源循环利用属性相关，实际消耗较低或侧重回收利用。

（5）环保投资情况

2013—2024 年广西资源型企业环保投资情况及投资明细如表 3-4、表 3-5 所示。

表 3-4　2013—2024 年广西资源型企业环保投资情况

单位：万元

统计日期	企业名称	环保投资	统计日期	企业名称	环保投资
2013-12-31	柳钢股份	22 713	2023-12-31	桂冠电力	1 034
2014-12-31	柳钢股份	28 348	2023-12-31	两面针	167.39
2015-12-31	柳钢股份	14 703	2024-12-31	两面针	240.68
2017-12-31	柳钢股份	7 311	2023-12-31	华锡有色	5 123.06
2018-12-31	柳钢股份	8 656	2023-12-31	广西能源	1 785.9
2020-12-31	柳钢股份	19 262.97	2024-12-31	广西能源	3 312
2021-12-31	柳钢股份	26 034.07	2016-12-31	柳化股份	10 269.3
2022-12-31	柳钢股份	68 353.01	2017-12-31	*ST 柳化	9 964.38
2023-12-31	柳钢股份	247 270.43	2022-12-31	柳化股份	36.53
2022-12-31	绿城水务	172 962.2	2023-12-31	柳化股份	359.1
2023-12-31	绿城水务	110 074.17	2024-12-31	柳化股份	404.87
2024-12-31	绿城水务	84 644.21			

注：数据来源于 CSMAR 数据库。

表 3-5 2015—2024 年广西资源型企业环保投资明细表

单位：万元

日期	企业名称	项目名称	投入费用
2022-12-31	桂冠电力	环保技改项目	1 122
2022-12-31	桂冠电力	节能技改项目	8 651
2022-12-31	桂冠电力	清洁生产和技术研发投入	35 506
2016-12-31	两面针	捷康公司环保专项投入	744. 44
2016-12-31	两面针	捷康公司排污费	67
2016-12-31	两面针	捷康公司三废处理费用	644. 49
2016-12-31	两面针	纸业公司环保费	53. 32
2016-12-31	两面针	纸业公司污水处理费	1 245. 5
2017-12-31	两面针	环保费	49. 82
2017-12-31	两面针	污水处理费	1 299. 91
2018-12-31	两面针	纸业公司污水处理费	1 602. 75
2018-12-31	两面针	纸业公司环保费	96. 97
2023-12-31	华锡有色	环保治理资金	3 957. 89
2024-12-31	柳化股份	其他项目投入	77
2024-12-31	柳化股份	污水处理站技改投入	328
2015-12-31	柳钢股份	绿化投入	300
2017-12-31	柳钢股份	对外排工业废水治理	12 000
2017-12-31	柳钢股份	年绿化资金	338. 4
2017-12-31	柳钢股份	烧结脱硫烟气深度净化工程，焦化煤场棚化工程，焦化废水提标提质改造工程	11 000
2018-12-31	柳钢股份	建设 20 万吨/年转炉灰压球生产线（处理转炉除尘灰）	1 200
2018-12-31	柳钢股份	进行 110m^2 烧结机节能减排提效综合改造	1 200
2018-12-31	柳钢股份	建设 20 万吨/年转炉灰压球项目	1 500
2018-12-31	柳钢股份	焦化废水后置反硝化系统	3 000

表3-5（续）

日期	企业名称	项目名称	投入费用
2018-12-31	柳钢股份	建设240万t/a球团生产线烟气脱硝项目和主抽除尘器大修改造	500
2021-12-31	柳钢股份	建设二焦焦炉烟气（SDS+SCR）脱硫脱硝系统	4 000
2021-12-31	柳钢股份	建设转炉厂房三次除尘改造工程	9 700
2021-12-31	柳钢股份	建设焦化厂焦炉煤气PDS法全脱硫扩能工程	2 300
2021-12-31	柳钢股份	建设1#360m^2烧结烟气SCR脱硝治理项目	8 500
2017-12-31	绿城水务	开展生态保护与建设	1.98

注：数据来源于CSMAR数据库。

基于行业类型对环保投资状况进行分类，可将其划分为以下三类：

一是钢铁及有色金属开采冶炼行业。该类别涵盖柳钢股份、华锡有色等企业，其环保投入聚焦于高耗能、高污染环节的治理。其中，柳钢股份环保投资规模居首：2013年投入22 713万元；2017年实施烧结脱硫烟气深度净化及焦化废水提标改造等项目，累计投入2.3亿元；2021年建设焦炉烟气脱硫脱硝系统等项目，投资总额2.45亿元；至2023年，环保投资增至24.73亿元。这一增长趋势凸显钢铁冶炼行业对废气、废水治理的迫切需求。华锡有色2023年环保投资达5 123.06万元，重点投向矿区废水处理、重金属污染防治及固体废弃物综合利用领域，反映出有色金属开采冶炼对废水和固废治理技术的依赖性。二是能源与公用事业行业。该类别涵盖桂冠电力、广西能源（原桂东电力）、绿城水务等企业，环保投入以技术改造与基础设施升级为核心。桂冠电力2022年投入环保技改项目1 122万元、节能技改8 651万元、清洁生产与技术研发3.55亿元；2023年环保投资1 034万元，通过优化火电环保性能实现污染物减排。广西能源2023年环保投资1 785.9万元，2024年增至3 312万元，主要投向废气处理及节能技改领域。绿城水务环保投资规模位列第二（仅次于柳钢股份），2022年投入172 962.2万元，2023年110 074.17万元，2024年84 644.21万元，重点支持污水处理、水源保护等生态项目，突显水处理行业对环保设施的高度需求。三是传统制造业及化工行业。该类别涵盖两面针、柳化股份等企业，环保投入规模有限且侧重于局部污染治理。两面针的环保投入集中于子公司：2016 年捷康公司环保专项投入 744.44 万元、三废处理费用 644.49 万元，纸业公司污水处理费 1 245.5 万元；2023 年环保投资 167.39 万元，2024 年增至 240.68 万元。柳化股份作为小型化工企业，2017 年环保投资 9 964.38 万元；2024 年污水处理站技改投入 328 万元；2023—2024 年环保投资分别为 359.1 万元与 404.87 万元，其污染治理需求受限于业务收缩规模。

总体而言，钢铁及有色金属行业因高污染特性维持最大规模环保投资；能源及水务行业基于技术改造需求与公用事业属性，保持中等以上投入水平；传统制造业及小型化工企业受限于污染程度与生产规模，环保投入相对有限。数据表明，行业污染治理压力与企业环保投资强度呈显著正相关。

（6）数字化转型情况

2023 年广西资源型企业数字化转型指数统计如表 3-5 所示。

表 3-5　2023 年广西资源型企业数字化转型指数统计

企业名称	战略引领评分	技术驱动评分	组织赋能评分	环境支撑评分	数字化成果评分	数字化应用评分	数字化转型指数
广西能源	49.570 8	26.151 5	29.037 5	9.340 8	20.383 6	30.649	32.820 1
桂冠电力	28.967 3	30.055 7	29.037 5	11.921 2	20.383 6	26.499 8	26.020 6
华锡有色	21.931 9	36.276 5	29.037 5	11.477 1	20.383 6	26.499 8	24.570 4
两面针	37.937 1	41.587 6	37.607 7	9.642 6	20.383 6	26.499 8	31.755 6
柳钢股份	44.661	26.151 5	29.037 5	11.088 9	20.383 6	26.499 8	30.808 5
柳化股份	17.136 1	26.151 5	29.037 5	9.642 6	20.383 6	26.499 8	21.202 4
绿城水务	54.705 6	26.151 5	29.037 5	11.482 4	20.383 6	26.499 8	34.309 4

注：数据来源于 CSMAR 数据库。

$$\text{数字化转型指数} = 0.347\,2 \times \text{战略引领评分} + 0.162 \times \text{技术驱动评分} + 0.096\,9 \times \text{组织赋能评分} + 0.034\,2 \times \text{环境支撑评分} + 0.271\,3 \times \text{数字化成果评分} + 0.088\,4 \times \text{数字化应用评分} \tag{3-1}$$

数字化转型指数作为衡量企业数字化转型程度的量化指标，综合涵盖了战略驱动等六个维度。根据 2023 年数据，广西资源型企业的数字化转型指数排名依次为绿城水务（34.309 4）、广西能源（32.820 1）、两面针（31.755 6）、柳钢股份（30.808 5）、桂冠电力（26.020 6）、华锡有色（24.570 4）和柳化股份（21.202 4）。绿城水务以战略引领评分（54.705 6）

居首位，结合环境支撑评分（11.482 4），其综合指数领先，显示出公用事业企业在战略规划方面的显著优势；广西能源在战略引领评分（49.570 8）和数字化成果评分（20.383 6）上表现突出，综合指数排名第二，揭示了能源行业在战略导向和成果积累方面的显著特点；两面针在技术驱动评分（41.587 6）和组织赋能评分（37.607 7）上表现积极，表明传统制造业在技术应用和组织管理数字化方面较为活跃；柳钢股份虽然战略驱动评分（44.661）较高，但技术驱动评分（26.151 5）不足，反映出重工业在技术应用方面存在短板；桂冠电力和华锡有色的指数处于中游，分别受到战略引领不足和技术驱动单一的制约，这反映了不同维度的短板对转型的影响；柳化股份在各项评分上均较低，显示出小型化工企业在转型动力上的不足。从各维度分析，战略驱动和数字化成果是决定指数分化的关键因素，战略规划与成果积累成为企业间差距的主要原因；技术赋能方面，传统制造业和有色行业表现积极，说明这些领域对数字化技术的应用更为积极；组织赋能方面，六家企业评分趋同，均为 29.037 5，反映出多数企业在组织支持策略上的相似性；环境支撑普遍偏低，评分为 9.340 8~11.921 2，意味着企业在数字化转型的外部环境协同、政策资源利用等方面仍有较大的提升空间。综合分析，广西资源型企业的数字化转型特征表现为“头部企业战略引领显著、传统制造业技术应用活跃、重工业转型均衡但创新不足、小型企业转型动力不足”。环境支撑与深度应用是普遍存在的短板，表明行业转型需在战略与技术协同、外部资源整合及创新应用层面加强突破。

在资源型企业中，管理层对数字创新关注程度的差异，实质反映了企业在战略定位、资源禀赋及转型驱动力层面的深层次分化。2022 年至 2023 年，广西资源型企业管理层在数字创新方面的关注呈现出显著的分化态势。以柳钢股份和绿城水务为代表的行业领先企业持续引领相关领域的讨论。具体而言，柳钢股份管理层对数字化技术的提及次数由 2022 年的 1 次增至 2023 年的 3 次，流程创新的提及亦由 1 次上升至 2 次，同时数字化关键词的数量有所增加，相关讨论文本篇幅超过万字，表明重工业企业管理层对数字化技术与流程创新的关注度呈逐年上升趋势。绿城水务管理层在 2022 年提及数字基础设施建设 2 次，在 2023 年提及数字化技术 2 次，关键词数量稳定在 2 个，相关讨论文本篇幅维持在 1.4 万字以上，显示公用事业领域企业管理层对数字化技术应用的关注度较高且保持稳定。相较之下，华锡有色管理层在 2022 年提及数字化技术 4 次、相关关键词 2 个，但 2023 年相关提及次数降至 0 次，尽管总体文本篇幅有所增长，但未涉及任何数字创新内容，反映出其关注度存在断层。此外，两面针、柳化股份连续两年在所有数字创新相关维度的提及次数均为零，桂冠电力亦未提及相关内容，表明传统制造业、小型化工及部分电力企业管理层对数字创新的关注明显不足，具体情况如表 3-6 所示。

表 3-6　2022—2023 年广西资源型企业管理层数字创新词频统计

统计年度	企业名称	数字化技术/次	数字基础设施建设/次	流程创新词频/次	数字化关键词数量/个	管理层讨论与分析部分文字数量/字
2022	柳化股份	0	0	0	0	9 188
2022	桂东电力	1	0	0	1	21 568
2022	两面针	0	0	0	0	9 131
2022	华锡有色	4	0	0	2	9 070
2022	绿城水务	1	2	0	2	14 371
2022	桂冠电力	0	0	0	0	9 703
2022	柳钢股份	1	0	1	2	11 497
2023	桂冠电力	0	0	0	0	10 047
2023	柳化股份	0	0	0	0	11 013
2023	两面针	0	0	0	0	9 870
2023	绿城水务	2	0	0	2	14 405
2023	广西能源	0	0	0	0	19 403
2023	华锡有色	0	0	0	0	13 714
2023	柳钢股份	3	0	2	3	10 063

注：数据来源于 CSMAR 数据库。

3.1.2　主要特点

（1）空间布局上呈现集群化格局

广西资源型企业的空间分布与区域资源禀赋呈现深度协同态势，形成显著的集群化空间格局。企业主要集聚于南宁、柳州及贺州三大核心区域，并依据资源属性差异呈现明确的功能分工：南宁市作为自治区首府，依托其政策协调与资源配置优势，发展成为企业总部集聚枢纽，汇集了桂冠电力（广西规模最大的水电上市企业）、绿城水务（南宁市核心供排水企业）、华锡有色（广西唯一的国有有色金属上市企业）等总部机构，主要承担战略决策与资源统筹职能；柳州市凭借雄厚的工业基础，形成以柳钢股份（广西钢铁行业龙头企业）为核心的黑色金属冶炼集群，协同柳化股份（基础化工）、两面针（日用化工）等关联企业，构建“钢铁—化工—传统制造”一体化产业链，成为桂中地区核心工业制造基地；贺州市则依托桂东地区丰富的水电资源，吸引广西能源（原桂东电力）布局发电与供电业务，其能源网络覆盖范围涵盖贺州全域并延伸至梧州、来宾等周边区域，发展成为区域性综合能源供应基地。此外，河池市作为重要的矿产资源富集区，虽未形成总部经济集聚，但支撑了华锡有色等企业的矿产开采活动，与南宁总部管理中心、柳州制造基地共同构成“资源开采—精深加工—区域供应”的完整产业链条。该空间布局既体现出对本地水电资源、矿产资源及工业基础的高度依赖性，亦通过城市间专业化分工实现了产业协同效应，呈现出“总部经济引领、制造基地支撑、资源产区配套”的典型空间组织特征。

（2）环保投入与行业污染深度绑定

广西资源型企业的环保投资强度与行业污染负荷呈现显著正相关，污染治理压力直接驱动投资规模分化，具体表现为三大行业类型的差异化特征：

第一，钢铁及有色金属开采冶炼行业。以柳钢股份、华锡有色为代表的重污染行业，因生产工艺高耗能、高排放特性，环保投入规模居首。柳钢股份 2023 年环保投资达 24.73 亿元，为样本中最高，其 2023 年二氧化碳排放量 2 276.80 万吨、二氧化硫 3 989.92 吨、氮氧化物 1.37 万吨，污染物排放总量显著领先，环保投入重点用于废气脱硫（如焦炉烟气脱硫脱硝系统投入 4 000 万元）、废水处理（焦化废水提标改造累计投入超 2.3 亿元）等核心环节。华锡有色 2023 年环保投资 5 123.06 万元，聚焦矿区废水处理（年排放量 499.29 万吨）及固废资源化（一般废弃物年排放量 161.10 万吨），反映有色金属行业对重金属污染防治和废水治理的技术依赖。

第二，能源与公用事业行业。能源、水务企业污染负荷低于钢铁行业，但基于民生保障和技术升级需求，环保投入侧重工艺优化与基础设施。桂冠电力2022年清洁生产研发投入3.55亿元，2023年温室气体排放量424.56万吨二氧化碳当量，其环保技改与节能项目（2022年合计投入9 773万元）显著降低污染物排放强度（如废水排放率为0克/千瓦时）。绿城水务作为水处理龙头，2022—2024年累计环保投资超36亿元，2023年污水处理相关投入11亿元，直接响应其高环境责任属性，与行业污染治理需求高度匹配。广西能源（原桂东电力）2023—2024年环保投资合计5 097.9万元，主要用于废气处理和节能技改，与其能源生产中的废气及固废排放（2023年氮氧化物301.13吨、一般工业固废29.14万吨）治理需求一致。

第三，传统制造业及小型化工行业。以两面针、柳化股份为代表的传统行业，因污染负荷小且企业规模有限，环保投入以满足基本合规为主。两面针2023年环保投资仅167.39万元，其2023年挥发性有机物排放总量不足0.2吨，污染治理需求有限，历史投入集中于子公司污水处理（如2016年纸业公司污水处理费1 245.5万元）。柳化股份作为小型化工企业，2017年环保投资9 964.38万元（业务扩张期），但2023—2024年投资降至359.1万~404.87万元，同期废水排放量仅793~1 416吨，各项污染物排放量均为微量水平，反映其污染治理压力显著低于重工业。

行业污染治理压力与环保投资强度呈现阶梯型分布特征：钢铁、有色金属行业因其显著污染特征成为主要投资领域，能源及水务行业依托技术改造实现污染减排，而传统制造业与小型化工企业受制于污染程度及生产规模限制，环保投入水平相对滞后。

（3）人员结构与技术需求高度适配

广西资源型企业的人员结构深度耦合于行业技术复杂度与职能定位，呈现出显著的岗位分工与学历层级化特征，精准适配不同领域的技术创新需求。

其一，技术密集型行业（如能源、水务、钢铁）呈现高学历人才与技术岗位的双重集聚现象，以绿城水务、广西能源、柳钢股份为典型代表。此类企业人员结构凸显对高端技术与管理能力的核心诉求，具体表现为：绿城水务技术人员占比达20.4%（样本最高），本科及以上学历人员占比51%。其中，研究生及以上学历者共计67人，高度集中于水处理技术研发岗位，直接支撑其环保工艺优化的技术需求。广西能源本科及以上学历人员占比54.2%（含博士2人、硕士35人），行政管理人员占比31.5%。其高学历管理团队主导并实施能源数字化管理战略。柳钢股份生产人员占比80.5%，技术人员占比11.6%，本科及以上学历人员占比37%（含研究生287人）。技术团队核心职责聚焦于钢铁冶炼工艺优化，例如该公司2023年环保投资达24.73亿元的废气废水治理项目，即高度依赖高学历技术人才驱动实施。此类企业通过构建“高学历技术岗+专业化管理岗”的结构配置，实现技术研发与战略实施的高效协同。

其二，资源开采与电力行业（如有色、电力）则体现出技能型与技术型人才的均衡配置特征，华锡有色、桂冠电力的人员结构呈现“生产技能为主体、技术支撑为辅助”的典型模式：华锡有色生产人员占比60.7%，技术人员占比19.7%（高于样本均值）。学历结构方面，本科、大专、中专及以下学历人员分别占比25.1%、23.5%和51.4%。该结构既充分保障了矿区开采对技能型人才的基础需求（中专及以下占比超50%），亦通过占比48.6%的大专及以上技术人才有效支撑重金属污染治理与固废资源化技术应用。桂冠电力技能人员（含生产运维）占比60.1%，技术人员占比19.3%。其76名硕士主要分布于管理岗位，3 328名本科及以下学历人员则聚焦于一线电力运维任务，形成“基层技能操作+中层技术管理”的复合型人才结构，有效适配电力行业对稳定性运维与适度技术改造的双重需求。

其三，传统制造业（如日化、小型化工）以生产导向与低学历特征显著。柳州两面针股份有限公司、柳州化工股份有限公司人员结构以一线生产为核心，技术创新动力相对不足。柳州两面针股份有限公司生产人员占比54.6%，初中及以下学历人员占33.6%，大专及以下学历人员占75%，高学历人才（研究生及以上35人）占比不足3%，且集中于研发与管理岗位，反映日化制造业对低学历生产人员的依赖；柳州化工股份有限公司作为小型化工企业，在职员工仅91人，生产人员占比41.8%，技术与行政人员合计占42.9%，因规模限制岗位分工模糊，管理层多具生产背景，缺乏专业技术团队，2023年环保投资仅359.1万元，转型动力受限。

人员结构差异本质反映了行业技术需求的映射关系。技术密集型企业凭借高学历人才储备及专业化岗位设置，构建了支撑数字化与环保领域技术创新的核心人才基础；资源开采与电力行业则依赖于技能-技术复合型人才，以协调生产效率提升与污染治理的双重需求；而传统制造业受制于生产导向型人员架构，在推进数字化与绿色转型过程中面临人才储备不足的困境。

（4）数字化转型上行业分化显著

广西资源型企业数字化转型水平呈现“头部引领、中部分化、尾部滞后”的显著行业分异特征。2023 年全样本转型指数分布于 21.202 4 至 34.309 4 区间，其与管理层数字创新关注度的结构性断层共同揭示出战略规划、技术应用及转型动力的深层差距。

第一梯队：战略引领型头部企业。广西绿城水务股份有限公司（转型指数：34.309 4）凭借 54.705 的战略引领评分位居首位，较次优企业高出 9.13 分。该公司依托“智慧水务”战略框架，将数字技术深度整合至水源调度与污水处理等核心业务环节，叠加 11.482 4 的环境支撑评分，凸显其政策资源整合与战略落地的双重优势。广西能源集团（转型指数：32.820 1）以 49.570 8 的战略驱动评分及 20.383 6 的数字化成果积累位列第二，其能源管理数字化系统实现全区电网覆盖，转型成效集中体现了能源行业战略导向与技术整合的协同效应。上述企业虽未高频讨论数字创新议题，但凭借清晰的战略定位成为行业转型标杆。

第二梯队：技术活跃与均衡转型企业。柳州两面针股份有限公司（转型指数：31.755 6）位居第三，其技术驱动评分（41.587 6）居样本首位，组织赋能评分达 37.607 7，表明该传统制造企业在生产流程数字化（AI 质检、智能仓储）与组织管理系统升级方面表现活跃。然而 37.937 1 的战略引领评分显示其战略规划存在显著局限，制约整体转型突破。柳州钢铁股份有限公司（转型指数：30.808 5）战略驱动评分（44.661）相对突出，但技术驱动维度仅 26.151 5，暴露重工业在核心工艺智能化改造的短板。值得注意的是，该公司管理层对数字创新的关注度呈持续提升态势：2022 至 2023 年，数字化技术讨论次数由 1 次增至 3 次，流程创新词频由 1 次增至 2 次。

第三梯队：转型滞后与动力薄弱企业。广西桂冠电力股份有限公司（转型指数：26.020 6）与广西华锡集团股份有限公司（转型指数：24.570 4）处于中游，前者受限于 28.967 3 的战略引领评分，后者则因战略引领不足（21.931 9）及单一技术驱动模式制约发展。柳州化工股份有限公司（转型指数：21.202 4）各项维度评分均低于 27，其管理层连续两年数字创新相关讨论次数为 0，反映小型化工企业对数字化转型存在认知空白与资源禀赋不足问题。从转型维度分析，5 家企业组织赋能评分均为 29.037 5，显示组织支持策略趋同；而环境支撑评分普遍分布于 9.340 8 至 11.921

2区间，表明外部环境协同与政策资源利用存在共性短板。

转型差异的深层逻辑分析表明：头部企业通过战略前瞻性（如绿城水务“十四五”数字专项规划）与资源投入确立引领地位；传统制造业依托局部技术应用（如两面针智能仓储系统）实现突破；重工业受“战略强-技术弱”结构性矛盾制约；小型企业则因转型动力缺失与资源不足陷入发展滞后。2022至2023年管理层词频监测显示，仅柳钢股份（词频由2次增至5次）与绿城水务（稳定于2次）持续关注数字创新议题，其余企业或出现关注断层（如华锡有色由4次归零）或持续空白（如两面针、柳化股份连续0次），实证支持“战略认知决定转型行动”的内在规律。

研究表明，广西资源型企业数字化转型呈现“头部突破、中部分化、尾部滞后”的非均衡发展格局。战略规划与技术应用协同不足、外部环境支撑体系薄弱仍是亟待解决的核心矛盾，亟需通过战略实施机制优化、关键技术深度集成及政策资源系统整合实现转型瓶颈突破。

3.1.3 发展趋势

（1）资源型企业发展面临的新形势

①绿色发展战略对资源型企业提出新要求

第一，污染物排放标准持续提升，倒逼企业加大环保投入。随着生态环境保护政策体系的完善，资源型企业面临的污染物排放标准日趋严格，尤其是钢铁、能源、有色金属等行业的废气、废水、固废排放限值不断收紧，形成刚性约束。企业需持续投入资金升级治污设施、改进生产工艺，以满足新排放标准要求，从被动应对环保检查转向主动构建污染防治长效机制，环保投入从选择性支出变为生存必需成本。

第二，绿色技术创新成为必选项，推动企业重构研发体系。传统资源型企业依赖末端治理的模式难以适应绿色发展需求，必须向源头减排、循环利用等绿色技术创新转型。企业需将绿色技术研发纳入核心战略，加大对低碳工艺、清洁生产、资源循环利用等领域的投入，推动研发体系从单一技术引进向自主创新转变，通过技术突破降低单位产值能耗和污染物产生量，将绿色技术优势转化为市场竞争力。

第三，产业结构绿色化调整加速，要求企业优化业务布局。在“双碳”目标导向下，高耗能、高污染产业扩张受限，资源型企业需主动调整产业结构，减少对传统资源依赖型业务的过度倾斜。一方面，淘汰落后产能，提升现有产业绿色化水平；另一方面，向低污染、高附加值的新兴产业或产业链高端环节延伸，如发展循环经济、清洁能源、资源深加工等业务，实现从“资源开采型”向“绿色制造服务型”的转型。

第四，环境管理体系需全面升级，强化全过程合规管控。随着排污许可制、碳市场交易、生态环境损害赔偿等制度的深入实施，资源型企业面临的环境管理要求从“碎片化”转向“系统化”。企业需建立覆盖生产、运输、排放等全流程的环境管理体系，加强源头预防、过程控制和末端治理的协同联动，完善环境风险预警机制和应急响应体系，确保各项生产经营活动符合最新环保法规要求，避免因合规漏洞导致环境风险和经济损失。

②数字化浪潮对资源型企业提出了新要求

第一，生产模式智能化转型要求企业重构制造体系。数字化技术推动资源型企业从传统粗放式生产向精准化、柔性化制造转型。企业需引入工业互联网、物联网、大数据分析等技术，对生产设备、工艺流程进行智能化改造，实现生产过程的实时监控、动态优化和预测性维护，提升资源利用效率与生产安全水平，打破“重资产、低效率”的传统发展瓶颈，构建以数据驱动为核心的新型制造体系。

第二，管理体系数字化升级要求企业优化决策流程。数字化倒逼资源型企业突破层级化、碎片化的管理模式，通过集成企业资源计划（ERP）、供应链管理（SCM）等系统，实现数据资源的跨部门流通与整合。企业需建立数字化管理平台，推动战略决策、运营管理、风险控制等环节的智能化升级，提升管理透明度与响应速度，从经验驱动的粗放管理转向数据支撑的科学决策，适应数字化时代的高效运营需求。

第三，产业链协同数字化重构要求企业强化生态联动。数字化浪潮促使资源型企业从单一生产单元向产业链协同主体转变。企业需通过数字化手段打通上下游数据壁垒，与供应商、客户、科研机构等构建数字化协同网络，实现需求预测、产能调配、物流配送等环节的实时对接，提升产业链整体效率与韧性，从“孤立生产”转向“生态共生”，在全球产业链重构中抢占竞争制高点。

第四，创新能力数字化驱动要求企业重塑发展动能。数字技术成为资源型企业突破技术瓶颈、开拓新市场的核心引擎。企业需将人工智能、数字孪生、云计算等技术融入研发设计、产品服务等环节，开展数字化创新实验与场景应用，推动从“资源依赖”向“创新驱动”的动能转换。同时，数字化催生个性化定制、服务化延伸等新业态，倒逼企业突破传统业务边界，构建多元化的创新发展模式。

③安全挑战对资源型企业提出了新要求

第一，生产安全责任强化要求企业构建全流程管控体系。资源型企业生产环节涉及高危作业（如矿山开采、化工冶炼），安全事故易引发重大人员伤亡与社会影响。企业需突破“事后追责”的被动模式，建立覆盖工艺设计、设备运行、人员操作等全流程的安全风险防控体系，强化安全生产标准化建设，通过引入智能监测、预警系统等技术手段，实现风险隐患的实时感知与动态处置，推动安全管理从“事故应对”向“本质安全”转型。

第二，资源供应链安全风险凸显要求企业提升保障能力。全球资源竞争加剧与地缘政治波动，导致资源型企业面临原材料供应中断、价格剧烈波动等风险。企业需优化资源获取渠道，建立多元化供应网络，加强与上游资源产地、物流企业的战略协作，同时通过储备体系建设、供应链数字化管理等手段，提升资源供应的稳定性与抗风险能力，避免因单一环节断裂影响整体生产经营。

第三，网络与信息安全威胁升级要求企业筑牢防护屏障。数字化转型背景下，资源型企业工业控制系统、数据资产面临黑客攻击、数据泄露等风险，尤其是能源、矿业等关键领域的网络安全直接关系国家安全。企业需强化网络安全主体责任，完善工控系统安全防护架构，加强数据分类分级管理与加密技术应用，建立常态化安全监测与应急响应机制，防范数字化转型中的新型安全威胁。

第四，环境安全与生态风险防控要求企业落实可持续发展。资源开发与生产过程中的生态破坏、污染泄漏等事件，可能引发法律追责、社会信任危机及生态补偿成本剧增。企业需将环境安全纳入战略核心，严格遵守生态红线制度，优化生产工艺以减少生态扰动，建立环境风险预警与应急处置体系，主动披露环境信息以回应社会关切，实现资源开发与生态保护的动态平衡。

（2）资源型企业面临的发展阶段

①资源依赖发展阶段：传统开采与初级加工主导的粗放增长

在发展初期，随着资源开采活动的启动，企业依托区域内富集的矿产、能源、林木等自然禀赋，将核心业务聚焦于资源开采及初级加工。这一阶段的生产模式以高投入、高消耗、高排放为典型特征，企业普遍缺乏资源循环利用意识，对环境保护的重视程度不足，技术层面多停留在简单复制或引进成熟工艺，产品以原材料或初级加工品为主，附加值低且市场同质化严重。企业竞争优势主要来源于资源获取的便利性及产能规模扩张，管理模式较为粗放，对生态环境承载能力和长期可持续发展的考量存在明显短板，经营效益易受资源价格波动和政策调整的直接冲击。

②产业扩张阶段：集群化发展与规模效应驱动的产能提升

随着资源开采规模扩大和行业竞争加剧，企业开始通过横向兼并重组或纵向延伸产业链上下游的方式扩大经营规模，区域内同类企业逐步集聚，形成产业集群发展态势。生产组织模式向标准化、专业化演进，企业通过规模化生产降低单位成本，同时加速技术引进与模仿创新，部分领先企业尝试探索深加工或配套产业以拓展业务边界。但这一阶段的发展仍以“量”的增长为核心目标，资源综合利用效率并未实现显著提升，环境治理投入滞后于产能扩张速度，生态破坏与环境污染问题逐渐显现，传统粗放型发展模式的局限性开始初步暴露。

③转型压力阶段：资源瓶颈与环境约束倒逼的模式调整

随着资源逐渐枯竭或开采成本攀升，以及环保政策的持续收紧，企业发展进入关键转折点。一方面，核心资源储量下降或面临替代能源冲击（如化石能源向可再生能源转型），导致传统业务盈利能力持续下滑；另一方面，“双碳”目标推进和污染防治攻坚战的实施，迫使企业加大末端治理投入，环保成本激增，原有发展模式难以为继。在此背景下，企业被动面临“生存还是转型”的战略抉择，开始尝试缩减高耗能业务、探索节能技术或寻求跨产业发展，但由于缺乏清晰的转型路径和成熟经验，普遍遭遇技术、人才、资金等方面的转型阵痛。

随着资源禀赋持续衰减及开采成本不断提高，加之环境保护政策日趋严格，企业发展步入关键转型期。一方面，核心资源储量递减或面临替代能源冲击（例如传统化石能源向可再生能源的结构性转变），致使传统业务盈利能力系统性下滑；另一方面，在“双碳”目标推进与污染防治攻坚战实施背景下，企业被强制要求增加末端治理投入，环境合规成本显著上升，原有发展模式已不可持续。在此情境下，企业被动面临生存与转型的战略抉择，开始尝试压缩高能耗业务规模、探索节能技术路径或拓展跨产业领域。然而，由于缺乏明确的转型路线图及成熟经验参考，企业普遍遭遇技术壁垒、专业人才缺口与资金约束等结构性障碍。

④创新驱动阶段：技术升级与绿色转型主导的高质量发展

面对转型压力，企业意识到唯有将创新作为核心驱动力，才能突破发展瓶颈。这一阶段，企业主动向技术密集型、环境友好型模式转型：在技术层面，加大对低碳工艺、智能装备、资源循环利用等领域的研发投入，推动生产方式从传统制造向智能制造跃升；在产业层面，坚决淘汰落后产能，向产业链高端环节延伸，聚焦精密加工、新材料研发等附加值更高的领域；在管理层面，建立绿色供应链体系，将环境、社会、治理（ESG）理念纳入考核体系，力求实现经济效益与生态效益的平衡。通过持续创新，企业逐步摆脱对传统资源的过度依赖，构建起以技术和绿色低碳为支撑的可持续发展能力。

⑤生态重构阶段：产业链整合与可持续发展的新竞争格局

在技术升级和绿色转型取得一定成效后，企业不再局限于单一主体发展，而是以产业生态构建者的角色，通过数字化平台搭建、战略联盟合作等方式，整合产业链上下游资源，打造“资源开采—绿色制造—循环利用—服务增值”的全链条生态体系。企业以全球视野布局资源获取渠道和市场网络，积极参与国际标准制定，提升在行业内的话语权；同时，将积累的绿色技术和数字化能力向产业链伙伴输出，推动集群式转型，形成以低碳化、智能化、服务化为特征的新型产业生态。至此，企业的核心竞争力从单一要素优势转变为生态协同效率和可持续发展韧性，标志着资源型企业完成从要素驱动到生态驱动的根本性变革。

（3）资源型企业转型发展的新趋势

①低碳化

“双碳”目标驱动下，低碳化成为资源型企业转型核心方向。企业从依赖化石能源向清洁能源转型，逐步提高风电、光伏、氢能等可再生能源在能源消费中的占比，减少对煤炭、石油等传统能源的依赖。生产端通过引入低碳工艺（如电炉炼钢、绿色选矿技术）、优化流程降低单位产品能耗，同时构建碳足迹管理体系，将碳排放核算纳入供应链各环节，主动适应碳市场交易规则。部分企业探索碳捕集、封存与利用（CCUS）技术，从被动减排转向主动控碳，通过绿色认证提升产品溢价能力，在全球低碳竞争中占据先机。

②数字化

数字化转型重塑资源型企业竞争优势。工业互联网、物联网技术普及使矿山、工厂实现设备互联与数据实时采集，推动生产过程从“经验驱动”转向“数据驱动”——通过AI算法优化选矿流程、预测设备故障、动态调整能耗，显著提升资源利用效率与安全生产水平。企业同步推进管理数字化，打通研发、生产、销售全链条数据壁垒，借助供应链管理系统实现原燃料采购与产能调配的精准匹配，降低库存成本与市场响应时间。部分领先企业试点“数字孪生”工厂，在虚拟环境中模拟工艺改进，缩短新技术落地周期，数字化能力成为企业转型的核心支撑。

③全球化

全球资源分布不均与产业链重构倒逼企业强化全球化布局。一方面，通过跨国并购、海外合资等方式获取优质资源（如矿产企业在非洲、南美布局镍、锂等新能源金属开采），对冲国内资源枯竭风险；另一方面，依托共建“一带一路”倡议拓展新兴市场，在共建国家建设加工基地或营销网络，降低地缘政治对供应链的冲击。企业需适应国际环保标准、劳工规范，通过本地化运营提升海外项目合规性，同时整合全球技术资源，在发达国家设立研发中心吸纳高端人才，推动技术引进与自主创新双轮驱动，提升全球产业链话语权。

④高附加值化

为突破资源诅咒困境，企业加速向产业链高附加值环节延伸。具体表现为：煤炭企业由初级采选加工转向发展煤制油、煤制烯烃等现代煤化工；金属矿企着力开发高性能合金材料精深加工技术，通过技术研发提升产品精度与功能性，以满足新能源汽车、半导体等高端制造业对特种材料的需求。部分企业则跨界拓展资源服务型业务，依托矿产勘探经验涉足地质灾害防治与生态修复领域，或基于能源开发能力布局综合智慧能源服务。实现高附加值转型的关键在于构建市场化研发机制，通过与高校、科研院所共建协同创新平台，加速实验室技术向产业化生产能力转化，推动经营模式从资源输出向技术输出与服务输出转变。

⑤区域协同化

区域协同成为破解“小散弱”困局的重要路径。同一资源产区的企业通过组建产业联盟，共享勘探数据、环保设施与物流网络，避免重复建设；政府主导建设绿色开采技术中心、固废处理产业园等共性技术平台，降低中小企业转型成本。城市群内资源型企业与制造业、服务业联动，例如钢铁企业为本地汽车厂提供定制化钢材，同时利用厂区空间发展光伏分布式发电，形成“资源—制造—能源”循环生态。跨区域协作亦趋紧密，东部资源型企业向中西部转移产能时，同步输出绿色技术与管理经验，带动区域间产业链分工与梯度升级，实现“以强带弱、优势互补”的转型新格局。

3.2 数字化背景下广西资源型企业绿色转型存在的问题

3.2.1 污染物种类多且排放量大

广西资源型企业污染物排放呈现“种类复杂、总量高企”的特点，不同行业因生产特性形成差异化污染结构，环境治理压力显著。

气体废弃物方面，重工业和能源类企业排放突出，柳钢股份 2023 年二氧化碳排放量达 2 276.80 万吨，二氧化硫 3 989.92 吨，氮氧化物 1.37 万吨，烟粉尘 4 803.90 吨，均为样本企业最高，其钢铁冶炼中煤炭、焦炭的大量燃烧是主要污染源；桂冠电力 2023 年温室气体排放量 424.56 万吨二氧化碳当量，二氧化硫 460.64 吨，氮氧化物 675.92 吨，气体污染物总量突出，供电煤耗 323.98 克标准煤/千瓦时反映其火电业务对煤炭的依赖；广西能源 2023 年氮氧化物 301.13 吨、二氧化硫 152.36 吨，两面针 2019 年二氧化硫 118.58 吨、氮氧化物 126.95 吨，体现能源生产和日化制造的废气排放特征。

液体废弃物方面，华锡有色 2023 年废水排放量 499.29 万吨，居样本首位，含化学需氧量 63.03 吨、悬浮物 47.02 吨等，有色金属开采冶炼产生的酸性废水和重金属污染物处理难度大；柳钢股份 2023 年废水排放量 883.74 万吨，化学需氧量 92.4 吨，总量仍居前；柳化股份 2023 年废水 793 吨、化学需氧量 0.013 吨，处于微量水平，两面针 2019 年化学需氧量 217.77 吨、氨氮 4.42 吨，废水污染物排放均衡。

固体废弃物方面，华锡有色 2023 年一般废弃物 161.10 万吨，广西能源 2023 年一般工业固体废弃物 29.14 万吨、危险废弃物 40.09 吨；柳钢股份高耗能工艺伴随大量高炉渣、钢渣等固废产生；桂东电力 2022 年一般工业固体废弃物 30.80 万吨、危险废弃物 39.84 吨，柳化股份 2023 年悬浮物仅 0.003 3 吨，固废排放量极少。

总体来看，不同行业因生产特性呈现出差异化的污染物排放结构，但均面临着污染物种类多、排放量大、环境治理压力显著的挑战。

3.2.2 资源消耗量巨大且问题突出

广西资源型企业资源消耗量大的问题突出，集中体现在能源与水资源的高强度占用。

在能源消耗方面，不同行业呈现显著差异：钢铁行业的柳钢股份作为典型高耗能企业，2023 年吨钢综合能耗为 581.98 千克标准煤，虽较 2015 年有所下降，但仍高于行业先进水平，2022 年能源消耗总量达 612.88 万吨标准煤，其钢铁冶炼过程高度依赖煤炭和焦炭，2023 年入炉焦比为 371.1 千克/吨铁，高炉喷煤量为 148 千克/吨铁，尽管企业通过技术改造降低了单位水耗（如吨钢新水耗从 2015 年的 2.66 立方米/吨降至 2023 年的 1.23 立方米/吨），但能源消耗总量未实现根本性下降，"高碳" 属性依然显著；电力与能源行业中，桂冠电力 2023 年清洁能源比重达 89.25%，但供电煤耗仍为 323.98 克标准煤/千瓦时，显示其火电业务对煤炭的依赖，全年能源消耗 150.93 万吨标准煤，其中火电部分直接导致温室气体排放量高达 424.56 万吨二氧化碳当量，广西能源（原桂东电力）2023 年综合能耗 52.93 万吨标准煤，其能源业务涵盖电力生产与输配，直接能源与间接能源消耗合计超百万吨标准煤，体现出能源行业全链条的高耗能特征；有色金属行业的华锡有色 2023 年电力消耗达 1.52 亿千瓦时，能源消耗 2.04 万吨标准煤，反映出有色金属开采、选矿、冶炼环节对电力的大量需求，日化企业两面针 2023 年水消耗量为 45.7 万吨，其生产环节（如加热、设备运转）隐含着对能源的间接消耗。

在水资源消耗方面，各行业面临不同挑战：钢铁行业的柳钢股份 2023 年吨钢新水耗为 1.23 立方米/吨，虽较往年下降，但 2022 年废水排放量仍达 883.74 万吨，反映出钢铁冶炼过程中水资源的高强度使用；桂冠电力 2023 年新鲜水消耗 65.11 万吨，循环用水 206 万吨，循环利用率约为 76% [循环用水/（新鲜水+循环用水）]，但通过优化水处理技术仍有进一步减少新鲜水取用量的空间；有色金属行业的华锡有色 2023 年水资源消耗结构复杂，地下水取用 341.82 万吨、地表水 69.63 万吨、市政购水 34.45 万吨、循环用水 440.06 万吨，总取水量达 885.96 万吨，有色金属冶炼过程中选矿、冶炼对水资源的依赖度高，且过度取用地下水可能影响区域水文平衡，尽管循环用水量大，但废水排放量仍达 499.29 万吨，循环利用率仅约 50%（循环用水/总取水量），存在水资源高效循环的技术瓶颈；日化企业两面针 2023 年水消耗量 45.7 万吨，主要用于生产清洁、冷却等环节，体现了日化制造业的用水特征；广西能源 2023 年水资源消耗 6 223.91 吨，虽总量较小，但在能源输配过程中的设备冷却、水处理等环节仍存在用水效率优化空间。

总体来看，不同行业因生产特性呈现出差异化的资源消耗结构，但均面临着从“粗放消耗”向“集约利用”转型的压力。

3.2.3 对数字化转型的重视程度较低

广西资源型企业在数字化转型进程中，暴露出对数字化重视不足的问题，具体体现在转型指数整体偏低、管理层关注度分化严重以及环境支撑薄弱等方面。

基于数字化转型指数的评估结果，2023 年广西资源型企业的数字化转型整体水平普遍偏低。其中，绿城水务以 34.309 4 的指数值位居首位；广西能源、两面针、柳钢股份等企业指数值集中于 30 至 32 区间；而桂冠电力、华锡有色、柳化股份等企业指数值均低于 26。与行业先进水平相比，上述指数呈现显著滞后性，反映出相关企业在数字化转型进程中进展相对迟缓。

对各维度评分的进一步分析表明，环境支撑维度得分普遍处于低位（区间为 9.340 8 至 11.921 2 分）。该现象表明企业在数字化转型过程中存在以下问题：未能有效利用外部环境资源，对相关政策支持及动态市场环境缺乏有效响应。这间接反映出企业对数字化转型的战略重视程度不足，未能主动构建有利于转型的外部支持环境。

管理层对数字创新的关注情况，更直观地反映出企业对数字化的重视程度差异。2022—2023 年，部分企业管理层对数字创新缺乏关注。两面针、柳化股份连续两年在数字化技术、数字基础设施建设、流程创新等方面的提及次数均为 0，桂冠电力同样未在管理层讨论中涉及数字创新相关内容。这表明这些企业管理层尚未将数字化转型纳入重要议事日程，缺乏对数字化发展趋势的敏锐洞察力，没有充分认识到数字化对企业未来发展的重要性。即使是相对重视数字化的企业，也存在关注不稳定的问题。华锡有色 2022 年数字化技术提及 4 次、关键词 2 个，但 2023 年相关词频归零，尽管管理层讨论文字量有所增加，却未涉及数字创新内容，说明其对数字化的重视缺乏持续性，未能将数字化转型作为长期稳定的战略方向，可能仅在特定时期或受外部因素影响下，才短暂关注数字化，难以形成推动企业数字化转型的持续动力。相比之下，绿城水务虽然在管理层关注度上表现相对较好，但仍存在不足。绿城水务在公用事业领域管理层对数字化技术应用的关注较高且稳定，但其数字化转型指数也仅为 34. 309 4，进一步凸显出整个资源型行业对数字化重视不足。

总体而言，广西资源型企业在数字化转型中，存在转型指数普遍偏低、管理层关注参差不齐且缺乏持续性、环境支撑薄弱等问题，充分反映出行业对数字化重视程度不足的严峻现状。

3. 2. 4　环保投入力度不足

广西资源型企业环保投入不足问题突出，主要体现在投入规模差异悬殊、部分行业投入偏低、部分企业投入波动大及投入方向局限性明显等方面。

从行业层面看，不同类型企业环保投入差距显著。传统制造业及化工行业中的两面针、柳化股份环保投入力度明显不足。两面针 2023 年环保投资仅 167. 39 万元，2024 年虽增至 240. 68 万元，但相较其他行业企业仍处于较低水平；柳化股份 2023—2024 年环保投资分别为 359. 1 万元、404. 87 万元，与其 2017 年 9 964. 38 万元的投入相比大幅下降，在样本企业中垫底。反观钢铁及有色金属行业，柳钢股份 2023 年环保投资 24. 73 亿元，华锡有色 2023 年为 5 123. 06 万元，能源与公用事业行业中，绿城水务 2022—2024 年环保投资分别为 17. 3 亿元、11 亿元、8. 46 亿元，广西能源 2024 年环保投资 3 312 万元，这两类行业头部企业的投入规模远超传统制造业与化工企业，凸显出部分行业环保投入力度严重不足。

部分企业环保投入稳定性欠佳。以柳钢股份为例，2013—2023 年环保投资波动剧烈，2013 年为 2. 27 亿元，2015 年降至 1. 47 亿元，2022 年升至 6. 84 亿元，2023 年又大幅增长至 24. 73 亿元，投资规模缺乏连贯性，难以形成稳定长效的环保治理能力。桂冠电力环保投入同样起伏不定，2022 年在环保技改、节能技改等项目投入超 4. 5 亿元，但 2023 年环保投资骤减至 1 034万元，投入规模的大幅波动不利于环保设施持续升级和污染稳定治理。

从投入方向来看，部分企业环保投入存在局限性。两面针环保投入多集中于子公司特定环节，2016 年捷康公司环保专项、三废处理及纸业公司污水处理等费用合计超 2 600 万元，但后续年份投入分散且规模缩小，难以覆盖全生产链条污染治理。柳化股份 2024 年仅在污水处理站技改投入 328 万元，其他环保领域投入极少，对废气、固废等污染物治理关注不足。此外，多数企业环保投入集中于末端治理，如柳钢股份在 2017—2021 年将大量资金用于废水处理、烟气脱硫脱硝等工程，对源头减排和清洁生产技术研发投入占比相对较低，不利于从根本上降低污染物产生量。

整体而言，广西资源型企业中，传统制造业与化工行业环保投入规模小、稳定性差，部分企业投入方向单一，难以满足日益严格的环保要求，环保投入不足问题亟待解决。

4 数字化背景下广西资源型企业绿色转型动力要素

在全球数字化浪潮和绿色发展理念的双重驱动下，广西资源型企业面临着绿色转型的迫切需求。数字化技术的快速发展为传统资源型企业提供了创新工具和解决方案，不仅能够提升资源利用效率、降低环境污染，还能通过智能化管理和技术升级助力企业实现可持续发展。因此，研究并构建数字化背景下广西资源型企业绿色转型的动力机制，不仅是推动企业生态化转型的重要路径，更是促进区域经济高质量发展、实现国家“双碳”目标的关键抓手。本章将研究广西资源型企业绿色转型动力构成、广西资源型企业绿色转型动力识别，从而为下一步评价广西资源型企业环境绩效和提出发展对策提供参考和借鉴。

在分析时，本章借鉴了金斯伯格（Ginsberg，1988）提出的战略变革研究模型（即战略变革受到内外部环境的影响，而战略变革的实施结果通过企业绩效进行反映）。资源型企业绿色转型的实质是一种战略变革，基于此，本书提出，资源型企业绿色转型动力可以分为企业外部因素和企业内部因素两个方面。

4.1 企业外部动力要素

资源型企业绿色转型动力的外部因素主要源于科技进步、政府规制、社会舆论等多重动力，这些因素共同构建了外部压力与激励并存的绿色发展环境。

4.1.1 科技进步

科技进步是企业绿色转型的外部支撑力量。数字技术的快速发展，例如物联网、大数据和人工智能，为资源型企业优化生产工艺、提升能源利用效率和降低排放提供了全新的工具。同时，绿色技术的创新与推广也降低了企业绿色转型的技术门槛，为其提供了更多可能性。

4.1.2 政府规制

政府规制在资源型企业绿色转型中具有强制性和引导性作用。通过制定和执行环保法律法规、碳排放目标和污染物排放标准，政府对企业提出了绿色转型的硬性要求。同时，政府通过绿色补贴、税收优惠和低息贷款等政策工具，降低企业绿色转型的经济负担，激发其主动性。此外，国家“双碳”目标和生态文明建设要求，为资源型企业的绿色发展指明了方向。

4.1.3 社会舆论

社会舆论对企业高管的环保认知具有重要影响，并进一步推动资源型企业在绿色技术创新上的投入与实践。随着公众环保意识的增强和媒体对企业环境行为的密切关注，高管逐渐认识到绿色技术创新是回应社会期望、提升企业竞争力的重要路径。在舆论压力下，高管更加关注环境治理技术的研发和应用，积极推动企业引入绿色工艺流程、开发低碳产品，以满足消费者对环保产品的需求。同时，舆论环境还促使高管将绿色技术创新视为应对市场竞争、争取政策支持的重要举措，从而推动企业将更多资源投入到绿色创新领域，加速实现可持续发展目标。

4.2 企业内部动力要素

企业内部因素是驱动资源型企业绿色转型的核心动力，其内在构成涵盖资源要素、转型意识、转型行为以及制度机制等方面，这些要素在绿色转型过程中相互作用，形成推动企业实现可持续发展的内生动力。

4.2.1 资源要素

在数字化背景下，资源要素是推动资源型企业绿色转型的重要动力，包括数字化技术资源、资本资源和人力资源等。物联网、大数据和人工智能等技术提升了资源利用效率，优化了生产流程；资本投入为数字化绿色转型提供保障；具备数字化技能和绿色意识的人才则是转型成功的关键。通过数字技术与绿色生产的深度融合，企业能够实现高效、低碳的生产模式，为绿色转型奠定坚实的基础。

4.2.2 转型意识

企业高层管理者的转型意识是绿色转型的核心驱动力，其形成受个人环保经历、教育背景和职业经历的深刻影响。管理者是否具备环保相关的学术专业背景，如环境科学、能源管理等，以及其在职业生涯中参与绿色项目或推动可持续发展的经验，都直接影响其对绿色转型的认知和决策倾向。拥有丰富环保经历的管理者，更可能主动将绿色理念融入企业战略，通过积极引导推动全员环保意识提升，为企业绿色转型提供强有力的思想保障。

4.2.3 转型行为

企业的绿色转型行为主要体现在环境治理等方面，即企业在追求自身利益最大化的生产经营过程中，为响应政府政策、社会期望以及自身发展的需要，主动承担环境资源保护责任。环境治理行为包括减少污染排放、节约能源资源以及提高环保技术等具体行动，往往通过资本支出体现。企业对污染治理设施的投资、节能技术的研发以及循环经济模式的实施，不仅实现了环境保护与经济效益的双赢，还彰显了企业履行社会责任与推动民众可持续发展的意识提升，成为绿色转型的核心实践动力。

4.2.4 制度机制

高效的制度机制是推动企业绿色转型的重要保障，而高管激励机制在其中发挥了关键作用。建立绿色绩效考核体系，将企业的环境治理成效、碳排放减量和资源利用效率等指标纳入高管的业绩评价标准，可以有效引导管理层关注并推动绿色发展目标的实现。同时，采用薪酬激励、股权激励等方式，将高管的个人利益与企业绿色转型的成效挂钩，不仅提升了高管参与绿色转型的积极性，也促进了企业绿色战略的持续深化，为转型成效提供了制度性支持和长期动力。

综上，资源型企业绿色转型动力由企业外部因素和企业内部因素综合构成。资源型企业绿色转型动力的外部因素包括科技进步、政府规制、社会舆论，资源型企业绿色转型动力的内部因素包括资源要素、转型意识、转型行为、制度机制，这些因素共同构建了资源型企业内外部压力与激励并存的绿色发展环境。

5 数字化背景下广西资源型企业绿色转型动力机制的实证分析

5.1 计量模型的构建

数字化背景下构建广西资源型企业绿色转型动力模型①，能够深入剖析企业在绿色转型进程中面临的内外部驱动力及其相互作用机制，为推动可持续发展提供坚实的理论依据和实用的实践指导。该模型从状态变化与环境变化两个维度全面分析了企业转型的内外部动力来源。具体而言，内部动力涵盖高管环保认知、企业环保行为等内部环境因素，以及数字化水平、绿色创新能力、高管环保经验、内部约束与激励机制等内部状态因素；外部动力则包括政策法规变化、市场需求升级等外部环境因素，以及现有政府提供的支持与补贴等外部状态因素。通过数字化与绿色化的协同作用，企业能够在外部环境与内部状态的平衡中提升绩效，最终实现技术追赶和反向加速。该模型不仅强调了动力机制的系统性与动态性，还突出了数字化在推动企业绿色化发展中的关键作用，为广西资源型企业适应数字化变革、实现高质量发展提供了科学路径和决策支持，如图 5-1 所示。

---

① 本文构建研究模型 $Y = \alpha + \beta_1 X_1 + \beta_2 X_2 + \beta_3 \sum C_i + \beta_4 \sum ME_j + \beta_5 \sum MO_k + \varepsilon$。其中，核心被解释变量 Y 是企业绩效，核心解释变量 X_1 是绿色转型动力、X_2 是数字化转型动力，C 是控制变量总和，ME 是中介变量总和，MO 是调节变量总和，α 为回归模型的常数项，ε 为扰动项，变量说明和赋值情况详见章节 5.3。

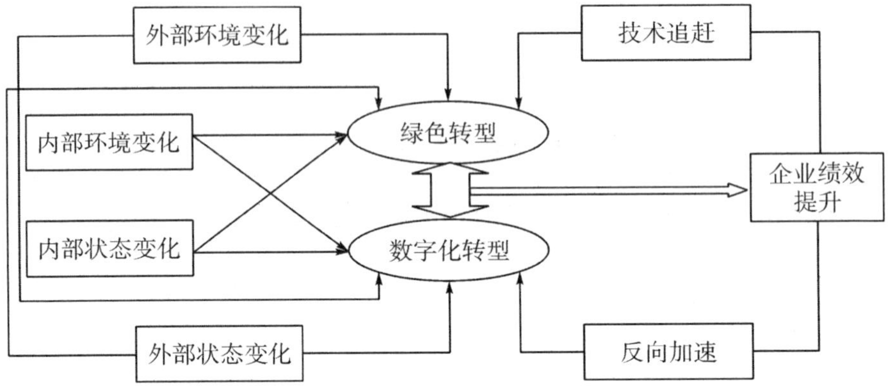

图 5-1　数字化背景下广西资源型企业绿色转型动力模型

5.1.1　绿色转型的动力

（1）外部环境变化

环境规制与政策压力。政府通过强制性政策（如环保法规）为企业绿色转型提供外部压力；同时，随着政策执行的细化与透明化，可能促使企业更高效地适应政策要求。环境规制作为一种应对环境问题的有效手段，越来越受到研究者的关注，其在推动企业履行环境责任方面所发挥的作用不可忽视。根据波特假说，环境规制的实施不仅可以推动企业提升环境绩效，还可以促进经济绩效的共同增长。叶红雨（2017）认为，企业在面临环境规制所带来的压力时，往往会增加对研发的投入，虽然环境规制可能带来企业生产成本或研发成本的上升，但它也对企业的技术创新起到了积极的推动作用，这种创新不仅能够提升生产效率，还有助于减少资源消耗，进而降低对环境的负面影响。特别是环境规制能够激励企业投身于环境保护技术的创新，从而有效提升企业的环境绩效。邱士雷等（2018）将环境规制分成命令型环境规制、市场型环境规制和自愿型环境规制，三种类型的环境规制在某种程度上都可以提高企业的环境表现。Zhang Y（2022）等研究发现命令型环境规制对企业环境绩效有积极影响，而市场型环境规制的影响相对较弱。包群（2023）通过采用倍差法对地方性环境法规规制的执行效应进行了实证分析，指出单一的环境规制并不能有效地遏制污染物的排放。Zheng 等（2023）认为更大的环境压力和更好的内部控制质量产生了协同效应，放大了碳排放权交易试点与企业环境绩效之间的正向联系。

行业特性与市场需求。行业内部绿色标准和消费者对绿色产品的需求，不仅为企业提供转型压力，还为创新型企业创造市场机遇和竞争优势。行业属性是企业绿色转型过程中不可忽视的重要外部动力。不同行业的特性决定了企业面临的环保压力、政策要求以及市场预期存在的显著差异，这些因素对企业绿色转型具有直接的驱动作用。首先，化工、钢铁、水泥等高污染、高能耗行业因其对环境的直接影响，往往成为政府环境监管的重点。其次，行业内竞争压力是绿色转型的另一关键动力。在全球产业链绿色化趋势下，行业领军企业通常会率先实施绿色转型策略，以此获得政策支持、品牌声誉以及国际市场准入权。这种示范效应迫使同行业企业进行绿色转型，以保持竞争力并避免在环保市场中被边缘化。此外，行业协会和产业联盟的推动作用也不容忽视。这些组织通常通过制定行业绿色标准、推广绿色技术以及协助成员企业争取政府补贴等方式，推动行业整体的绿色发展。最后，不同行业在全球绿色转型大趋势中的角色定位也影响企业的决策。例如，交通运输行业由于其碳排放总量巨大，成为全球低碳经济转型的关键领域。国际社会对这些行业的绿色转型提出了更高的期望，这又进一步驱使企业加快转型步伐。

（2）内部环境变化

高管环保意识与认知。高管对环保理念的理解和认知深度直接影响企业的战略方向与日常决策。在数字化背景下，高管能够通过数字化工具获取更精准的环境数据、政策动态及市场趋势，从而做出更具可持续性和科学性的决策。同时，高管提升自身对绿色发展的系统认知，有助于提升其在企业资源配置、技术选择和业务模式创新中的环保敏感性，使绿色转型战略更加符合企业的实际需求和发展目标。高管环保认知的提高会促进企业进行绿色技术创新，提高企业的可持续发展能力。机会型高管环保认知是指高管从商业机会的角度出发，认为绿色技术创新不仅有助于企业满足环保要求，更能为企业带来新的商业机遇和竞争优势。他们看到绿色技术创新背后所蕴藏的巨大商业价值，因此更愿意投入资源进行研发和创新。责任型高管环保认知则强调高管们从社会责任的角度出发，认为绿色技术创新是企业应尽的社会责任。他们关注企业的环保表现，认为企业应该积极承担环保责任，通过技术创新来减少对环境的负面影响。袁显平等（2023）的研究表明高管环保认知较高的企业更容易认识到绿色技术创新的重要性，从而将其纳入企业战略发展规划，加大对绿色技术创新的投入和支持。席龙胜等（2023）的研究指出，高管双元环保认知（机会型和责任型）会对绿色技术创新产生正向影响，高管环保认知水平的提高有助于企业意识到环境问题的重要性，并积极推动企业进行绿色技术创新。

企业环保行为表现。企业的日常环保行为是绿色转型的重要基础，包括节能减排、资源循环利用、污染控制等具体实践。在数字化背景下，这些行为表现可以通过引入数字化技术实现更高效的管理和执行。企业环保行为是指企业在生产经营过程中，为履行社会责任、满足政府和社会对环境保护的要求，采取的减少污染排放、节约能源、提升环保技术等措施。大多数学者通常采用环保投入来衡量企业环保行为。伊力奇等（2021）基于2014—2018年A股上市公司数据，采用多元线性回归方法，发现环保投入对公司环境绩效的作用受公司规模的影响，公司规模较大的企业能够通过规模效应提高企业环保投入的环境治理绩效，但在规模较小的公司中并不显著。李莎等（2022）等研究了环保投入对企业价值的影响，通过实证分析发现企业加大环保投入虽然短期内会增加企业支出，但是却有助于企业提高污染物处理能力，从而减少环境处罚费和相关的环境税费，长期来看可以带来正向效应；且企业积极履行环境责任，会提升企业在社会公众心里的环保形象，导致公司产品的销售增加，并给公司带来更多利润，提高企业绩效。也有部分学者从更丰富的维度研究企业环境治理行为。沈俊（2023）从全生命周期的视角将重污染企业环境治理行为划分为未来愿景、环保投入、环保治理三个维度。王群伟等（2023）将企业环境治理行为划分为生产规模调整、环保支出、绿色创新三个维度。

5.1.2 数字化转型的动力

（1）内部状态变化

企业数字化水平。数字化能力的不足可能成为绿色转型的瓶颈，但通过数字化升级，企业能够克服技术障碍，提升管理和资源利用效率。随着数字经济的迅猛增长，众多学者与业界人士将研究焦点转向数字经济领域，促使众多企业纷纷投身数字化转型的浪潮。深入剖析重污染行业上市公司的内部运营机制，我们发现这些企业普遍利用“技术创新”作为提升环境绩效的重要途径。鉴于重污染行业往往伴随着高能耗的特性，且作为传统污染的主要源头，引入数字技术与智能制造手段能在很大程度上优化能源利用效率。企业通过选用先进的生产设备，在生产过程中实现资源投入与使用的精准配置，进而显著降低自然资源的消耗率，并提升能源利用效率（金文莉，2012）。面对新兴生产要素的出现，企业积极运用数字化工具对资源进行深入的分析、处理和应用。它们倾向于选择绿色低碳的能源，并配备高效的技术设备投入生产，持续整合企业内部资源，以进一步改善企业的环境绩效。资源型企业也不例外，它们的生产发展同样受到环境变化的深刻影响，并且它们也在积极探索如何借助数字经济的发展来改变当前的运营状况。

绿色技术创新能力。绿色技术创新的缺乏可能导致转型困难，但通过外部合作和政策支持，企业的技术能力有望得到提升，从而加速绿色转型。根据自然资源基础观，企业在持续的经济活动中不断积累与自然环境相关的资源和能力，以应对自然环境挑战，实现环境的可持续发展。在这种情况下，企业将会形成一种持久的竞争优势。Xie（2019）等认为绿色科技创新也能从源头上控制污染，减少对环境的负面影响，例如，减少企业的终端排污等。在进行绿色创新的同时，还可以从源头和终端两个方面进行控制，这使得企业能够更好地满足政府的环保要求（如环保排放限制等），防止出现环保检查和罚款等不良现象，从而有利于提高企业的环境绩效。陈富等（2022）得出绿色技术创新是实现经济发展与环保有机结合的重要途径，但是由于绿色技术创新技术壁垒高，研发费用大，使得企业仍缺乏动力。由此可见，企业进行绿色环保技术的研发，能有效提升资源型企业环境绩效。

高管环保实践经验。经验不足可能会影响战略实施效果，但通过培训和学习，管理层的实践经验可逐步积累，为绿色转型提供更坚实的支持。根据烙印理论，管理者过往的某段特殊经历会对企业决策行为和企业绩效产生影响。毕茜等（2019）深入探讨了高管个人经历与企业战略选择之间的关系，分析了高管环保经历对企业绿色转型的影响与作用机制，发现高管的环保经历对企业开展绿色转型有积极影响，可以推动企业在环境责任履行和绿色投资方面取得更好的绩效表现。王辉等（2022）探讨了高管环保背景与绿色投资者进入之间的关系，从资本市场角度分析了高管个人背景对企业环境形象和投资者信任的影响，发现具有环保背景的高管可以吸引更多的绿色投资者、促进了企业的绿色发展和可持续经营，为企业与社会各界建立良好关系提供了理论支持。马长龙等（2022）研究了高管教育烙印对企业绩效的影响，发现高管的教育背景与企业绩效之间存在着密切关系，受过良好教育的高管可以带动企业创新能力和竞争优势的提升，强调了教育烙印在组织发展中的重要性。奥沙利文（O'Sullivan）等（2021）关注烙印与环境匹配对工作绩效的影响，研究发现高管在入职时的环境与组织环境的契合程度会影响后续的工作表现，当脱离原有环境后，先前烙印对个体的影响可能会发生动态性变化。李毅等（2023）研究了环保背景高管、权力分布与企业环境责任履行之间的关系，发现高管在环保领域的背景与企业内部权力分布密切相关，对企业环境责任履行产生重要影响。

内部激励与约束机制。完善的激励与约束机制不仅能够减少员工和管理层的阻力，还能够促进组织内外对绿色目标的共识与协作。鲁索（Russo，2005）研究发现工厂经理通过将实施薪酬激励的工厂与没有实施薪酬激励的工厂相比，前者的减排量更大，由此得出薪酬激励实施的良好成效可以改善工厂环境绩效。贝罗内（Berrone，2009）基于制度理论、代理理论和环境管理研究，以美国污染行业提供的相关数据为研究样本，发现良好的环境绩效会增加高管薪酬，高管薪酬激励可以改善环境绩效。本勒姆利赫（Benlemlih，2022）提供了相关证据证明内部债务的变化显著影响环境绩效的演变，并激励减少污染的生产，研究结果强调了执行官薪酬在改善企业环境绩效方面发挥了重要作用。

（2）外部状态变化

政府支持与补贴政策。政府加大优惠政策和补贴力度能够减少企业绿色化和数字化的转型阻力，为企业提供资金与资源支持，加速企业技术和模式的创新。根据资源依赖理论，政府作为重要外部支持主体之一，企业会与所依赖的外部环境互动获得资源来维持生存，即在获得政府补贴财务资源后，能够积极参与环保清洁等活动来优化企业环境。范庆泉等（2018）发现政府对企业进行的环保节能补助，能够减少企业对环境污染的处理费用，激励他们增加对污染的投资以提高企业环境绩效。尚洪涛等（2019）以新能源上市公司为研究样本得出政府的环境研发补贴对企业环境绩效有显著的促进作用。金慧琴（2018）等学者指出，政府补贴越多越能促进企业环保投资，进而提升其环境绩效。企业只有主动增加绿色生产技术的研究和应用，才能在产业中建立起竞争优势，使其无法被取代，从而提升企业的经济效益。政府的环保补助是一种激励性的环境管制措施，如果企业得到了环保补助，就会更愿意加大对其环境保护的投资，以此来研究新的生产工艺来提高公司的环境绩效。

5.1.3 企业目标

（1）数字化转型

数字化技术在资源型企业绿色转型中扮演着关键角色，它为企业提供了精细化管理和智能化生产的全新工具。通过大数据分析，企业可以实时监测资源使用、能源消耗和排放情况，精准识别绿色化过程中的瓶颈并及时优化生产流程。例如，物联网技术可实现设备和生产线的智能互联，帮助企业在降低能源消耗的同时提升生产效率。此外，工业互联网平台的应用还能推动供应链上下游的协同管理，优化资源配置，减少生产和物流环节中的浪费。人工智能技术也在绿色转型中发挥了重要作用。通过机器学习算法，企业可以预测生产过程中可能出现的资源浪费和排放超标情况，提前采取应对措施。例如，在矿产企业中，人工智能可优化采矿计划，减少对生态环境的破坏。同时，数字孪生技术的引入为企业提供了虚拟环境下的模拟和测试平台，帮助企业在实施绿色技术前评估其可能的环境影响和成本收益。在政策层面，数字化技术也能增强企业对绿色法规的适应能力。例如，区块链技术的应用能够记录企业在生产和排放方面的真实数据，为企业提供透明、可信的合规证明。这不仅提升了企业与监管部门之间的信任度，还为其争取政策补贴和市场认可提供了有力支持。

（2）绿色转型

绿色转型是资源型企业实现可持续发展的核心目标，涵盖了生产、管理和运营的全流程的绿色化。在压力和阻力的共同作用下，企业逐步探索适合自身特点的绿色转型路径。在生产层面，企业通过绿色技术的引入和应用，大幅降低资源消耗和污染排放。例如，通过使用新能源设备替代传统高能耗设备，企业能够有效减少碳足迹。同时，资源循环利用技术的普及也为企业提供了全新的原材料来源，减少企业对自然资源的依赖。例如，矿产开采企业可以通过技术手段回收废弃矿石中的有价值金属，实现资源的二次利用；在管理层面，企业的绿色化转型需要建立完善的管理体系，包括制定绿色发展战略、引入环保绩效考核机制和培养绿色文化。数字化工具的使用能够提升管理的效率和效果。例如，企业可以通过环境管理信息系统实时监控各个部门的环保指标，确保绿色发展目标的落实。此外，企业还可以利用员工培训平台，推广绿色发展理念，增强员工的环保意识和技能；在运营层面，企业需要围绕绿色发展目标优化业务模式。例如，推动产品的绿色设计和生产，为市场提供环保型产品；构建绿色供应链，确保上下游企业在物流和生产中遵守环保标准；参与碳交易市场，提升自身的绿色品牌形象和经济效益。通过整合数字化和绿色化技术，企业还可以探索更多创新的业务模式，例如发展绿色共享经济或提供绿色服务；同时，绿色转型还需要外部合作和资源整合。企业可以通过与政府、高校和科研机构的合作，获取最新的绿色技术和政策支持；通过行业联盟推动绿色标准的制定和实施；通过跨界合作吸引更多绿色投资，形成多方共赢的转型生态。

5.1.4 企业绩效提升

（1）经济效益

通过数字化和绿色化，企业能够在运营成本和市场竞争力方面实现显著提升。首先，数字化技术的应用能够优化资源配置，提高生产效率。例如，工业互联网和大数据分析技术可以实时监控生产流程，减少能源浪费和设备闲置率，降低企业运营成本。同时，智能化生产设备的引入能够替代部分高耗能设备，进一步实现节能降本。其次，绿色化战略为企业带来了开拓绿色市场的机会。消费者随着环保意识的增强，对绿色产品和服务的需求不断上升。企业通过提供环保型产品和绿色服务，不仅能赢得更多市场份额，还能提升自身的品牌溢价能力。此外，参与碳交易市场也是提升经济效益的有效途径。企业通过降低碳排放额度获得碳交易收益，不仅实现经济回报，还能增强企业在国际市场中的竞争力。

（2）环境效益

绿色转型对环境效益的提升尤为显著。通过数字化技术的赋能，企业能够更精准地控制污染排放和资源消耗。例如，物联网技术可以实时监测废水、废气和固体废弃物的排放量，帮助企业及时采取措施减少污染。绿色技术的引入，如清洁能源技术和资源循环利用技术，进一步推动了资源利用效率的提升。在生产和运营中，企业通过实施资源循环利用模式，减少了对自然资源的消耗。例如，矿产企业可以将废矿石通过技术处理重新利用，大幅降低资源浪费。同时，绿色技术的应用还能促进区域生态环境的改善。例如，通过引入污染治理设备，企业不仅减少了自身对环境的影响，还为周边地区的生态环境修复提供了助力。此外，企业在数字化和绿色化的过程中，通过建立透明的环境管理体系，提高和增强了环境治理的效率和效果。这种环境效益的提升，不仅有助于增加企业与政府和公众之间的良性互动，还为区域生态系统的可持续发展奠定了基础。

（3）社会效益

履行社会责任和塑造绿色品牌形象是企业实现社会效益的重要方式。数字化技术的应用让企业能够更加透明地展示其环保行为。例如，企业可以通过区块链技术记录并公示其碳排放数据和资源使用情况，向公众和利益相关者证明其在绿色发展中的努力。通过推动绿色转型，企业还能够为社会提供更多绿色就业岗位。例如，企业在绿色技术研发和数字化转型过程中，需要大量专业技术人员和管理人才，能为社会创造更多高质量的就业机会。此外，企业在参与社会公益和生态保护项目中，不仅提升了自身的社会声誉，还为社区的可持续发展做出了积极贡献。在公众层面，企业通过数字化平台与消费者进行互动，推广绿色消费理念，提高公众的环保意识。例如，企业可以通过线上平台发布绿色产品认证信息，鼓励消费者选择低碳、环保的产品，进一步推动社会绿色消费的形成。这种双向互动既增强了企业的品牌认可度，也促使社会公众对企业的支持度和信任度不断提升。

5.2 研究假设的提出

5.2.1 关于绿色转型动力的假设

（1）内部环境变化

①高管环保意识与认知

高管的整体环保认知（包括机会型和责任型）对资源型企业环境绩效具有显著的正向影响。具体来说，高管对环保问题的认知程度越高，企业在环保技术、战略实施以及绿色转型等方面的表现也会越好，从而提升企业的环境绩效。

H_1：高管环保认知对资源型企业环境绩效具有显著的正向影响。

高管的机会型环保认知（关注环保带来的商业机会，如绿色创新、节能减排等）在资源型企业中对环境绩效的影响更为显著。高管若能够从环保角度发掘商业机会，提升环保技术和绿色管理措施，将直接促使企业在环境绩效上取得更好的成果。

H_2：高管机会型环保认知对资源型企业环境绩效具有显著的正向影响。

高管的责任型环保认知（强调环保责任与合规，如遵守环保法规、减少污染等）也会促进资源型企业的环境绩效的提升。责任型认知注重企业的社会责任和合规性，能推动企业在环保管理和社会责任方面采取积极行动，从而提升环境绩效。

H_3：高管责任型环保认知对资源型企业环境绩效也具有正向影响。

高管的机会型环保认知与政府补贴共同作用时，对资源型企业环境绩效的促进作用更加显著。政府补贴为高管提供了更多资源来支持绿色创新和环保项目，使得机会型环保认知更加有效地转化为环境绩效提升。

H_4：政府补贴能够增强机会型环保认知对资源型企业环境绩效的正向影响。

高管的责任型环保认知与政府补贴交互作用，能够进一步提升资源型企业的环境绩效。政府补贴的政策支持有助于增强高管在环保责任方面的投入，促进企业更好地执行环境保护措施，提高环境绩效。

H_5：政府补贴能够增强责任型环保认知对资源型企业环境绩效的正向影响。

②企业环境治理行为

企业环境治理行为影响着企业绩效，企业越积极进行环境治理、保护环境，企业绩效就越高。厄尔哈特（Earnhart，2004）的研究显示，虽然企业在短期内因为承担环境责任而面临成本上升，但从长远来看，这种做法将显著提高企业的整体绩效。沈俊（2023）的研究将重污染企业环保行为覆盖业务全生命周期，考虑投入和产出及未来愿景，将环境治理行为划分为未来愿景、环保投入、环保治理三个维度，经过实证研究发现这三个维度对企业绩效都有显著正向影响。基于此，本书提出以下假设：

H_6：企业环境治理行为对企业绩效有显著正向影响。

H_7：企业未来愿景与企业绩效之间呈正相关关系。

H_8：企业环保投入与企业绩效之间呈正相关关系。

H_9：企业环保治理与企业绩效之间呈正相关关系。

近年来国内也不乏学者针对财政补贴企业研发投入和企业绩效这个方向进行过考察，如王一卉（2013）基于所有制、企业经验和地区差异，运用中国高技术企业面板数据进行分析，得出政府补贴对提高企业创新绩效有积极作用的结论。步丹璐、王晓艳（2014）研究还发现政府补助显著增加了薪酬差距和高管薪酬，不利于企业绩效的提升。郭玥（2018）研究发现由于政治关联取得的政府补助往往诱发非效率行为，并没有用于真正的企业环保投入活动，不利于企业可持续增长，政府补助并不会促进企业绩效的增长。基于此，本书提出以下假设：

H_{10}：政府补助强度在企业环境治理行为对企业绩效的影响中具有调节作用。

H_{11}：政府补助强度对企业未来愿景有显著负向影响。

H_{12}：政府补助强度对企业环保投入有显著负向影响。

H_{13}：政府补助强度对企业环保治理有显著负向影响。

（2）外部环境变化

从工业社会开始，人类为了满足经济的快速发展而不顾后果地消耗各种资源，在人类的趋利行为下，环境污染日趋严重，环境问题日益凸显，由于人类对资源的进一步开采，使得环境资源日益匮乏，生态环境受到了极大的损害。环境规制理论应运而生，为了让企业能够承担起保护环境的责任，提高环境绩效，政府采用行政处罚等环境规制手段对企业进行约束，进而让企业降低环境成本，提升企业的环境绩效。因此，本书做出以下假设：

H_{14}：环境规制对企业环境绩效有显著的正向影响。

外部性理论认为，环境污染具有负外部性，而最直接的方法就是通过立法、规章等手段对污染者实施直接干预，以减轻其带来的负面影响，这就是外部性的内部化。环境规制也由此产生。命令型环境规制是我国政府在环境管理中的重要手段，它对企业的环境行为施加了极大的强制性影响。命令型的环境规制，是对公司有一个清晰的界限，如果违反了这个界限，将会被罚款。因此，为了避免违法和承担高额的环境成本以及经济损失，企业出于对自身发展利益和市场认可的角度来考虑，会采取积极的态度去应对环境治理，这对公司的环境绩效有一定的促进作用。因此，本书作出以下假设：

H_{15}：命令型环境规制对企业环境绩效有显著的正向影响。

相较于利用行政法规限制企业生产的命令控制型环境规制，市场型环境规制可以给企业以较大的自主权，从而为企业制定对策提供一定的空间，具有灵活的特点，因此企业会更为主动地进行环境管理和环境信息披露（刘金科 等，2022）。激励性环境管制通过税收优惠、排污税、补贴等多种方式对企业排污总量进行控制，从而减少企业的环境成本，并促使其采取更加柔性和主动的绿色管理方法，从而提升企业的环境绩效。此外，市场型规制工具还有技术补贴、声誉激励等手段，通过颁发企业荣誉奖，选出优秀企业，给企业贴上政府的标识，这样可以帮助企业塑造一个好的企业形象，在社会上得到很好的信誉，从而激发企业更好地履行自己的环保责任。由此，本书提出假设：

H_{16}：市场型环境规制对企业环境绩效有显著的正向影响。

自愿型环境规制是一种以企业为主体，以控制污染和保护环境为目的的约束机制。研究结果表明，引入市场机制同时鼓励利益相关者参与监督企业环境行为，督促企业披露环境信息，有利于改善企业环境绩效，这种激励作用有时候比环境惩罚更有用。近年来，自愿型环境规制被更广泛地采纳和应用。例如，中国企业通过 ISO14001 认证的数量，从 2015 年年末的 12 多万家，到 2022 年年底的 40 多万家，平均每年以 18%的速度增长。有学者研究表明自愿型环境规制对企业生存能力有显著提升作用（刘经珂等，2023），这更能激发企业的内驱动力，更好地促进企业进行技术创新，从而产生更高的环境绩效。企业是环境问题的生产者和解决者，企业必须自觉地承担起自己的环保责任，才能将其外部性内化为现实。因此，本书又做出如下假设：

H_{17}：自愿型环境规制对企业环境绩效有显著的正向影响。

5.2.2 关于数字化转型动力的假设

（1）内部状态变化

①企业数字化水平

李昆等（2024）在对 2017—2021 年我国 A 股市场重污染型企业样本进行研究发现，数字化转型对重污染型企业的环境绩效存在显著的正向影响。吴卫红等（2023）在研究中发现企业通过使用数字化平台、改进生产工艺、提高投入产出效率等方式，有助于减少企业对污染物的排放。资源型企业属于高污染、高排放的传统制造型企业，因此可能也具备上述特点。基于此，本书提出以下假设：

H_{18}：数字化水平对广西资源型企业环境绩效有正向影响。

戚聿东等（2024）发现通过数字信息的高效传递，能有效预防股东滥用职权或篡改数据而对企业环境绩效造成的不利影响。田超等（2010）研究指出，加强企业内部控制不仅有助于提升企业的运营效率，更能提升企业履行社会责任的能力，能够为社会可持续发展贡献力量。企业数字化水平提升有利于健全企业内部控制，进而减少资源浪费。基于此，本书提出以下假设：

H_{19}：数字化水平通过增强内部控制来提升广西资源型企业环境绩效。

根据波特假说，环境规制不仅可以推动企业提升环境绩效，还可以促进经济绩效共同增长。叶红雨（2017）提出企业在面临环境规制带来的压力时，往往会选择增加研发投入，从而推动企业的绿色创新进程。这种创新不仅能够提升生产效率，还有助于减少资源消耗，进而降低对环境的负面影响。基于此，本书提出以下假设：

H_{20}：环境规制在广西资源型企业数字化水平与环境绩效之间存在正向调节作用。

②绿色技术创新能力

根据自然资源基础观，企业在持续的经济活动中不断积累与自然环境相关的资源和能力，以应对自然环境挑战，实现环境可持续性。在这种情况下，企业将会形成一种持久的竞争优势。Xie 等（2019）认为绿色科技创新也能从源头上控制污染，减少对环境的负面影响。例如，减少企业的终端排污等。在进行绿色创新的同时，还可以从源头和终端两个方面进行控制，这对企业能够更好地满足政府的环保要求（如环保排放限制等），防止出现环保检查和罚款等不良现象，从而有利于提高企业的环境绩效。陈富等（2022）得出绿色技术创新是实现经济发展与环保有机结合的重要途径，但是绿色技术创新技术壁垒高，研发费用大，使得企业仍缺乏动力。由此可见，企业进行绿色环保技术的研发，能有效提升资源型企业环境绩效。由此本书提出如下假设：

H_{21}：广西资源型企业绿色技术创新对企业环境绩效有显著促进作用。

③高管环保实践经验

依据烙印理论，高管在其职业生涯中积累的环保实践经验构成了其最显著且持久的烙印来源。这种烙印不仅体现在高管的知识结构和价值取向上，更深刻地影响其在企业战略管理中的决策倾向。作为企业战略管理决策的主导者，高管在面对复杂多变的外部市场环境和内部经营环境时，往往会依据其环保实践经验与知识积累，优先考虑企业的绿色发展路径，从而在推动科研创新活动和资源配置时表现出明显的倾向性。

研发投入是企业整合财务资源、技术资源和专业研发人员等有形与无形资源的重要途径，但其高风险、高投入和高失败率的特性使其成为企业高管关注的核心领域。根据行为金融学理论，人类决策并非完全理性，个体的风险态度和行为模式往往会因经验、价值观和烙印的影响而偏离最优模式，表现出显著的多样性和差异性。具有环保实践经验的高管更倾向于将研发投入集中于绿色技术创新，通过开发节能减排技术和推广环保生产方式来提升企业绩效。这种倾向不仅源于高管对环保价值的认同，还体现在其对环保技术商业化潜力的深刻理解和对企业长期竞争力的重视上。

在这一过程中，良好的制度环境进一步增强了高管环保实践经验与研发投入对企业绩效的促进作用。一方面，完善的制度环境能够缓解企业的融资约束，为绿色技术研发提供更多的资金支持；另一方面，加强知识产权保护则为企业的环保技术创新成果保驾护航，从而最大化地发挥研发投入对企业绩效的积极影响。基于此，本书提出以下研究假设：

H_{22}：高管的环保经历与其在研发投入方面存在正向关系。

这意味着高管在环保领域的经历和关注程度越高，企业在研发方面的投入也会相应增加，从而提升企业的创新能力和竞争优势。

H_{23}：研发投入在高管环保经历与企业绩效之间起到中介作用。

即高管环保经历通过影响研发投入，进而影响企业绩效。这反映了研发投入在传递高管环保经历对企业绩效影响机制中的重要性。

H_{24}：制度环境在高管环保经历与企业绩效之间起正向调节作用。

这表明不同的制度环境会对高管环保经历与企业绩效之间的关系产生影响，可能增强或削弱这种关系。

H_{25}：高管环保经历通过制度环境和研发投入对企业绩效产生正向影响。

综合考虑制度环境和研发投入的调节和中介作用，高管环保经历对企业绩效的影响路径是通过制度环境和研发投入两个渠道，最终产生正向影响。

④内部激励与约束机制

高管激励与企业绩效。良好的环境绩效对企业而言是有利的，根据可持续发展理论中的社会责任观得出，企业应该履行环境保护的责任，高管行为在很大程度上影响公司的社会责任实行情况，企业环境管理的战略树立与执行也是管理人员的任务。在所有权以及经营权相分离背景下，信息不对称极易导致代理问题和代理成本增加，所有者为解决这一矛盾应选择激励机制。基于需求理论与激励理论，经营者的要求是多种多样的，满足高管浅显的要求需要适当的报酬，更高的激励需要满足更高的要求。从给予高管股票期权以完成其任务来看，可以让高管得知其与普通员工的报酬差异，进而为提高公司的业绩而努力。知道可以得到更多东西和利益的经营者会更加主动地工作，为企业的长期发展作出贡献。

周晖（2016）认为在新环境保护法实施背景下，重污染企业的环境绩效与高管薪酬显著正相关，环境绩效的提高有助于增加其高管薪酬。李紫岩（2022）基于公司治理的视角，实证发现高管股权激励与环境绩效存在显著正相关关系。王京（2023）认为股权激励会影响高管的环保态度，其会抑制企业转移性环境治理投入，增加实质性环境治理投入，提高企业环保积极性。刘媛媛（2021）发现企业高管薪酬黏性与股权激励程度越高，其环保投资的增长幅度则越显著，其环境绩效也越高。孙洁（2022）指出，高管同行薪酬差距对企业业绩的正向影响越明显，高管薪酬高于行业平均薪酬的企业绩效表现越好。孙琪恒（2021）管理层与职员的薪酬差距能正面且显著地提高公司创新绩效。

据此，本书假设如下：

H_{26}：高管薪酬激励对企业环境绩效具有显著的正面效应。

H_{27}：高管股权激励对企业环境绩效具有显著的正面效应。

H_{28}：高管晋升激励对企业环境绩效具有显著的正面效应。

研发投入的中介作用。对先前文献的回顾以及对三种激励方法、研发投入与企业环境绩效之间关系的总结表明，这三种激励方法之间的关系比较接近。首先，对高管实施激励，不仅可以提高研发投资强度，还可以大幅提高环境绩效水平。其次，企业的研究开发活动不仅是经营者激励的结果，也是提高企业环境绩效的原动力。王新红（2016）的研究深入探讨了研发投入在薪酬激励与企业绩效当中的中介效应并表现出了良好的传递作用，而在考察股权激励对企业绩效的影响过程中，研发投入的中介作用并未得到体现。何卫红（2015）研究结果表示企业研发技术创新在管理层激励和企业绩效当中存在部分中介传导效应。

H_{29}：研发投入在影响企业环境绩效的薪酬激励过程中具有中介效应。

H_{30}：研发投入在影响企业环境绩效的股权激励过程中具有中介效应。

H_{31}：研发投入在影响企业环境绩效的晋升激励过程中具有中介效应。

（2）外部状态变化

根据资源依赖理论，政府作为重要外部支持主体之一，企业会与所依赖外部环境互动获得资源来维持生存，即在获得政府补助财务资源后，能够积极参与环保清洁等活动来提高企业环境水平。波特假说提出适度的环境管制可以促使企业加大对技术创新的投资。企业只有主动增加进行绿色生产技术的研究和应用，才能在产业中建立起竞争优势，使其无法被取代，从而提升企业的经济效益。政府的环保补助是一种激励性的环境管制措施，如果企业得到了环保补助，就会更愿意加大对其环境保护的投资，以此来研究新的生产工艺来提高公司的环境绩效。范庆泉等（2018）发现政府对企业进行的环保节能补助，能够减少企业对环境污染的处理费用，激励他们增加对污染的投资以提高企业环境绩效。尚洪涛等（2019）以新能源上市公司为研究样本得出政府的环境研发补贴对企业环境绩效有显著的促进作用。基于此，本书提出假设：

H_{32}：资源型企业政府补助可以正向显著促进企业环境绩效提升。

本书选取2000—2022年全国以及广西地区A股上市的资源型企业为研究对象（全国数据主要用于与广西地区进行异质性分析时使用），并按照以下原则进行筛选：①剔除被ST、＊ST处理的上市公司；②剔除数据缺失严重的公司；③对少量数据缺失的样本，通过手工计算予以补充；④采用马杰（2023）的资源型产业行业细分方法，即按照石油和天然气开采业、煤炭开采和洗选业、有色金属矿采选业、黑色金属矿采选业、石油加工炼焦和核燃料加工业、非金属矿采选业、非金属矿物制品业、有色金属冶炼和压延加工业、金属制品业、黑色金属冶炼和压延加工业、燃气生产和供应业、水的生产和供应业、电力热力生产和供应业、废弃资源综合利用业、化学原料和化学制品制造业这15个细分行业筛选资源型企业。经过筛选，本书最终得到全国435家、广西7家资源型企业（包括桂冠电力、柳钢股份、华锡有色、广西能源、柳化股份、两面针和绿城水务。其中，绿城水务隶属于水的生产和供应业，桂冠电力和广西能源属于电力热力生产和供应业，柳钢股份属于黑色金属冶炼和压延加工业，华锡有色、柳化股份和两面针则归属于化学原料和化学制品制造业）的有效数据，书中相关数据取自CSMAR数据库、税务局网站、迪博大数据研究中心和WIND数据库。数据整理完成后，运用Excel和SPSS27.0软件进行描述性统计、相关性分析和回归分析。

5.3 数据分析

5.3.1 外部环境变化

（1）环境规制与政策压力

①变量说明

A. 解释变量

命令型环境规制：在我国，行政管制是一种最有效的管制手段，它依赖于政府的制度、法规和指令来实现，政府对企业的行政规制力度越大，对企业的影响就越大。在数字化背景下，命令型环境规制的实施效率和精准度进一步提升，如通过大数据、人工智能和物联网技术实现实时监控与执法。本书借鉴曾倩等（2020）的研究，采用各省份政府当年受理环境行政处罚案件数进行衡量。

市场型环境规制：市场型规制是国家为了实现环境保护或经济发展目标而采取的直接和间接措施，促使企业和个人自觉地进行环境保护。在数字化背景下，政府对工业环境污染的治理投资可以通过数字化手段提高资源配置效率，如利用智能排放监控平台、污染预测模型和数字化治理工具优化环保投入的效果。本书参考高明等（2019）作者的研究，采用政府对工业环境污染的治理投资额取对数来衡量市场型规制，同时考虑数字化技术在治理效率中的调节作用。

自愿型环境规制：ISO14001 环境管理体系认证被认为是自愿型环境规制的典型代表。在数字化背景下，企业的自愿环境行为可以借助信息化技术平台得以强化，如利用数字化管理系统提升环境管理效率，推动认证规范与实际业务操作的融合。本书参考李冬慧等作者的研究，采用 ISO14001 作为自愿型环境规制代表，如企业当年通过了 ISO14001 标准认证，则记为 1，否则记为 0。

B. 被解释变量

企业环境绩效：企业环境绩效是企业在环境保护和资源节约方面的成果体现。在数字化背景下，企业环境绩效的评价可以结合更多维度的数据，如能源使用效率、碳排放强度监测数据等。企业环境绩效可以通过定性或定量两种测度方法。在这两种方法中，定性指标大多是人为赋值，选择起来更加灵活，但是主观性更强。由于定性研究主观性太强，本书拟采用定量的测量方法。定量方面，大部分的学者都是以环境费用、排污费或企业经营所得排污费为替代变量。本书借鉴张兆国等（2020）的研究，选择排污费取对数作为企业环境绩效的代理变量，同时借鉴刘樑（2022）的研究，利用 2018—2020 年的环境保护税替代排污费。

C. 控制变量

参考王雷等作者以往相关文献控制变量的选取，以及上述对企业环境绩效内外部影响因素的分析，本书选择企业年龄、成长能力、经营能力和股权集中度作为控制变量。

具体变量定义如表 5-1 所示。

表 5-1　关键变量定义

变量类型	变量名称	定义	符号
被解释变量	企业环境绩效	排污费取对数	CEP
解释变量	命令型环境规制	各省份政府当年受理环境行政处罚案件数	ER
	市场型环境规制	政府对工业环境污染的治理投资额取对数	IE
	自愿型环境规制	企业当年通过了 ISO14001 标准认证 记为 1，否则记为 0	VE
控制变量	企业年龄	企业上市年数	AGE
	成长能力	营业收入增长率	GROW
	经营能力	固定资产周转率	FAT
	股权集中度	第一大股东持股数/总股数	TOP

②实证分析

A. 模型设计

为验证 H_{14}、H_{15}、H_{16}、H_{17}，本文将三种规制作为研究的解释变量，将企业环境绩效作为被解释变量，其他变量作为控制变量进行考察，由此创建了模型（5-1），模型（5-2），模型（5-3）和模型（5-4）。

H_{14}：环境规制对企业环境绩效有显著的正向影响。

将环境规制和环境绩效分别设定为自变量和因变量，再加上控制变量企业年龄 AGE、成长能力 GROW、经营能力 FAT 和股权集中 TOP，构成了模型（5-1）。

$$EP = \alpha_{i,t} + \beta_1 ER_{i,t} + \beta_2 LN(IE)_{i,t} + \beta_3 VE_{i,t} + \beta_4 AGE_{i,t} +$$

$$\beta_5 \text{GROW}_{i,t} + \beta_6 \text{FAT}_{i,t} + \beta_7 \text{TOP}_{i,t} + \varepsilon_{i,t} \tag{5-1}$$

H_{15}：命令型环境规制对企业环境绩效有显著的正向影响。

将命令型环境规制和环境绩效分别设定为自变量和因变量，再加上控制变量企业年龄 AGE、成长能力 GROW、经营能力 FAT 和股权集中 TOP，构成了模型（5-2）。

$$\text{EP} = \alpha_{i,t} + \beta_1 \text{ER}_{i,t} + \beta_2 \text{AGE}_{i,t} + \beta_3 \text{GROW}_{i,t} + \beta_4 \text{FAT}_{i,t} + \beta_5 \text{TOP}_{i,t} + \varepsilon_{i,t} \tag{5-2}$$

H_{16}：市场型环境规制对企业环境绩效有显著的正向影响。

将市场型环境规制和环境绩效分别设定为自变量和因变量，再加上控制变量企业年龄 AGE、成长能力 GROW、经营能力 FAT 和股权集中 TOP，构成了模型（5-3）。

$$\text{EP} = \alpha_{i,t} + \beta_1 \text{LN(IE)}_{i,t} + \beta_2 \text{AGE}_{i,t} + \beta_3 \text{GROW}_{i,t} + \beta_4 \text{FAT}_{i,t} + \beta_5 \text{TOP}_{i,t} + \varepsilon_{i,t} \tag{5-3}$$

H_{17}：自愿型环境规制对企业环境绩效有显著的正向影响。

将自愿型环境规制和环境绩效分别设定为自变量和因变量，再加上控制变量企业年龄 AGE、成长能力 GROW、经营能力 FAT 和股权集中 TOP，构成了模型（5-4）。

$$\text{EP} = \alpha_{i,t} + \beta_1 \text{VE}_{i,t} + \beta_2 \text{AGE}_{i,t} + \beta_3 \text{GROW}_{i,t} + \beta_4 \text{FAT}_{i,t} + \beta_5 \text{TOP}_{i,t} + \varepsilon_{i,t} \tag{5-4}$$

其中，EP 是企业环境绩效，ER 是命令型环境规制，LN（IE）是市场激励型环境规制，VE 是自愿型环境规制，α 是回归方程中的常数项，β 是各解释变量的待估系数，是随机误差项，i 表示第 i 个企业，其中 $i=1$，2，…，435；t 表示年份，$t=2012$，2013，…，2020。

B. 描述性统计分析

为了对样本数据的有一个初步的了解，本书使用 SPSSAU 数据分析软件对样本数据进行描述性统计。表 5-2 为模型各变量的最小值、最大值、平均值、标准差和中位数统计情况。

表 5-2　描述性统计分析

名称	最小值	最大值	平均值	标准差	中位数
CEP	11.04	17.50	13.97	1.34	13.81
ER	2.00	20 597	2 369.60	3 953.74	641.00

表5-2(续)

名称	最小值	最大值	平均值	标准差	中位数
IE	18. 11	23. 26	21. 67	0. 88	21. 82
VE	0. 00	1. 00	0. 39	0. 48	0. 00
AGE	1. 95	3. 50	2. 88	0. 28	2. 89
GROW	-0. 49	2. 80	0. 12	0. 32	0. 07
FAT	0. 28	17. 98	2. 72	2. 42	1. 96
TOP	9. 65	77. 29	35. 66	14. 41	33. 91

关于被解释变量环境绩效。表 5-2 中的数据显示，企业的环境绩效最大值为 17. 50，最小值为 11. 04，标准差为 1. 34，这表明样本企业在环境绩效方面有一定差距。平均值为 13. 97，比中位数 13. 81 略大一点，说明大部分资源型企业环境绩效接近平均水平。

关于解释变量命令型环境规制、市场型环境规制和自愿型环境规制。命令型环境规制最大值为 20 597，最小值仅为 2. 00，差距明显，这表明命令型环境规制对样本企业的作用效果有显著的差异；市场型环境规制的最小值是 18. 11，最大值是 23. 26，平均值为 21. 67，这表明市场型环境规制对各样本企业的影响差距较小；企业自愿型环境规制的平均数是 0. 39，说明已进行 ISO14001 认证的资源型企业不到一半。

关于控制变量。公司的年龄最大为 3. 50，最小的是 1. 95，平均值 2. 88，这表明资源型上市公司在年龄上没有太大的差异，企业整体较为年轻；营收周转率最小值-0. 49，最大值 2. 80，固定资产周转率最小值 0. 28，最大值 17. 98，两者的大小值相差较大，说明资源型企业的运营情况整体差异较大，有些企业运营资金情况差。

C. 相关性分析

在对样本数据模型做回归分析前，先用描述性统计学方法对各变数间的相关性进行分析，表 5-3 所示为各变量的皮尔逊相关系数。

表 5-3　各变量的皮尔逊相关系数

名称	CEP	ER	IE	VE	AGE	GROW	FAT	TOP
CEP	1							
ER	-0. 109**	1						

表5-3(续)

名称	CEP	ER	IE	VE	AGE	GROW	FAT	TOP
IE	-0.123**	0.192**	1					
VE	0.136**	0.057**	0.015	1				
AGE	0.121**	0.089**	-0.098**	-0.068**	1			
GROW	0.054**	0.048*	0.006	0.019	-0.046*	1		
FAT	-0.045*	0.025	0.048*	0.030	-0.036	0.086**	1	
TOP	0.290**	-0.137**	-0.060**	0.022	-0.068**	-0.066**	-0.012	1

注：* 表示 p<0.05 为 10%显著水平，** 表示 p<0.01 为 5%显著水平，*** 表示 p<0.01 为 1%显著水平。

从表 5-3 可以观察到，在 5%的水平下，命令型环境规制和市场型环境规制这两个变量在对企业环境绩效的相关性分析过程中系数为负且显著。这表示，命令型环境规制和市场型环境规制力度越强，企业排污费越低，企业的环境绩效越好，初步支持了 H_{15}和 H_{16}。值得注意的是，在 5%的水平下，自愿型环境规制与环境绩效的相关系数却呈正且显著，说明自愿型环境规制越强，企业环境绩效越差（企业的排污费用越高），这与本书的假设 H_{17}相违背。而三种环境规制都与环境绩效呈显著相关关系，初步支持了假设 H_{14}。

但是，单凭相关分析并不能对各变量之间的关系做出正确的判断，所以还需进行进一步的回归分析，以更好地检验本研究的假说。

D. 回归分析

通过对样本数据的线性回归分析，来检验各种环境规制工具对企业的环境表现的影响，表 5-4 至表 5-7 列示了四个模型的回归结果，从四张表格中可以发现，各个变量之间的方差膨胀因子（VIF）取值范围为 1~2，远低于 10。因此，我们可以得出结论，这三个变量之间不存在显著的共线性问题，不会对样本的回归分析造成影响，实证分析可以进一步操作。

第一，模型（5-1）的回归结果分析。

从表 5-4 可以看出，模型（5-1）的 R^2 值为 0.012，对模型（5-1）进行 F 检验时发现模型（5-1）通过 F 检验（$F=33.085$，$p=0.000<0.05$），也即说明环境规制一定会对环境绩效产生影响关系，最终具体分析可知：环境规制的回归系数值为-0.000（$t=-5.752$，$p=0.000<0.01$），即环境规制的力度越强，环境绩效越高（企业的排污费用越低）。这支持

了假设 H_{14}，即环境规制对企业环境绩效产生正向影响，环境规制力度越强，企业的环境绩效表现越好。

表 5-4　环境规制回归分析结果

项目	非标准化系数		标准化系数	t	p	共线性诊断	
	B	标准误	Beta			VIF	容忍度
常数	14.059	0.030	—	473.416	0.000**	—	—
环境规制	-0.000	0.000	-0.109	-5.752	0.000**	1.000	1.000
R^2	0.012						
调整 R^2	0.011						
F	F（1，2 764）= 33.085，p = 0.000						
D-W 值	0.492						

因变量：环境绩效自变量（环境规制）。

注：* 表示 p<0.05 为 10%显著水平，** 表示 p<0.01 为 5%显著水平，*** 表示 p<0.01 为 1%显著水平。

第二，模型（5-2）的回归结果分析。

从表 5-5 可以看出，模型（5-2）的 R^2 值为 0.012，意味着命令型环境规制可以解释环境绩效 1.2%的变化原因。对模型（5-2）进行 F 检验时发现模型（5-2）通过 F 检验（F=33.082，p=0.000<0.05），这说明命令型环境规制一定会对资源型企业环境绩效产生影响关系，最终具体分析可知：命令型环境规制的回归系数值-0.000（t=-5.752，p=0.000<0.01），意味着命令型环境规制会对环境绩效产生显著的负向影响关系。由于环境绩效取值定义的特殊性，排污费越低，则说明企业的环境绩效越好，环境规制的力度越强，换言之命令型环境规制力度越强，资源型企业的环境绩效越好，H_{15}成立。

表 5-5　命令型回归分析结果

项目	非标准化系数		标准化系数	t	p	共线性诊断	
	B	标准误	Beta			VIF	容忍度
常数	14.059	0.030	—	474.552	0.000**	—	—
命令型	-0.000	0.000	-0.109	-5.752	0.000**	1.000	1.000
R^2	0.012						
调整 R^2	0.011						

表5-5(续)

项目	非标准化系数		标准化系数	t	p	共线性诊断	
	B	标准误	Beta			VIF	容忍度
F	F（1，2 764）＝33.082，p=0.000						
D-W 值	0.492						

因变量：环境绩效自变量（命令型环境规制）。

注：* 表示 p<0.05 为 10%显著水平，** 表示 p<0.01 为 5%显著水平，*** 表示 p<0.01 为 1%显著水平。

第三，模型（5-3）的回归结果分析

从下表 5-6 可以看出，模型（5-3）的 R^2 值为 0.015，意味着市场型环境规制可以解释环境绩效 1.5%的变化原因。对模型（5-3）进行 F 检验时发现模型（5-3）通过 F 检验（F=42.673，p=0.000<0.05），即说明市场型环境规制一定会对资源型企业环境绩效产生影响，最终具体分析可知：市场型环境规制的回归系数值为-0.188（t=-6.532，p=0.000<0.01），意味着市场型环境规制的加强有助于提升企业的环境绩效（减少排污费），该结果支持了假设 H_{16}。

表 5-6　市场型回归分析结果

项目	非标准化系数		标准化系数	t	p	共线性诊断	
	B	标准误	Beta			VIF	容忍度
常数	18.040	0.623	—	28.940	0.000**	—	—
市场型	-0.188	0.029	-0.123	-6.532	0.000**	1.000	1.000
R^2	0.015						
调整 R^2	0.015						
F	F（1，2 764）＝42.673，p=0.000						
D-W 值	0.488						

因变量：环境绩效自变量（市场型环境规制）。

注：* 表示 p<0.05 为 10%显著水平，** 表示 p<0.01 为 5%显著水平，*** 表示 p<0.01 为 1%显著水平。

第四，模型（5-4）的回归结果分析

从下表 5-7 可以看出，模型（5-4）的 R^2 值为 0.019，意味着自愿型环境规制可以解释环境绩效 1.9%的变化原因。对模型（5-4）进行 F 检验时发现模型（5-4）通过 F 检验（F=52.219，p=0.000<0.05），即说明自愿型环境规制一定会对环境绩效产生影响，最终具体分析可知：自愿型环

境规制的回归系数值为 0.374（$t=7.226$，$p=0.000<0.01$），意味着自愿型环境规制会对资源型企业环境绩效产生显著的正向影响。由上述结论可知，自愿型环境规制与环境绩效存在正向影响，这意味着通过 ISO14001 标准认证的企业排污费越多，这与实际相违背，假设 H_{17} 不成立。考虑其不成立原因，可能是因为该变量测量方法不合适导致，在后续研究中，笔者将会继续寻找新的变量测量方法。

表 5-7　自愿型回归分析结果

项目	非标准化系数		标准化系数	t	p	共线性诊断	
	B	标准误	Beta			VIF	容忍度
常数	13.823	0.033	—	424.533	0.000**	—	—
自愿型	0.374	0.052	0.136	7.226	0.000**	1.000	1.000
R^2	0.019						
调整 R^2	0.018						
F	F（1，2 764）= 52.219，$p=0.000$						
D-W 值	0.478						

因变量：环境绩效自变量（自愿型环境规制）。

注：* 表示 p<0.05 为 10%显著水平，** 表示 p<0.01 为 5%显著水平，*** 表示 p<0.01 为 1%显著水平。

（3）研究结论

研究发现，环境规制对企业环境绩效具有显著的正向影响，即环境规制的力度越强，环境绩效越高（企业的排污费用越低）。这支持了假设 H_{14}，即环境规制对企业环境绩效产生正向影响，环境规制力度越强，企业的环境绩效表现越好；命令型环境规制对资源型企业的环境绩效具有显著的正向影响。命令型环境规制力度越大，企业的环境绩效越高（企业的排污费用越低）。这支持了假设 H_{15}，即命令型环境规制对企业环境绩效产生正向影响，命令型环境规制力度越强，企业的环境绩效越高；市场型环境规制的加强有助于提升企业的环境绩效（减少排污费）。该结果支持了假设 H_{16}，即市场型环境规制的加强有助于提升企业的环境绩效（减少排污费），即市场型环境规制与企业绩效之间存在显著的正相关关系，市场型规制力度越强，企业的环境绩效越高。总体而言，研究结果支持了环境规制作为提升企业环境绩效的有效政策工具，表明政府在推动资源型企业绿色转型中的关键作用。

（2）行业特性与市场需求

①资源型行业的整体情况分析

根据全国资源型企业的分布数据，广西现有7家资源型企业，占全国总数的1.6%，在绝对数量上排名全国第23位，处于中下水平。然而，从资源型企业对地方经济的重要性来看，广西资源型企业在全区上市公司总数中的占比超过40%，在全国范围内排名第7位。这一比例表明，尽管广西资源型企业的数量较少，但其在地方经济结构中具有举足轻重的地位。结合表5-8和表5-9的数据分析，广西的资源型企业在行业分布上具有多样性，涵盖了电力、热力生产和供应业，水的生产和供应业，以及化学原料和化学制品制造业等多个领域。这些行业不仅在地方经济中发挥着重要作用，同时也在全国范围内展现出一定的典型性和代表性。因此，广西资源型企业既具有区域经济发展中的重要意义，也为全国资源型企业的研究提供了有价值的参考依据。

表5-8 全国资源型企业基本情况

序号	省份	数量/家	比重/%	序号	省份	数量/家	比重/%
1	宁夏	4	67	17	吉林	6	25
2	山西	13	62	18	海南	3	23
3	内蒙古	11	61	19	重庆	8	22
4	云南	9	47	20	安徽	17	22
5	河北	13	43	21	四川	15	22
6	青海	3	43	22	湖南	11	20
7	广西	7	41	23	福建	14	20
8	新疆	13	41	24	浙江	53	16
9	甘肃	7	39	25	湖北	10	16
10	河南	14	38	26	天津	6	15
11	江西	12	36	27	江苏	48	14
12	西藏	3	33	28	黑龙江	4	13
13	贵州	6	32	29	北京	23	10
14	辽宁	13	30	30	广东	16	9
15	陕西	12	29	31	上海	28	8
16	山东	33	27	总数		435	

注：表中数据均为A股上市企业，数量代表该省资源型企业数量，比重代表该省资源型企业占该省上市公司的比重。

表 5-9　广西资源型企业分行业样本状况

行业类别	行业	环境规制	数字化水平	企业规模	股权结构	环保投入	财务绩效	环境绩效
二级行业	非金属矿物制品业	0.002	0.35	57.739	58.121	3.622	8.681	0.474
	电力、热力生产和供应业	0.002	0.75	90.435	68.165	2.967	5.475	0.436
	金属制品业	0.001	0.45	96.361	60.75	2.986	8.058	0.452
	石油、煤炭及其他燃料加工业	0.003	0.5	36.433	66.712	4.043	2.889	0.493
	有色金属冶炼和压延加工业	0.002	0.4	74.396	57.625	4.839	-0.879	0.345
	化学原料和化学制品制造业	0.002	0.55	17.966	59.035	3.848	12.638	0.455
	水的生产和供应业	0.001	0.65	65.992	68.768	3.523	9.675	0.711
	煤炭开采和洗选业	0.003	0.4	12.826	72.851	4.27	9.229	0.376
	燃气生产和供应业	0.001	0.6	12.59	79.577	3.256	11.601	0.509
	有色金属矿采选业	0.002	0.45	65.986	63.091	5.459	6.919	0.314
	黑色金属矿采选业	0.003	0.4	27.757	70.87	4.308	7.19	0.4
	黑色金属冶炼和压延加工业	0.002	0.45	39.444	68.239	4.699	2.213	0.423
	石油和天然气开采业	0.003	0.65	12.369	72.722	4.028	9.271	0.685
	废弃资源综合利用业	0.001	0.5	12.369	50.816	6.133	8.743	0.468
	非金属矿采选业	0.001	0.35	12.369	71.052	4.5	14.36	0.292
	汇总	0.002	0.497	47.996	63.624	3.942	7.472	0.442

②行业异质性分析

A. 各行业资源型企业数字化水平的异质性分析

从表 5-9 的数据可以看出，各行业资源型企业的数字化水平差异显著，呈现出明显的异质性。数字化水平较高的行业包括电力、热力生产和供应业（0.75）、水的生产和供应业（0.65）以及石油和天然气开采业（0.65），这些行业由于对智能化监控系统和高效管理的需求较高，在数字化转型中走在前列。化学原料和化学制品制造业（0.55）、燃气生产和供应业（0.60）、废弃资源综合利用业（0.50）以及石油、煤炭及其他燃料加工业（0.50）属于数字化水平中等的行业，尽管数字化技术的应用正在逐步推进，但受限于技术推广速度和资金投入数量，整体数字化水平还有提升空间。而黑色金属冶炼和压延加工业（0.45）、有色金属矿采选业（0.45）、非金属矿物制品业（0.35）和非金属矿采选业（0.35）等行业的数字化水平较低，这些行业大多集中于传统制造业和资源开采领域，生产流程固定、设备老化，导致数字化应用程度较低。总体来看，高数字化行业集中在对智能化管理需求较高的领域，而传统行业在数字化转型中仍有较大改进空间。建议低数字化行业加大技术和资金投入，加强智能化生产和资源管理；同时，高数字化行业可通过技术输出和经验分享，进一步推动资源型企业的整体数字化转型，实现高质量发展。

B. 各行业资源型企业绿色化水平的异质性分析

从表5-9的数据可以看出，各行业资源型企业的绿色化水平存在显著的异质性，主要体现在环境规制、环保投入和环境绩效等关键指标上。水的生产和供应业（环保投入：3.523，环境绩效：0.711）和石油和天然气开采业（环保投入：4.028，环境绩效：0.685）表现出较高的绿色化水平，这得益于清洁生产技术和高效资源管理体系的广泛应用。而化学原料和化学制品制造业（环保投入：3.848，环境绩效：0.455）和废弃资源综合利用业（环保投入：6.133，环境绩效：0.468）绿色化水平处于中等，说明其环保投入虽高，但效率尚需提升。相比之下，煤炭开采和洗选业（环保投入：4.27，环境绩效：0.376）和黑色金属冶炼和压延加工业（环保投入：4.699，环境绩效：0.423）等传统采选和加工行业的绿色化水平较低，环保投入的产出效率较为有限。总体来看，高绿色化水平的行业如水务和能源行业，通过技术创新和高效管理实现了较高的环境绩效，而传统高污染行业由于技术限制和产业结构问题，在绿色化转型中面临更多挑战。

C. 各行业资源型企业规模的异质性分析

根据表5-9的数据，各行业资源型企业的规模呈现显著异质性，反映了不同产业的资源禀赋、市场需求和政策支持差异。电力、热力生产和供应业（90.435）以及有色金属冶炼和压延加工业（74.396）等行业企业规模较大，得益于其较高的市场集中度、技术壁垒以及政策扶持的重要性。而水的生产和供应业（65.992）、金属制品业（96.361）和黑色金属矿采选业（27.757）规模处于中等水平，这些行业的规模受到区域经济发展水平和资源分布的限制。相比之下，非金属矿物制品业（57.739）、化学原料和化学制品制造业（17.966）以及废弃资源综合利用业（12.369）等行业的企业规模较小，因其市场竞争激烈、资源分散以及技术水平有限。此外，石油和天然气开采业（12.369）、煤炭开采和洗选业（12.826）和燃气生产和供应业（12.59）尽管同属能源行业，但规模差异显著，反映出资源储量、开采条件和市场需求的不同。总体来看，规模较大的行业多集中于技术壁垒高、资源禀赋强的领域，而规模较小的行业则受限于资源特性和技术条件。这种企业规模的异质性为优化资源型企业结构和推动行业可持续发展提供了重要参考依据。

D. 各行业资源型股权结构的异质性分析

从表5-9的数据可以看出，不同行业资源型企业的股权结构差异显著，体现了各行业在资本配置和治理模式上的异质性。股权结构较为集中的行业包括燃气生产和供应业（79.577）、煤炭开采和洗选业（72.851）和石油和天然气开采业（72.722），这些行业因资本需求大、技术壁垒高，往往需要较高的资本集中度以提升资源整合效率和治理能力。股权结构中等的行业，如水的生产和供应业（68.768）、电力、热力生产和供应业（68.165）和黑色金属矿采选业（70.87），在资本集中和分散之间保持平衡，既能保证运营效率，又能实现利益分配的多元化。相对而言，化学原料和化学制品制造业（59.035）、有色金属冶炼和压延加工业（57.625）和废弃资源综合利用业（50.816）等行业的股权集中度较低，反映出治理模式较为分散、资本来源多样化的特点。特别是废弃资源综合利用业，由于行业门槛较低和市场分散，股权结构更加分散。总体来看，高资本需求行业通常股权集中度较高，而进入门槛较低的行业则更趋向于分散化。未来，对于股权分散的行业，可以通过提升资本集中度优化资源整合效率，而股权高度集中的行业则可通过引入多元化投资，增强企业抗风险能力，助力资源型企业实现高质量发展。

③省域异质性分析

A. 各省份资源型企业数字化水平的异质性分析

从表5-10数据来看，各省份资源型企业的数字化水平差异显著，反映了区域间技术发展水平和资源型企业数字化应用深度的不同。广东资源型企业的数字化水平为0.8，居全国首位，这与其发达的经济水平、较高的技术基础以及数字化转型政策的支持密切相关。广西资源型企业的数字化水平为0.23，略高于吉林、甘肃、新疆等数字化水平较低的省份（均为0.18），但明显低于广东和北京（0.71）等发达省份。尽管广西的数字化水平接近全国平均值（0.35），但受限于技术投入不足和产业升级速度相对缓慢，其数字化转型仍有较大改进空间。未来，广西应结合自身资源禀赋和政策支持，进一步推动数字化技术在资源型企业中的应用，提升信息化管理和智能化生产能力，从而缩小与沿海地区的差距。

B. 各省份资源型企业绿色化水平的异质性分析

从表5-10数据来看，资源型企业的绿色化水平在各省份之间存在显著差异，主要体现在环境规制强度、环保投入和环境绩效上。宁夏回族自治区资源型企业的环境规制（0.006）和环境绩效（0.653）居全国首位，反映了较强的绿色治理能力。广西资源型企业的环境规制强度为0.002，与全国平均水平一致，环境绩效为0.592，高于全国平均值（0.45），展现出较高的绿色化发展效率。与广东资源型企业（环境绩效：0.458）相比，广西在较低环保投入（2.929）的情况下取得了较高的环境绩效，显示了较高的投入产出效率。然而，部分地区如青海，尽管环保投入（4.833）远高于广西，但环境绩效仅为0.367，反映出其资源利用效率的不足。广西未来应在保持较高环保效率的同时，加大投入力度，加强绿色技术的研发和推广，进一步巩固绿色化发展优势。

C. 各省份资源型企业的企业规模的异质性分析

如表5-10所示，资源型企业的规模省际差异显著，这种差异主要受资源禀赋、市场需求和资本积累能力的影响。广东资源型企业的平均规模达到202.795亿元，远高于全国平均值（38.16亿元），显示了其在资源整合和产业集群效应方面的显著优势。广西资源型企业的平均规模仅为12.369亿元，与青海（73.769亿元）、河北（102.167亿元）等资源优势地区相比差距较大。广西企业规模偏小的原因可能与其资本积累不足和市场需求有限有关，但在规模较小的情况下，广西资源型企业展现出了较强的财务绩效（39.706%），表明其在资源利用和管理效率上具有一定优势。未来，广西需要通过引入更多资本、优化资源配置以及推动技术升级，促进企业规模化发展，从而提升全国竞争力。

D. 各省份资源型企业的股权结构的异质性分析

如表5-10所示，各省份资源型企业的股权结构差异显著，体现了不同地区企业治理模式和资本结构的特点。北京（76.336%）和广西（75.063%）的资源型企业股权集中度较高，位居全国前列，这种较高的资本集中度有助于提升企业决策效率和资源整合能力。相比之下，吉林

（39.651%）的股权集中度最低，说明其企业股权结构较为分散，可能面临决策效率和资本整合能力不足的问题。广西资源型企业的股权集中度虽较高，但在治理效率和资本运作能力上与发达地区仍有一定差距。未来，广西应在保持资本集中优势的同时，适度引入多元化投资者，优化股权结构，进一步提升企业的抗风险能力和市场竞争力，推动资源型企业实现可持续发展。

表 5-10　资源型企业分省份样本状况

省份	环境规制	数字化水平	企业规模	股权结构	环保投入	财务绩效	环境绩效
吉林	0.001	0.18	16.618	39.651	1.714	-1.934	0.517
甘肃	0.004	0.18	40.414	66.005	3.522	12.758	0.536
新疆	0.003	0.18	12.369	57.722	4.051	7.139	0.538
黑龙江	0.003	0.18	12.369	53.341	1.917	-17.532	0.663
山西	0.005	0.19	19.894	61.574	3.891	10.22	0.47
西藏	0.001	0.21	41.4	48.331	2.857	10.895	0.443
内蒙古	0.005	0.21	12.369	62.815	4.067	9.095	0.281
青海	0.003	0.22	73.769	59.878	4.833	2.66	0.367
宁夏	0.006	0.23	17.813	61.023	3.684	5.694	0.653
云南	0.003	0.23	37.07	58.134	5.16	4.34	0.39
贵州	0.003	0.23	12.369	58.412	2.933	9.166	0.518
广西	0.002	0.23	12.369	75.063	2.929	39.706	0.592
海南	0.004	0.25	27.845	75.312	3.818	5.663	0.26
河北	0.002	0.29	102.167	65.342	3.803	8.25	0.399
江西	0.001	0.3	27.107	64.481	3.385	14.703	0.359
辽宁	0.002	0.32	70.488	63.437	3.564	-5.568	0.432
河南	0.002	0.32	25.856	64.44	4.016	0.46	0.505
湖南	0.001	0.32	12.369	57.128	3.088	-29.743	0.487
天津	0.001	0.32	12.369	64.273	3.867	7.953	0.53
安徽	0.002	0.33	65.586	63.036	3.781	9.173	0.506
湖北	0.002	0.35	51.457	62.799	3.271	8.699	0.509

表5-10(续)

省份	环境规制	数字化水平	企业规模	股权结构	环保投入	财务绩效	环境绩效
陕西	0.002	0.36	12.369	74.289	4.955	9.918	0.349
重庆	0.001	0.39	74.627	63.112	3.241	8.629	0.355
福建	0.002	0.43	12.369	64.392	4.211	9.446	0.378
四川	0.001	0.44	90.118	54.756	4.274	9.552	0.398
山东	0.002	0.46	12.34	61.671	4.075	99.725	0.467
上海	0.003	0.63	12.369	67.165	4.182	6.833	0.328
江苏	0.001	0.68	12.369	62.868	3.73	8.833	0.551
北京	0.001	0.71	37.31	76.336	4.052	7.413	0.374
浙江	0.002	0.71	12.369	65.335	3.875	12.833	0.446
广东	0.001	0.8	202.795	60.085	4.503	5.668	0.458
均值	0.002	0.35	38.16	62.33	3.72	6.36	0.45

④研究结论

总之，各行业资源型企业在数字化水平、绿色化发展、企业规模和股权结构等方面存在显著异质性。在数字化方面，电力、热力生产和供应业、石油天然气开采业等行业处于领先地位，这主要是因为其对智能化管理需求较高；而传统行业如黑色金属冶炼和有色金属矿采选业的数字化水平较低。在绿色化方面，水务和能源行业在环保投入和环境绩效上表现优异，而传统高污染行业如煤炭和冶金行业则面临较大转型挑战。在企业规模方面，电力、热力生产和有色金属冶炼等行业规模较大，得益于高技术壁垒和政策支持，而资源分散和技术条件较差的行业则规模较小。在股权结构方面，资本需求较高的行业如燃气生产和石油开采行业股权集中度较高，有助于资源整合和提高治理效率，而一些技术壁垒较低的行业则股权较为分散。总体来看，数字化和绿色化发展与行业特性密切相关，行业的规模和股权结构差异也为优化资源配置和推动可持续发展提供了重要依据。

各省资源型企业在数字化水平、绿色化发展、企业规模和股权结构等方面表现出显著的省域异质性。广东资源型企业在数字化转型上领先全国，得益于其较强的经济基础和政策支持，而广西的数字化水平较低，尽管高于一些欠发达地区，但仍显著落后于发达省份，未来需要加大技术投入，推动数字化转型。在绿色化方面，广西资源型企业表现出较高的环保效率，尽管环保投入相对较少，但其环境绩效仍高于全国平均水平，未来应加大环保投入并加强绿色技术研发。在企业规模方面，广东资源型企业规模远超全国平均水平，而广西企业规模较小，但在资源利用和财务绩效上表现较好，未来应通过资本引入和优化资源配置推动规模化发展。在股权结构方面，广西与北京一样拥有较高的股权集中度，这有助于提高决策效率，但仍需优化股权结构，引入多元化投资者，提升企业的抗风险能力和市场竞争力。总体而言，广西在多个方面存在提升空间，通过技术创新、资本引导和政策支持，能够缩小与发达地区的差距，提升资源型企业的整体竞争力。

5.3.2 内部环境变化

（1）高管环保意识与认知

①变量选取及定义

A. 解释变量

高管环保认知（Sea）。结合李亚兵等（2022）及席龙胜等（2022）对高管环保认知的衡量方法，本书通过文本分析法对资源型上市公司年报进行分析，同时考虑数据可得性选取如下关键词：环保战略、环境技术开发、节能减排、环保理念、节能环保、低碳环保、环保工作、环保设施、环保政策、环保相关法律法规、环境审计、环保部门、环保督察、环保治理、环保和环境治理、环境管理机构、环保教育、环保培训、环保治污。通过上述 19 个关键词在公司年报中出现的频次构造高管环保认知，然后再把环保战略、环境技术开发、节能减排、环保理念、节能环保、低碳环保、环保工作、环保设施这 8 个关键词出现的频次作为机会型环保认知的代理指标，环保政策、环保相关法律法规、环境审计、环保部门、环保督察、环保治理、环保和环境治理、环境管理机构、环保教育、环保培训、环保治污这 11 个关键词出现的频次作为机会型环保认知的代理指标。

B. 被解释变量

企业环境绩效（CEP）。目前和讯网公开披露的上市公司社会责任数据被许多学者多次使用，其数据的客观性与连续性得到各方认可，也便于分析比较。参照 AcarM 等（2020）的方法，用企业社会责任报告中所披露的环境责任评分①作为企业环境绩效的代理变量，若内容中进行了披露赋予分值为1，否则赋值为0，最后评分加1取对数处理。

C. 调节变量

政府补贴（Gvt）。本书参考尚洪涛等（2021）、王鸿等（2023）以及马杰等（2023）的做法，从企业财务报表附注中政府补贴栏的总补贴金额，并对补贴总金额+1取对数。

D. 控制变量

为了能够更好地研究高管环保认知、政府补贴及资源型企业环境绩效三者之间的作用关系，基于相关文献，本书将高管薪酬（Pay）、营利能力（Prt）、上市年龄（Age）、资产负债率（Lev）作为研究的控制变量。

变量描述详细见表5-11。

表5-11　变量测量

类型	变量名称	符号	变量测量
解释变量	高管环保认知	Sea	通过上述19个环保关键词构建高管环保认知
	机会型高管环保认知	Opp	根据上述8个环保关键词构建机会型高管环保认知
	责任型高管环保认知	Res	根据上述11个环保关键词构建责任型高管环保认知
被解释变量	企业环境绩效	CEP	排污费取对数
调节变量	政府补贴	Gvt	政府补贴总金额+1取对数
	高管薪酬	Pay	前三名高管薪酬总额的自然对数
控制变量	营利能力	Prt	利润总额/营业收入
	企业年龄	Age	企业上市年数
	资产负债率	Lev	资产负债率=总负债/总资产

②实证分析

A. 模型设计

为验证上述假设，参考袁显平等（2023）及马杰等（2023）对于回归模型的构建形式。将本书的解释变量高管环保认知、被解释变量环境绩效

①　企业环境管理包括：环保理念、环保目标、环保管理制度体系、环保教育与培训、环保专项行动、环境事件应急机制、环保荣誉以及“三同时”制度。

代入面板数据模型，回归模型如下：

首先，分别构建高管环保认知、机会型高管环保认知和责任型高管环保认知对资源型企业环境绩效的影响回归模型：

$$Y_{i,t}=\alpha_i+\beta_i X_i+y_i \text{Controls}_{i,t}+\theta \tag{5-5}$$

$$Y_{jt}=\alpha_j+\beta_j X_j+y_j \text{Controls}_{jt}+\theta \tag{5-6}$$

$$Y_z=\alpha_z+\beta_z X_z+y_z \text{Controls}_{zt}+\theta \tag{5-7}$$

其中，被解释变量为 $Y=\text{CEP}$；解释变量 $X_i=\text{Opp}$，$X_j=\text{Res}$，$X_z=\text{Sea}$ 分别为高管环保认知、机会型高管环保认知和责任型高管环保认知的代理指标；控制变量 $\text{Controls}=\{\text{Pay},\ \text{Prt},\ \text{Age},\ \text{Lev}\}^T$。

其次，构建政府补贴和高管环保认知对资源型企业环境绩效的影响回归模型：

$$Y_{ijt}=\alpha_{ij}+\beta_{ij}X_{it}+\gamma_{ij}\text{Controls}_{ijt}+\delta_{ij}M_{ij}+\theta \tag{5-8}$$

其中，被解释变量为 $Y=\text{CEP}$；解释变量 $X=\{\text{Sea},\ \text{Opp},\ \text{Res}\}^T$ 为高管环保认知、机会型高管环保认知和责任型高管环保认知的代理指标；调节变量为 $M=\text{Gvt}$，控制变量同上。

最后，分别构建政府补贴在高管环保认知、机会型高管环保认知、责任型环保认知和资源型企业环境绩效创新之间的调节效应模型：

$$Y_{ijt}=\alpha_{ij}+\beta_{ij}X_{ijt}+\gamma_{ij}\text{Controls}_{ijt}+\theta \tag{5-9}$$

$$\begin{aligned}Y_{ijt}&=\alpha_{ij}+\beta_{ij}X_{ijt}+\gamma_{ij}\text{Controls}_{ijt}+\delta_{ij}M_{ij}+\theta Y_{it}\\&=\alpha_i+\beta_i X_i+\gamma_i\text{Controls}_{it}+\delta_i M_i+\varepsilon_i X_{it}+\theta\end{aligned} \tag{5-10}$$

$$\begin{aligned}Y_{jt}&=\alpha_j+\beta_j X_j+\gamma_j\text{Controls}_{jt}+\delta_j M_j+\varepsilon_j X_{jt}+\theta \text{Y}_{zt}\\&=\alpha_z+\beta_z X_z+y_z\text{Controls}_{zt}+\delta_z M_z+\varepsilon_z X_{zt}+\theta\end{aligned} \tag{5-11}$$

其中，被解释变量为 $Y=\text{CEP}$；解释变量 $X=\{\text{Sea},\ \text{Opp},\ \text{Res}\}^T$ 为高管环保认知、机会型高管环保认知和责任型高管环保认知的代理指标；调节变量为 $M=\text{Gvt}$，控制变量同上。

B. 描述性统计分析

描述性统计分析结果如表 5-12 所示。绝大多数变量的平均值与其中位数相差不大，说明样本数据不存在严重的左右偏情况。高管环保认知、责任型高管环保认知和机会型高管环保认知的最大值分别为 21、15、16，最小值均为 0，最大值均超过平均值 3 个标准差，数据波动较大，表明高管环保认知程度均存在较大差距，说明绝大部分资源型企业高管对环保的认知还不足。其中，责任型高管环保认知平均值小于机会型高管环保认知，说明责任型高管环保认知占比较低，机会型高管环保认知偏高。环境绩效的平均值为 4.882，最大值为 49，最小值为 0，最大值也超过了平均值 3 个标准差，说明资源型企业之间环境绩效有着很大的差异，环境绩效水平整体均不高，资源型企业环境绩效不足。企业间的政府补贴也存在较大差距，政府补贴金额取对数的均值为 10.954，最小值为 0，最大值为 21.676，表明不同企业之间政府补贴存在很大差异。其他控制变量也在一定程度上均呈现出明显的差异。

表 5-12　描述性分析

变量名	最大值	最小值	平均值	标准差	中位数
Sea	21	0	4.934	4.1	4
Opp	16	0	3.324	2.747	3
Res	15	0	1.611	2.277	1
CEP	49	0	4.882	6.386	3
Gvt	21.676	0	10.954	6.954	14.128
Pay	18.049	12.59	14.508	0.665	14.483
Prt	1.27	-2.531	0.076	0.186	0.067
Age	30	0	13.899	6.393	13
Lev	1.957	0.059	0.466	0.179	0.468

C. 相关性分析

主要变量间的相关性分析结果及方差膨胀因子（VIF）检验结果分别如表 5-13、表 5-14 所示。

表 5-13　相关性分析

变量	Sea	Opp	Res	CEP	Gvt	Pay	Prt	Age	Lev
Sea	1								
Opp	0.887***	1							
Res	0.714***	0.364***	1						
CEP	0.347***	0.331***	0.218***	1					
Gvt	0.292***	0.334***	0.094***	0.481***	1				
Pay	0.079***	0.078***	0.035	0.18***	0.104***	1			
Prt	0.014	0.002	0.012	0.078***	0.051*	0.263***	1		
Age	0.098***	0.065**	0.12***	0.136***	0.053*	0.176***	-0.043	1	
Lev	0.005	-0.005	0.044	0.175***	0.136***	0.053*	-0.255***	0.227***	1

注：***、**、*分别代表 1%、5%、10%的显著性水平。

从分析结果来看，高管环保认知、机会型高管环保认知以及责任型高管环保认知均与环境绩效呈正相关，且均在1%水平上显著，可以初步说明高管环保认知、机会型高管环保认知和责任型高管环保认知均对资源型企业环境绩效起到显著的促进作用，说明高管环保认知程度越高，企业的环境绩效就越高。其他主要变量之间的相关性分析不再一一赘述。对变量开展多重共线性检验，方差膨胀因子（VIF）均小于10，表明本书所构建的模型中变量之间基本没有多重共线问题，因此，模型可进一步开展回归分析。

表5-14　共线性诊断

变量	VIF
Sea	1.109
Opp	1.254
Res	1.128
CEP	1.13
Gvt	1.144
Pay	1.083
Prt	1.107
Age	1.092
Lev	1.140

D. 回归分析

为了更加准确地检验假设，本书进一步开展了回归分析，并将分析结果整理如表5-15所示。列1用来检验高管环保认知与资源型企业环境绩效之间的关联，根据该列回归分析结果，两者之间的显著水平为1%，证明高管环保认知对资源型企业环境绩效具有显著的正向影响，假设得到验证。列2主要用来检验机会型高管环保认知与资源型企业环境绩效之间的关联。根据该列的回归分析结果，机会型高管环保认知与资源型企业环境绩效之间的显著水平达到1%，这一分析结果有力证明了机会型高管环保认知对资源型企业环境绩效具有显著的正向影响，因此本书假设2得到验证。列3主要是分析责任型高管环保认知与资源型企业环境绩效的影响，由此可以得到分析结果，两者在1%的水平上显著，这表明责任型高管环保认知给资源型企业环境绩效带来的影响是正向促进的，因此假设H_3得到验证。列4主要是用于分析机会型高管环保认知、责任型高管环保认知、政府补贴和资源型企业环境绩效之间的影响关系，由列 4 分析结果可知，机会型、责任型高管环保认知、政府补贴对于环境绩效均在 1%的水平上显著，证实政府补贴在机会型、责任型高管环保认知与企业环境绩效的关系中具有正向影响。列 5 分析高管环保认知、环境绩效与政府补贴之间的影响关系，由分析结果可知，均在 1%水平上显著。

表 5-15 回归分析

变量	(1) CEP	(2) CEP	(3) CEP	(4) CEP	(5) CEP
Sea	0.291*** (11.385)				0.216*** (8.532)
Opp		0.622*** (10.366)		0.308*** (4.885)	
Res			0.563*** (7.671)	0.372*** (5.149)	
Gvt				0.267*** (11.225)	0.288*** (11.318)
Pay	0.133*** (5.069)	1.223*** (4.795)	1.483*** (5.747)	1.094*** (4.52)	0.113*** (4.493)
Prt	0.08*** (3.004)	2.754*** (2.988)	2.76*** (2.943)	2.085** (2.383)	0.061** (2.391)
Age	0.997 (0.004)	0.011 (0.011)	0.007 (0.264)	0.006 (0.231)	0.006 (0.25)
Lev	0.202*** (7.515)	7.387*** (7.647)	7.135*** (7.225)	5.908*** (6.398)	0.166*** (6.439)
R^2	0.156	0.146	0.115	0.234	0.234
F	F=49.403	F=44.609	F=34.094	F=57.039	F=66.524

注：***、**、* 分别代表 1%、5%、10%的显著性水平。

E. 调节效应分析

调节效应分析结果如表 5-16 所示。

表 5-16 调节效应分析

变量	(1) CEP	(2) Gvt	(3) Opp×Gvt	(4) Res×Gvt	(5) Sea×Gvt
Sea					0.077** (2.057)

表5-16(续)

变量	(1) CEP	(2) Gvt	(3) Opp×Gvt	(4) Res×Gvt	(5) Sea×Gvt
Opp	0.525*** (8.363)	0.308*** (4.885)	0.302** (2.56)		
Res	0.36*** (4.76)	0.372*** (5.149)		0.1 (0.689)	
Gvt		0.267*** (11.225)	0.242*** (7.422)	0.26*** (9.631)	0.032*** (6.284)
Pay	1.251*** (4.944)	1.094*** (4.52)	1.055*** (4.313)	1.198*** (4.938)	0.241*** (4.421)
Prt	2.746*** (3.005)	2.085** (2.383)	2.049** (2.316)	1.929** (2.191)	0.874** (2.259)
Age	0.001 (0.056)	0.006 (0.231)	0.016 (0.632)	0.014 (0.563)	0.025 (0.378)
Lev	7.244*** (7.557)	5.908*** (6.398)	6.007*** (6.436)	5.469*** (5.881)	0.923*** (6.222)
Opp×Gvt			0.009 (1.006 1)		
Res×Gvt				0.032*** (2.97)	
Sea×Gvt					0.006**** (2.704)
R^2	0.16	0.234	0.22	0.226	0.238
F	F=41.566	F=57.039	F=52.396	F=54.283	F=58.341

注：***、**、*分别代表1%、5%、10%的显著性水平。

列1用于研究在不考虑调节变量政府补贴的干扰时，机会型、责任型高管环保认知对资源型企业环境绩效的影响情况，列2在列1的基础上加入调节变量政府补助，列3、列4表示在列2的基础上加入交互乘积项，列5用于检验政府补贴在高管环保认知与环境绩效之间的调节作用。调节效应分析表的结果显示，基于交互项机会型环保认知×政府补贴，显著性系数及P值为0.009以及交互项责任型环保认知×政府补贴，显著性系数及P值为0.032***可知，列4交互项呈现显著性，意味着调节变量政府补贴对于责任型高管环保认知对资源型企业环境绩效会产生显著调节作用，列3交互项不呈现显著性，说明调节变量政府补贴对于机会型高管环保认知对资源型环境绩效只是具有一定程度影响，但效果不显著。基于交互项高管环保认知×环境绩效，显著性系数及 P 值为 0.006****，列 5 交互项呈现显著性，意味着调节变量政府补贴对于高管环保认知对资源型企业环境绩效会产生显著调节作用。

F. 稳健性分析

为了进一步验证分析结论的科学性和有效性，本书对回归分析采用替换被解释变量环境绩效的方法进行稳健性检验，实证检验结果如表 5-17 所示。分析结果显示，均在 1%的水平上显著。因此原分析结论稳健。

表 5-17 稳健性分析

变量	(1) CEP	(2) CEP	(3) CEP	(4) CEP	(5) CEP
Sea				0.202*** (8.661)	0.319*** (12.544)
Opp	0.304*** (11.889)		0.12*** (4.795)		
Res		0.206*** (7.866)	0.128*** (5.404)		
Gvt			0.452*** (18.954)	0.448*** (19.143)	
Pay	0.114 3*** (4.325)	0.145*** (5.384)	0.091*** (3.937)	0.09*** (3.894)	0.122*** (4.655)
Prt	0.08*** (2.997)	0.08*** (2.923)	0.05** (2.117)	0.05** (2.127)	0.08*** (3.005)
Age	0.055** (2.082)	0.053 (1.94)	0.053 (2.274)	0.054** (2.301)	0.044* (1.667)
Lev	0.173*** (6.466)	0.166*** (6.016)	0.112*** (4.687)	0.113*** (4.736)	0.168*** (6.289)
R^2	0.161	0.112	0.353	0.352	0.17
F	F=50.184	F=33.088	F=101.44	F=118.272	F=53.63

注：***、**、* 分别代表 1%、5%、10%的显著性水平。

③研究结论

上述研究重点探讨了高管环保认知对资源型企业环境绩效的影响。研究通过对高管环保认知的测量，分为责任型环保认知与机会型环保认知，分别考察了这两种认知对企业环境绩效的作用。研究结果表明，高管的环保认知对资源型企业的环境绩效具有显著的正向影响，且不同类型的环保认知对企业绩效的影响程度存在差异。

首先，研究发现，高管环保认知、责任型环保认知和机会型环保认知均与企业环境绩效呈正相关，且均在统计学上显著，这证明了高管环保认知在提升企业环境绩效方面的重要作用。特别是，机会型环保认知和责任型环保认知均对环境绩效起到了正向的促进作用，且影响较为显著，H_1～H_3 得到验证。进一步分析表明，机会型高管环保认知对资源型企业环境绩效的影响较为直接，而责任型高管环保认知则在更多维度上发挥作用，二者结合能够更全面地推动企业的环保战略。

其次，调节效应分析表明，政府补贴在高管环保认知与企业环境绩效之间的关系中起到了重要的调节作用。特别是在责任型环保认知方面，政府补贴对其影响环境绩效的关系具有显著的正向调节效应，意味着政府补贴能够进一步增强高管环保认知对企业环境绩效的积极作用。而在机会型环保认知方面，政府补贴的调节效应较弱，但依然具有一定的促进作用，H_4～H_5 得到验证。

（2）企业环境治理行为

①变量说明

A. 被解释变量

在过往的研究中，大部分学者对企业绩效的测算都倾向于选择财务会计指标，如净资产收益率（ROE）、总资产收益率（ROA）、每股收益（EPS）、销售额增长率、企业绩效（*N*）、净利润增长率等，也有学者采用市场指标如 TOBINQ 值和经济增加值指标（EVA）、雇员增长率等。具体文献的度量综合绩效的方法如表 5-18 所示：

表 5-18　国内学者对企业绩效衡量指标总结

包耀东（2020）	将企业绩效分为营业收入、营业利润、净利润率分别进行回归
杨婵 等（2021）	总资产收益率（ROA）
陈玲芳 等（2022）	选择全要素生产率（LP）法测度企业绩效
郝颖 等（2022）	分别从财务、营运、发展能力三个方面衡量企业绩效

从表 5-18 可以总结出，上述学者对企业绩效的衡量大致分为综合指标和单一指标两类。因此，基于杨婵等（2021）的观点，本书将企业绩效

(Y) 作为本书的被解释变量。

B. 解释变量

解释变量一级指标借鉴沈俊（2023）的研究将重污染企业环保行为覆盖业务全生命周期，考虑投入和产出及未来愿景。在构建解释变量的二级指标时，本书参考了《上市公司环境信息披露指南》中建议披露的环境信息内容，进而将企业的环境治理行为细化为环保投入、环保治理以及企业环保制度或文化等多个方面。在挑选三级指标时，我们审慎权衡了数据的易获取性、完整性及连贯性，最终确定了13项具体指标。为规避主观评价可能带来的偏差，本书运用主成分分析法，对这些三级指标进行主成分提取，并计算得出相应的主成分得分与综合得分，从而以客观、精确的方式评估解释变量——企业环境治理行为，具体指标如表5-19所示。

表5-19　环境治理行为具体指标

一级指标	二级指标	三级指标	衡量方法
环境治理行为	环保投入	环保管理制度体系 环保教育与培训 环保专项行动 环保事件应急机制	有为1，无为0 有为1，无为0 有为1，无为0 有为1，无为0
	环保治理	废气减排治理情况 废水减排治理情况 粉尘烟尘治理情况 固废利用与处置情况 噪声光污染辐射治理情况 清洁生产实施情况	公司信息披露中，无描述为0；定性描述为1；定量描述为2
	未来愿景	环保管理制度体系 “三同时”制度	有为1，无为0 有为1，无为0
		环保理念环保目标	有为1，无为0 有为1，无为0

C. 调节变量

政府补助强度是指政府给予企业的补助金额与企业当年营业总收入的比值。政府补助是指政府根据宏观经济管理、政策落实、部门职能履行等相关目的，指定某一部门或个人拨款资金，以补偿费用，支持政府实施重要政策及发展计划的一种形式的财政支出。政府补助的目的是促进经济发展、稳定企业运营和补贴社会经济等。

本书借鉴杨婵等（2021）的研究为将其定义为政府补助占营业总收入的比值。

D. 控制变量

本书参考现有关文献，选取了企业规模、企业年龄、成长机会、资产负债率、净资产收益率、资本结构6个变量为控制变量，如表5-20所示。

表5-20　变量汇总

变量类型	变量名称	符号	变量释义
被解释变量	企业绩效	Y	净利润/总资产余额
解释变量	政府补助强度	A	政府补助/营业总收入
	未来愿景	X_1	计算企业制度和企业文化的综合得分
	环保投入	X_2	计算环保管理制度体系等5个维度的综合得分
	环保治理	X_3	计算废气减排治理情况等6个维度的综合得分
控制变量	企业规模	V_1	企业期末总资产的自然对数
	企业年龄	V_2	由企业成立至今的年龄表示
	成长机会	V_3	由企业销售收入增长率来衡量
	资产负债率	V_4	负债/总资产
	净资产收益率	V_5	净利润/净资产
	资本结构	V_6	有形资产/总资产

企业规模越大，企业获取资源的能力越强，更有利于企业获得更高的绩效，衡量公司规模选取企业期末总资产的自然对数作为衡量指标。

企业年龄则由企业成立至今的年限表示，企业年龄能够体现企业的经营时长，随着企业年龄的增长，其累积的经验也越发丰富，从而为企业带来更多的经营智慧与优势。

成长机会则由企业销售收入增长率来衡量，成长机会可以反映出企业未来的发展潜力、竞争优势和战略规划等方面的具体情况。具体来说，成长机会体现了企业能够抓住外部市场机遇、提升自身能力、拓展业务领域和实现持续发展的可能性。

资产负债率由企业负债与总资产的比值衡量，企业的资产负债率是衡量企业财务状况的一个重要指标。它可以反映企业的资产中，有多少是通过负债融资的。具体来说，资产负债率越高，表明企业承担的负债越多，对于债权人而言，这意味着企业偿债的风险较大。反之，如果资产负债率较低，则表明企业更多地依靠权益融资，其财务状况较为稳健。此外，资产负债率也能在一定程度上反映企业的经营策略和风险偏好。一些进取型的企业可能会使用较高的负债率，以寻求更高的回报；而保守型的企业则可能选择保持较低的负债率，以降低经营风险。

净资产收益率，作为企业净利润与净资产之比，是评估企业营利能力、经营效率及财务状况的关键指标。当企业展现出较高的净资产收益率时，这不仅表明其利用自有资本创造利润的能力出色，进而反映出企业盈利能力的稳健；同时，这也可能意味着企业采用了更为高效的经营策略和管理方法，进而提升了整体的经营效率；如果企业的净资产收益率较低，可能意味着企业的负债率较高或者资产质量较差，企业的财务状况可能存在风险。

资本结构为企业有形资产与总资产的比值，通过分析企业的资本结构，可以了解企业的融资方式、财务状况、经营风险和股东权益等方面的信息，从而评估企业的经营状况和发展前景。同时，合理的资本结构可以提高企业的融资效率和财务稳健性，有利于企业的可持续发展。

②实证分析

A. 模型设计

将本书的被解释变量企业绩效（Y）、解释变量（A、X_1、X_2、X_3）带入面板数据模型，本书的回归模型如下：

$$Y=\alpha_0+\alpha_1X_1+\alpha_2X_2+\alpha_3X_3+\alpha_4V_1+\alpha_5V_2+\alpha_6V_3+\alpha_7V_4+\alpha_8V_5+\alpha_9\mathrm{v}_6+\varepsilon \quad (5-12)$$

其中，α_0为回归模型的常数项，$X_1 \sim X_3$ 为自变量，$V_1 \sim V_6$ 为控制变量，ε 为扰动项。

$$Y=\beta_0+\beta_1X_1+\beta_3X_3+\beta_4A+\beta_5X_1\times A+\beta_6X_2\times A+\beta_7X_3\times A+\beta_8V_1+\beta_9V_2+\beta_{10}V_3+\beta_{11}V_4+\beta_{12}V_5+\beta_{13}V_6+\varepsilon \quad (5-13)$$

其中，β_0 为回归模型的常数项，$X_1 \sim X_3$ 为自变量，$V_1 \sim V_6$ 为控制变量，A 为调节变量，ε 为扰动项。

B. 描述性统计分析

描述性统计结果如表 5-21 所示，主要包括最大最小值、标准差、中位数与平均值。平均值代表的是资源型企业各项指标的平均水平；中位数、标准差及最小最大值分别反映的是一般水平、离散程度及样本量范围。

表 5-21 主要变量的描述性统计

变量	符号	均值	中位值	标准差	最小值	最大值
企业绩效	Y	0.044 655	0.038 629	0.066 868	-0.965 247	0.439 095
政府补助强度	A	0.74%	0.41%	1.12%	-0.06%	14.20%
未来愿景	X_1	1.99	2	1.15	0	4
环保投入	X_2	1.73	2	1.232	0	4
环保治理	X_3	4.41	4	2.896	0	12
企业规模	V_1	23.155 918	23.023 115	1.405 323	20.089 298	28.636 491
企业年龄	V_2	15.47	15	7.147	2	30
成长机会	V_3	1.516 267	1.262 649	0.844 976	0.681 195	10.175 893
资产负债率	V_4	0.459 408	0.472 500	0.173 819	0.050 781	0.978 896
净资产收益率	V_5	0.049 371	0.075 953	1.054 505	-45.736 824	0.876 249
资本结构	V_6	0.327 109	0.310 870	0.161 768	0.018 623	0.954 179

被解释变量企业绩效（Y）的总体样本差异相对较小。具体来看，其最小值为-0.965 247，而最大值则为0.439 095，均值稳定在0.044 655，这一数据表现反映出企业绩效整体发展态势平稳，且呈现出积极的增长趋势。

解释变量未来愿景（X_1）最大值为4，最小值为0，均值为1.99，可以看出，不少企业对本企业的未来绿色发展还是没有比较清晰的规划，对本企业的企业制度和企业文化可能还存在一些疑虑，或是尚在完善阶段；环保投入（X_2）最大值为4，最小值为0，均值为1.73，这显示出不同企业在环保投入方面的水平存在显著差异。特别值得注意的是，最小值为0，这反映出仍有一些资源型企业在环保方面的意识相对薄弱，环保资金投入较少，目前尚处于环保工作的起步阶段；环保治理（X_3）最大值为12，最小值为0，均值为4.41，可以看出有些企业对环境治理比较重视，低碳减排，绿色生产，而有些企业仍然存在碳排放超标的问题，其生产过程仍然还是会对环境造成一定的影响。

调节变量政府补助强度（A）最大值为 14.20%，最小值为-0.06%，均值为 0.74%，标准差为 1.12%，表明所选样本企业政府补助强度情况差距较大，有的企业政府补助强度是均值的几倍，但有的企业却远远低于均值。但就整体而言，资源型企业政府补助强度还是较弱。

对控制变量进行分析可知，公司规模（V_1）平均值为 23.155 918，最大值和最小值为 28.636 491 和 20.089 298，这反映了广西资源型企业的规模普遍较大，且规模之间的差异相对较小，不同企业的资产总额大都集中在一个相对稳定的范围内。公司年龄（V_2）的平均值为 15.47，其最大值与最小值分别为 30 和 2，这一数据差异显著，反映了广西资源型企业在成立年限上存在较大的跨度。这可能是不同企业在发展历程、战略规划及市场环境适应等方面的差异所导致的。成长机会（V_3）的平均值为 1.516 267，最大值和最小值为 10.175 893 和 0.681 195，表明广西资源型企业抓住外部市场机遇、提升自身能力、实现可持续发展的能力有别。资产负债率（V_4）的平均值为 0.459 408，最大值和最小值为 0.978 896 和 0.050 781，表明广西资源型企业更多地依靠权益融资，财务状况较为稳健。净资产收益率（V_5）的平均值为 0.049 371，最大值和最小值为 0.876 249和-45.736 824，表明广西资源型企业整体的财务杠杆水平较低，企业的财务与经营可能存在风险。资本结构（V_6）的平均值为0.327 109，最大值和最小值为0.954 179 和0.018 623，表明广西资源型企业可以设置合理的资本结构以提高企业的融资效率和财务稳健性，促进企业的可持续发展。

上述数据中，多数变量的标准差较小，这反映了所选取的研究数据离散程度较低，即数据波动性较小，显示出较好的稳定性。因此，我们可以认为回归结果的可靠性较高，具有较高的可信程度。

C. 相关性分析

本节利用相关性分析方法对各个变量进行检验，从而考察各变量和被解释变量的相关系数的显著性和符号是否符合预期。具体结果如表 5-22 所示。

表 5-22　主要变量相关性检验

变量	Y	X_1	X_2	X_3	V_1	V_2
Y	1					

表5-22(续)

变量	Y	X_1	X_2	X_3	V_1	V_2
X_1	0.073**	1				
X_2	0.084**	0.651**	1			
X_3	0.079**	0.499**	0.567**	1		
V_1	0.047*	0.337**	0.312**	0.255**	1	
V_2	−0.050*	0.126**	0.077**	−0.004	0.385**	1
V_3	0.160**	−0.057*	−0.011	−0.016	−0.400**	−0.213**
V_4	−0.374**	0.100**	0.074**	0.036	0.473**	0.233**
V_5	0.451**	−0.025	−0.009	−0.007	0.041	−0.012
V_6	−0.060**	0.091**	−0.006	0.029	0.319**	0.252**
A	−0.039	−0.063**	−0.045*	−0.079**	−0.138**	−0.052*
变量	V_3	V_4	V_5	V_6	A	
V_3	1					
V_4	−0.312**	1				
V_5	−0.025	−0.098**	1			
V_6	−0.258**	0.278**	−0.021	1		
A	0.095**	−0.061**	−0.022	−0.029	1	

注：***、**、* 分别表示在1%、5%和10%水平上显著，下同。

表5-22中展示了本书样本的相关系数矩阵，从表5-22中可以看出，企业绩效（Y）与企业未来愿景（X_1）之间的相关系数是0.073，且在5%水平上显著，说明企业绩效与企业未来愿景呈现出积极的正相关关系，验证了H_7；同时企业绩效与环保投入（X_2）相关系数为0.084，在5%水平上显著，两者呈正相关关系，验证了H_8；而企业绩效与环保治理（X_3）相关系数为0.079，在5%水平上显著，两者呈正相关关系，验证了H_9。综上，企业环境治理行为对企业绩效有显著正向影响，验证了H_6。

企业绩效与政府补助强度（A）相关系数为−0.039，两者呈负相关关系，且没有显著性，没有验证H_{10}。政府补助强度（A）与企业未来愿景（X_1）的相关系数为−0.063，两者呈负相关关系，但是在5%水平上显著，

验证 H_{11}；政府补助强度与环保投入（X_2）的相关系数为-0.045，两者呈负相关关系，但是在 10%水平上显著，验证 H_{12}；政府补助强度与环保治理（X_3）的相关系数为-0.079，两者呈负相关关系，但是在 5%水平上显著，验证 H_{13}。

从控制变量来看，公司规模（V_1）、成长机会（V_3）、净资产收益率（V_5）对企业绩效（Y）有着促进作用。

综上所述，经过深入分析，我们发现大部分变量与企业绩效的相关性检验均通过了验证，这与我们的研究预期相吻合。

D. 多重共线性检验

多重共线性是指当研究模型的自变量间存在显著的相关性时，可能会导致模型的估计精度降低，并增加结果的波动性，进而削弱模型的经济解释力。通常，为了判断变量间是否存在多重共线性，我们会通过分析容忍度以及方差膨胀因子（VIF）的数值来加以确认。一般情况下，当满足 VIF 值在 1~10 的范围内，且 1/VIF 值大于 0.1 时，则表明自变量之间无明显共线性；当满足 VIF 大于 10，且 1/VIF 值小于 0.1 时，则表明自变量之间有严重的多重共线性。其中 1/VIF 值也就是容忍度 Tolerance，本研究的多重共线性诊断结果见表 5-23：

表 5-23 多重共线性诊断结果

变量	容差（1/VIF）	VIF
V_1	0.535	1.870
V_2	0.819	1.222
V_3	0.793	1.261
V_4	0.726	1.378
V_5	0.976	1.024
V_6	0.836	1.197
X_1	0.531	1.884
X_2	0.484	2.067
X_3	0.634	1.577
A	0.975	1.026

从表 5-23 的数据分析，我们可以看出，各变量间的 VIF 值均未超过 3，且主要分布在 1 至 10 的区间内，同时平均 VIF 值也保持在大于 1 的水平。基于这些数据，我们可以判断各模型变量之间不存在多重共线性问题，因此可以顺利进行下一步的回归分析。

E. 回归分析

企业环境治理行为对企业绩效的回归分析：为检验环境治理行为与企业绩效的正向影响关系，本书以未来愿景（X_1）、环保投入（X_2）、环保治理（X_3）为解释变量，企业绩效（Y）为被解释变量做回归处理，具体结果如表 5-24 所示。

表 5-24　环境治理行为对企业绩效影响的回归模型摘要

模型	R	R^2	调整后的 R^2	标准估算的错误	更改统计				
					R^2 变化量	F 变化量	自由度 1	自由度 2	显著性 F 变化量
1	0.617a	0.381	0.378	0.052 722 3	0.381	131.782	9	1 851	<0.001

a 预测变量（常量）：X_3，V_2，V_5，V_3，V_6，V_4，X_1，V_1，X_2。

b 因变量：Y。

根据表 5-24 的模型汇总，调整后的 R^2 值为 0.378，说明环境治理行为共解释了企业绩效 37.8%的变异量。根据表 5-25 ANOVAa，F 变化量为 131.782，显著性<0.001，表明自变量环境治理行为对因变量企业绩效存在明显的显著性，假设 H_6 成立。

表 5-25　ANOVAa

模型	项目	平方和	自由度	均方	F	显著性
1	回归	3.297	9	0.366	131.782	<0.001[b]
	残差	5.351	1 851	0.003		
	总计	8.648	1 860			

a 因变量：Y。

b 预测变量（常量）：V_6，X_2，V_5，V_3，V_2，V_4，X_3，V_1，X_1。

政府补助强度的调节效应检验：为检验政府补助强度是否具有调节作用，本书以未来愿景（X_1）、环保投入（X_2）、环保治理（X_3）为解释变量，企业绩效（Y）为被解释变量，政府补助强度（A）作为调节变量做回归处理，具体结果如表 5-26。

根据表5-26的模型汇总和表5-27 ANOVAa，可知 F 变化量为0.073，显著性为0.787，说明政府补助强度在企业环境治理行为对企业绩效的影响中不具有调节作用，假设 H_{10} 不成立。

表5-26 调节效应的回归模型摘要

模型	R	R^2	调整后的 R^2	标准估算的错误	更改统计				
					R^2 变化量	F 变化量	自由度1	自由度2	显著性 F 变化量
1	0.616a	0.380	0.378	0.052 748 4	0.380	196.66	6	1 854	<0.001
2	0.618b	0.382	0.379	0.052 696 0	0.003	1.958	4	1 856	0.098
3	0.618c	0.382	0.379	0.052 709	0.000	0.073	1	1 859	0.787

a 预测变量（常量）：V_6，V_5，V_2，V_3，V_4，V_1。

b 预测变量（常量）：V_6，V_5，V_2，V_3，V_4，V_1，A，X_3，X_1，X_2。

c 预测变量（常量）：V_6，V_5，V_2，V_3，V_4，V_1，A，X_3，X_1，X_2，int1。

d 因变量：Y。

表5-27 ANOVAa

模型	项目	平方和	自由度	均方	F	显著性
1	回归	3.283	9	0.547	196.660	<0.001b
	残差	5.364	1 851	0.003		
	总计	8.648	1 860			
2	回归	3.305	10	0.330	119.014	<0.001c
	残差	5.343	1 850	0.003		
	总计	8.648	1 860			
3	回归	3.305	11	0.300	108.149	<0.001d
	残差	5.343	1 849	0.003		
	总计	8.648	1 860			

a 因变量：Y。

b 预测变量（常量）：V_6，V_5，V_2，V_3，V_4，V_1。

c 预测变量（常量）：V_6，V_5，V_2，V_3，V_4，V_1，A，X_3，X_1，X_2。

d 预测变量（常量）：V_6，V_5，V_2，V_3，V_4，V_1，A，X_3，X_1，X_2，int1。

③研究结论

研究结果表明，从总体上看企业环境治理行为能够显著提升企业绩效，因而企业采取增强环保意识、增加环保投入、加强绿色生产管理环境治理方面的行为，能够有效提升企业绩效；具体来看，未来愿景、环保投入和废物治理三种企业环境治理行为均对企业绩效具有显著的正向影响：第一，企业的未来愿景对提升企业绩效具有积极作用，绿色发展战略和长远的环保规划，有助于企业增强内部管理的统一性，提高资源配置效率，提升整体绩效；第二，企业的环保投入对提升企业绩效具有积极作用，加大环保资金投入、对员工进行环保培训、更新环保设备等，能够推动企业绿色技术创新和可持续发展，从而有效提升企业绩效；第三，废弃物治理也能显著提升企业绩效，包括污染物排放控制、废弃物回收利用等行为，有助于提升企业的社会形象，降低环境风险，进而提高经济效益。特别是在绿色生产和低碳排放等领域，企业实施废弃物治理的行为不仅符合政府政策要求，还能通过提升企业品牌价值和市场竞争力，带动企业绩效的提升。

5.3.3 外部状态变化

（1）政府支持与补贴政策

①变量说明

A. 解释变量

政府补贴：本书参考了王杏芬（2021）、程博（2021）等学者文献中筛选出与环保相关的政府补贴数据的方法。有关政府补贴的环保类关键词分为正向和负向[①]。在进行环保类关键词筛选时，不同企业的环保关键词会有差异，为了更趋近于真实与环保相关的补助数据，笔者采用手工筛选，将相关的关键词尽可能全部地包括进来，保证数据的准确性和可靠性。

学者均认为采用绿色专利数量能够更准确地体现出企业的绿色创新能力。绿色专利包含有绿色发明、绿色实用新型以及绿色外观设计三大类。其中，由于绿色外观设计专利创新的研发门槛低，本次不将其计入衡量数据。本书参考王馨等（2021）的研究，将绿色发明专利申请与绿色实用新

① 正向关键词有环保、环境、节能、减排、绿化、绿色、清洁、清洗、生态、回收、循环、综合整治、可再生、节水、节电、节约、降耗、低碳、卫生、淘汰落后产能、蓝天、保洁、环卫、净化、河道、环评、排矸、排水、水处理、苗木、防洪、补偿、回填等；负向关键词有废水、废渣、废气、废物、废酸、废弃、扬尘、污水、垃圾、酸雾、噪声、除、余热、余气、尾气、烟气、臭气、排放、土地塌陷、堤防等。

型专利申请之和来作为代理变量，将最终申请数量加 1 后取自然对数。

高管金融背景：近年有在“双碳”目标和绿色金融背景下，以企业高管特征对环境绩效影响研究扩展了企业履行环境社会责任的思考范围。池国华等（2014）认为，企业高管在其长期从事金融行业工作期间所获得的专业技能和知识积累，对他们在企业中的行为方式有着深远影响。这些专业能力不仅有助于高管更好地理解和管理财务状况，而且能够促使他们采取更为有效的措施来提高企业内部控制系统的质量。本书借鉴杜勇等（2019）的方法①，将公司当年具备金融背景的高管人数占高管总人数的比例作为企业高管金融背景的代理变量。

资产收益率：瓦雷诺娃（Varenova，2013）认为从理论上说，企业营利能力强度会更有可能让其运用影响力来解决社会问题。企业营利性的测量方法较多，国外学者总结出衡量的指标包括市场利润、利润总额、净资产收益率、主营业务增长率等。营利能力较强的企业，更加注重企业的可持续发展，会更积极寻求获得可持续发展的竞争优势，以提高企业环境绩效。

因此，企业的营利能力增强时，企业所面对的资源约束和融资限制往往会相应放宽。在这样的环境下，企业能够更自由地调配其资源，包括资金、人力以及其他重要的生产要素，从而对其内部环境管理决策施加更加深远的影响。这种能力使企业能够更有效地处理与环境相关的问题，例如制订减排计划、选择环保材料、投资于清洁能源项目等，这些举措不仅有利于企业长期的可持续发展，也为股东和投资者提供了更为丰厚的回报。本书采用净利润与平均总资产之比作为衡量资产收益率的代理变量。

产权性质：按照资源基础理论，对于国有企业，其在行业拥有一定竞争力的资源与融资能力，并且还有政府的政策扶持，其实力可以为企业长期与稳定发展形成竞争优势，能保证企业经济发展的同时又能进行环境保护从而实现可持续发展。因此，不同产权性质企业之间存在的差异也会影响其环境绩效水平。该变量为虚拟变量，国有企业取值为 1，否则为 0。

B. 被解释变量

企业环境绩效是本书的被解释变量，目前和讯网公开披露的上市公司社会责任数据被许多学者多次使用，其数据的客观性与连续性得到各方认

---

① 曾在政策性银行、商业银行、投资银行、金融监管部门、基金管理企业、保险企业、交易所、证券企业、证券登记结算企业、期货企业、信托企业、投资管理企业和其他金融机构任职过的高管为具备金融从业经历的管理者。

可，也便于分析比较。参照阿卡尔（Acar，2020）等的方法，用企业社会责任报告中所披露的环境责任评分①作为企业环境绩效的代理变量，若内容中进行了披露赋予分值为1，否则赋值为0，最后评分加1取对数处理。表5-28为变量测量方法。

表5-28 变量测量方法

变量分类	变量名称	变量符号	变量计算
解释变量	政府补贴	Gvt	政府补贴中与环保有明显相关的数据，并取自然对数
	绿色技术创新	GTI	绿色发明专利申请与绿色实用新型专利申请数量之和，并加1取自然对数
	高管金融背景	Finback	企业当年具有金融背景的高管人数占高管总数的比例
	资产收益率	ROA	净利润与平均总资产的比
	产权性质	Own	国有企业为1，否则为0
被解释变量	环境绩效	CEP	企业社会责任报告中所披露的环境责任评分加1取自然对数

②实证研究

A. 模型设计

为验证H_{32}，本文将政府补助作为研究外部状态变化的解释变量，将绿色技术创新、高管金融背景、资产收益率等作为研究内部状态变化的解释变量，将企业环境绩效作为被解释变量，由此创建了模型（5-14）。

$$CEP = \beta_0 + \beta_1 Sub_{i,t} + \beta_2 \sum Control_{i,t} + \varepsilon_{i,t} \quad (5-14)$$

其中，CEP表示企业环境绩效，Sub表示政府补助，下标i表示第i家企业，t表示年份，$\sum$ Control为所有控制变量之和，ε为随机扰动项。

B. 描述性统计分析

本书对所有变量进行了描述性统计分析，从表5-29可知，政府补贴Sub的极值为10.074和20.899，说明政府补贴对资源型企业的补助力度存在较大差异和不稳定性，即不同企业所受到的政府关注也有所不同；绿色技术创新GTI的极大值为4.905，极小值为0，均值为1.149，标准差为

① 企业环境管理包括：环保理念、环保目标、环保管理制度体系、环保教育与培训、环保专项行动、环境事件应急机制、环保荣誉以及“三同时”制度。

1. 137，表明研究期间企业的绿色技术创新成果水平整体较低，不同企业之间绿色技术创新水平存在有较大差距；高管金融背景 Finback 的极值差距较大，说明目前我国资源型企业高管团队中拥有金融背景人员数量存在较大差异；资产收益率 ROA 的最小值为-0. 520，说明部分企业处于亏损且各公司营利能力存在一定差异；产权性质 Own 的均值为 0. 500，说明选取样本国有企业和非国有企业数量相近；最后企业环境绩效 CEP 的平均值为 1. 138，说明所选资源型企业样本的整体环境绩效水平较低。

表 5-29 描述性统计

变量	最小值	最大值	平均值	标准差
Gvt	10. 074	20. 899	15. 173	1. 683
GTI	0	4. 905	1. 149	1. 137
Finback	0	67. 732	9. 235	15. 816
ROA	-0. 520	0. 372	0. 043	0. 061
Own	0	1	0. 500	0. 500
CEP	0	2. 197	1. 138	0. 604

C. 相关性分析

本书采用 Pearson 相关系数对样本数据各衡量变量两两之间进行相关性分析，如表 5-30 所示。所研究的内外部因素均与企业环境绩效之间呈显著正相关，即在 1%或 5%的水平上显著，且各变量相关系数均小于 0. 5，也证实了变量间不存在显著的多重共线性。因此本书的假设得到了初步证实。

表 5-30 相关性分析

变量	GTI	Finback	ROA	Own	Gvt	CEP
GTI	1					
Finback	. 223**	1				
ROA	-0. 004	0. 053	1			
Own	. 379**	. 396**	-. 114**	1		
Gvt	. 263**	. 184**	0. 058	. 216**	1	
CEP	. 254**	. 156**	. 074*	. 186**	. 180**	1

注：** 表示在 0. 01 水平（双侧）上显著相关，* 表示在 0. 05 水平（双侧）上显著相关。

D. 多变量回归检验

表 5-29 显示了整体回归方程的显著性情况。其中，F 值为 20.308，$P<0.001$，说明整个回归方程在 1%的水平整体显著，各变量间检验结果显示 VIF 值均在 2 以下，也再次表明各个变量间没有多重共线性，即样本的数据符合多元线性要求。

③研究结论

回归分析结果表明，政府补贴对企业环境绩效的影响最为显著。且政府补贴与环境绩效之间存在显著的正相关关系。这表明，政府的环保补助能够有效提升资源型企业的环境绩效。政府补贴为企业提供了充足的资金支持，使企业能够加大环保设施的投资和绿色技术的研发，从而提高其生产过程中的环境管理能力和资源利用效率。此外，政府补贴还伴随着一定的政策激励，如税收优惠和绿色信贷等，进一步降低了企业的环保成本，提高了企业执行环保政策的积极性。因此，政府补贴不仅在资金上支持企业的绿色转型，还在政策层面推动了企业改善环境绩效的积极性和能力。除了政府补贴，其他因素对环境绩效也起到了一定作用。绿色技术创新与环境绩效正相关，表明企业在绿色技术上的创新能力有助于提升环境绩效，但这一影响相对间接，通常需要一定时间才能转化为实际的环保成果。高管的金融背景对环境绩效也存在一定的正向影响，虽然这一影响较为弱化，更多体现在企业的资本运作和战略决策层面。总之，政府补贴是推动资源型企业提高环境绩效最关键的动力。

5.3.4 内部状态变化

（1）企业数字化水平

①变量说明

A. 解释变量

本书核心解释变量为企业数字化水平（Dig），参考赵宸宇（2021）的研究方法，本书对数字技术应用、互联网商业模式、智能制造、现代信息系统四个维度 99 个数字化相关词频进行统计，采用专家打分法判断每家公司的数字化水平。基于以上分析，本书对于数字化水平的测量：第一，收集 2000—2022 年广西资源型企业上市公司年报并转换为文本格式，提取相关经营情况分析部分的文本。第二，对选定样本进行分词处理和词频统计，筛选出与数字化水平相关的高频词语。本书将数字化高频词细分为数字技术应用、互联网商业模式、智能制造和现代信息系统四个类型和99个高频关键词（详见表5-31）。第三，按照选取的词库，使用Python统计功能对收集到的上市公司年报进行统计处理，依据词语特点进行汇总。如果该企业年度主要投资方向为“数字化”，或“数字化”已深入其主营业务，包括但不限于生产、经营、研发、销售和管理等各个环节，则赋予3分；若企业投资涉及“数字化”，但并未将其作为主要投资方向，或其主要业务尚未与“数字化”实现紧密融合，则赋予2分；若企业仅在“数字化”领域涉足较少，或在发展战略和经营计划中略有提及，则评定为1分；若企业年报中未提及“数字化”相关内容，或年报显示该企业未进行数字化转型，则评定为0分。最终，将这些分数进行标准化处理综合成总指数，以此全面展现广西资源型企业在数字化方面的水平。

表5-31 数字化高频词汇

数字化	高频词汇
数字技术应用	数据管理、数据挖掘、数据网络、数据平台、数据中心、数据科学、数字控制、数字技术、数字通信、数字网络、数字智能、数字终端、数字营销、数字化、大数据、云计算、云IT、云生态、云服务、云平台、区块链、物联网、机器学习
互联网商业模式	移动互联网、工业互联网、产业互联网、互联网解决方案、互联网技术、互联网思维、互联网行动、互联网业务、互联网移动、互联网应用、互联网营销、互联网战略、互联网平台、互联网模式、互联网商业模式、互联网生态、电商、电子商务、Internet、“互联网+”、线上线下、线上到线下、线上和线下、O2O、B2B、C2C、B2C、C2B
智能制造	人工智能、高端智能、工业智能、移动智能、智能控制、智能终端、智能移动、智能管理、智能工厂、智能物流、智能制造、智能仓储、智能技术、智能设备、智能生产、智能网联、智能系统、智能化、自动控制、自动监测、自动监控、自动检测、自动生产、数控、一体化、集成化、集成解决方案、集成控制、集成系统、工业云、未来工厂、智能故障诊断、生命周期管理、生产制造执行系统、虚拟化、虚拟制造
现代信息系统	信息共享、信息管理、信息集成、信息软件、信息系统、信息网络、信息终端、信息中心、信息化、网络化、工业信息、工业通信

B. 被解释变量

本书被解释变量为CEP（企业环境绩效），参考张弛（2020）和胡曲应（2012）的做法，本书选取排污费作为衡量企业环境绩效的替代变量。其中，自2018年开始，国家正式将排污费改为环境保护税，因此2018—2022年的排污费用环境保护税替代。

C. 控制变量

本书参考张娆（2023）的相关研究，选取如下控制变量：企业规模（Size），即员工人数的自然对数；总资产报酬率（ROA），即净利润占平均总资产的比例；董事会规模（Board），即董事会人数的自然对数；机构投资者持股比例（Inst），即投资机构占股数的比例；大股东持股（Lhold），即第一大股东持股比例；两职合一（Dual），即若董事长与总经理为同一人取 1，否则取 0；资产负债率（Lev），即期末负债总额/期末资产总计；企业年龄（Age），即企业创立的时间长度；独立董事占比（Indep），即独立董事/董事人数；具体变量定义如表 5-32 所示。

表 5-32　变量定义

变量类别	变量名称	变量符号	变量说明
被解释变量	企业环境绩效	CEP	Ln（排污费/环境保护税）
解释变量	企业数字化水平	Dig	企业数字化水平指数
调节变量	环境规制	Rule	（工业污染治理完成投资/工业增加值）×1 000
中介变量	内部控制	InIC	迪博内部控制指数
控制变量	企业规模	Size	Ln（员工人数）
	董事会规模	Board	Ln（董事会人数）
	机构投资者持股比例	Inst	投资机构占股数的比例
	大股东持股	Lhold	第一大股东持股比例
	两职合一	Dual	若董事长与总经理为同一人取 1，否则取 0
	总资产报酬率	ROA	本年度净利润/平均总资产
	资产负债率	Lev	期末负债总额/期末资产
	独立董事占比	Indep	独立董事/董事人数
	企业年龄	Age	企业创立的时间长度
	年份	Year	年度虚拟变量

②实证分析

A. 模型设计

为验证 H_{18}、H_{19}、H_{20}，本文借鉴杜兴强等（2021）的研究构建如下模型：

$$CEP = \alpha_0 + \alpha_1 Dig + \alpha_2 Control + \sum Year + \varepsilon_{i,t} \tag{5-15}$$

其中：CEP 为企业环境绩效衡量指标，Dig 为企业数字化水平的衡量指标。同时，该模型控制了公司经营方面与治理方面的变量。

B. 描述性统计分析表

表 5-33 对本书所有变量的样本进行描述性统计，包括样本量、均值、标准差、中位数、最大值、最小值。样本企业数字化水平的标准差为 8.153，最小值为 0，最大值为 37，说明样本企业之间的数字化水平差异较大，中位数为 5，均值为 8.069，超过一半企业的数字化水平未达到平均水平，整体水平较低；样本企业环境绩效的标准差为 1.609，最小值为 11.779，最大值为 18.706，中位数为 14.776，均值为 15.073，说明样本企业环境绩效的总体水平不高；样本企业内部控制的均值为 605.291，中位数为 664.84，说明超过一半的样本企业内部控制达到行业平均水平，标准差为 226.507，最小值为 0，最大值为 922.910，反映出样本企业间内部控制水平的巨大差距。

表 5-33　描述性统计分析

名称	均值	标准差	最小值	中位数	最大值
Dig	8.069	8.153	0.000	5.000	37.000
CEP	15.073	1.609	11.779	14.776	18.706
Rule	11.818	2.642	9.256	11.564	17.047
InIC	605.291	226.507	0.000	664.840	922.910
Board	9.871	2.252	0.000	9.000	15.000
Inst	61.466	24.516	0.343	63.458	100.000
Lev	0.542	0.222	0.075	0.596	1.007
Lhold	48.664	20.631	5.720	50.030	98.860
Dual	0.248	0.434	0.000	0.000	1.000
ROA	0.016	0.340	-3.324	0.049	0.231
Age	27.069	2.228	24.000	26.000	30.000

表5-33(续)

名称	均值	标准差	最小值	中位数	最大值
Indep	35.903	8.846	0.000	36.360	60.000
Size	5.023	2.095	3.178	3.401	8.183

C. 相关分析

表5-34相关性分析列示了广西资源型企业数字化水平指数、企业环境绩效以及主要控制变量的相关系数矩阵。数据显示，本书所使用的数字化水平指数与企业环境绩效之间的相关系数是0.408，且在5%水平上显著，说明样本企业数字化水平与环境绩效之间呈正相关关系，初步验证H_{18}：数字化水平对企业环境绩效有正向影响，为本书的假设提供了初步依据。

D. 回归分析

回归结果（表5-35）显示，当没有添加任何控制变量时，解释变量Dig的回归系数为0.080，在5%水平上显著为正。当加入年度的虚拟变量后，解释变量Dig的系数为0.077，在5%水平上显著为正。当同时加入了控制变量和年度的虚拟变量后，解释变量Dig的系数为0.054，在5%水平上显著为正。这说明，在其他条件一定的情况下，企业数字化水平程度越高，企业的环境绩效表现越好。该回归结果进一步验证了本书所提出的假设H_{18}。从控制变量角度看，企业年龄（Age）与企业环境绩效之间呈正相关关系，说明随着企业发展，企业越来越重视提升自身的环境绩效。资产负债率（Lev）的系数为2.542，在5%水平上显著为正，说明企业在面临负债时，仍然愿意提升其环境绩效。

表 5-34 相关性分析

变量	Dig	CEP	Age	Size	Board	Lev	Indep	Lhold	ROA	Dual	Inst
Dig	1										
CEP	0. 408**	1									
Age	-0. 104	-0. 040	1								
Size	0. 295**	-0. 296**	0. 170	1							
Board	-0. 069	0. 458**	0. 111	-0. 300**	1						
Lev	0. 255*	0. 652**	-0. 224*	-0. 296**	0. 301**	1					
Indep	0. 085	0. 397**	-0. 139	-0. 167	0. 403**	0. 218*	1				
Lhold	0. 142	0. 595**	-0. 116	-0. 328**	0. 590**	0. 368**	0. 152	1			
ROA	0. 054	0. 148	0. 149	0. 051	0. 114	0. 076	-0. 040	0. 167	1		
Dual	0. 334**	-0. 277**	-0. 235*	0. 331**	-0. 202*	-0. 103	-0. 140	0. 020	-0. 162	1	
Inst	0. 087	0. 574**	0. 033	-0. 440**	0. 543**	0. 465**	0. 392**	0. 613**	0. 109	-0. 129	1

注：*、**、*** 分别表示在 10%、5%、1%水平上显著。

表 5-35　企业数字化水平与环境绩效回归分析结果

变量	(1) CEP	(2) CEP	(3) CEP
Dig	0.080** (4.442)	0.077** (3.468)	0.054** (3.611)
Dig_new	0.241** (3.016)	0.219* (2.154)	0.169** (2.815)
Age			0.048 (1.131)
Size			0.001 (0.002)
Board			0.002 (0.043)
Indep			0.032** (2.978)
Inst			0.001 (0.235)
Lev			2.542** (5.825)
Lhold			0.032** (5.530)
Dual			-1.223** (-5.623)
ROA			-0.002 (-0.008)
Year	NO	Yes	Yes
N	101	101	101
R^2	0.166	0.167	0.794

注：*、**、*** 分别表示 10%、5%、1%的水平下显著；括号内为 t 值；下表同。

E. 稳健性检验

为了保证实证结果的准确可靠，我们需要对结论进行稳健性检验。稳健性检验的方法一般有三种：从数据出发，根据不同的标准调整分类；从变量出发，用其他变量进行替换；从方法出发，选用不同的估计方法。本书对稳健性检验的讨论采用调整数字化水平分类的方式进行，具体分类和关键词借鉴了吴非（2021）的研究，将数字化水平分类调整为大数据技术、云计算技术、人工智能技术、数字技术运用和区块链技术，如表 5-36 所示。

表 5-36　调整数字化水平分类后的关键词

关键词类型	关键词
大数据技术	大数据、数据挖掘、文本挖掘、数据可视化、异构数据、征信、增强现实、混合现实、虚拟现实

表5-36(续)

关键词类型	关键词
云计算技术	云计算、流计算、图计算、内存计算、多方安全计算、类脑计算、绿色计算、认知计算、融合架构、亿级并发、EB 级存储、物联网、信息物理系统
人工智能技术	人工智能、商业智能、图像理解、投资决策辅助系统、智能数据分析、智能机器人、机器学习、深度学习、语义搜索、生物识别技术、人脸识别、语音识别、身份验证、自动驾驶、自然语言处理
数字技术运用	移动互联网、工业互联网、移动互联、互联网医疗、电子商务、移动支付、第三方支付、NFC 支付、智能能源、B2B、B2C、C2B、C2C、020、网联、智能穿戴、智慧农业、智能交通、智能医疗、智能客服、智能家居、智能投顾、智能文旅、智能环保、智能电网、智能营销、数字营销、无人零售、互联网金融、数字金融、Fintech、金融科技、量化金融、开放银行
区块链技术	区块链、数字货币、分布式计算、差分隐私技术、智能金融合约

从调整数字化水平分类后的回归结果来看，在没有添加任何控制变量时，解释变量 Dig_new 的回归系数为 0.241，在 5%水平上显著为正；当加入年度虚拟变量时，解释变量 Dig_new 的系数为 0.219，在 10%的水平显著为正；当加入年度虚拟变量以及其他控制变量后，解释变量 Dig_new 的系数为 0.169，在 5%的水平显著为正。稳健性检验结果表明，无论采取哪种分类标准，其对应方程的解释变量回归系数的符号和显著性水平均没有实质性改变，只是在数值大小上有细微差别，由此说明本书的实证结果是稳健可靠的。

F. 机制检验

为了验证数字化水平对企业环境绩效的影响路径，本书将对内部控制的中介效应以及环境规制的调节效应进行实证检验，结果显示：

企业内部控制中介机制检验。企业数字化与内部控制分别通过了 5%水平且显著为正，系数分别为 0.065 和 0.002。这说明数字化转型通过提升企业内部控制水平来提高企业环境绩效，假设 H_{19}得以检验。

环境规制的调节效应检验。数字化水平与环境规制的交互项在 5%的水平上显著为正，系数为 0.014。环境规制对广西资源型企业数字化水平和企业环境绩效产生了正向的调节作用，假设 H_{20}得以检验。

③研究结论

本书基于 2000—2022 年广西地区 A 股上市的广西资源型企业为研究

对象，进行了实证研究，考察了企业数字化水平对广西资源型企业环境绩效的影响及其作用机制，得到如下研究结论：

第一，企业数字化水平与企业环境绩效之间呈显著的正相关关系；即广西资源型企业数字化水平越高，其环境绩效表现越好。在进行稳定性检验之后，上述结论依然成立。

第二，笔者通过中介机制检验发现，企业数字化水平和企业环境绩效之间的作用关系可以通过内部控制进行传导，即数字化转型能够显著地提高企业内部控制，影响企业内部治理水平进而提升环境绩效。

第三，笔者通过调节效应检验发现，环境规制在企业数字化水平与企业环境绩效之间存在正向的调节作用，即适当的环境规制有利于企业环境绩效的提高。

（2）绿色技术创新能力

①变量说明

A. 解释变量

绿色技术创新：现有研究中对于绿色技术创新的衡量方式并不统一，大多数学者均认为采用绿色专利数量能够更准确地体现出企业的绿色创新能力。绿色专利包含有绿色发明、绿色实用新型以及绿色外观设计三大类。其中，由于绿色外观设计专利创新的研发门槛低，本书不将其计入衡量数据。参考王馨等（2021）的研究，本书将绿色发明专利申请与绿色实用新型专利申请之和来作为代理变量，将最终申请数量加 1 后取自然对数。

高管金融背景：近年来，在“双碳”目标和绿色金融背景下，以企业高管特征对环境绩效影响研究扩展了企业履行环境社会责任的思考边界。池国华等（2014）认为，企业高管在其长期从事金融行业工作期间所获得的专业技能和知识积累，对他们在企业中的行为方式有着深远影响。这些专业能力不仅有助于高管更好地理解和管理财务状况，而且能够促使他们采取更为有效的措施来提高企业内部控制系统的质量。本书借鉴杜勇等（2019）的方法[①]，将公司当年具备金融背景的高管人数占高管总人数的比例作为企业高管金融背景的代理变量。

资产收益率：瓦伦诺娃（Varenova，2013）认为，从理论上说，企业营

① 曾在政策性银行、商业银行、投资银行、金融监管部门、基金管理企业、保险企业、交易所、证券企业、证券登记结算企业、期货企业、信托企业、投资管理企业和其他金融机构任职过的高管为具备金融从业经历的管理者。

利能力强度会更有可能让其运用影响力来解决社会问题。企业营利能力的测量方法较多，国外学者总结出衡量的指标包括市场利润、利润总额、净资产收益率、主营业务增长率等。营利能力较强的企业，更加注重企业的可持续发展，会更积极寻求获得可持续发展的竞争优势，以提高企业环境绩效。因此，企业的营利能力增强时，企业所面对的资源约束和融资限制往往会相应放宽。在这样的环境下，企业能够更自由地调配其资源，包括资金、人力以及其他重要的生产要素，从而对其内部环境管理决策施加更加深远的影响。本书采用净利润与平均总资产之比作为衡量资产收益率的代理变量。

产权性质：按照资源基础理论，对于国有企业，其在行业拥有一定竞争力的资源与融资能力，并且还有政府的政策扶持，其实力可以为企业长期与稳定发展形成竞争优势，能保证企业经济发展的同时进行环境保护，促进可持续发展。因此，不同产权性质企业之间存在的差异也会影响其环境绩效水平。该变量为虚拟变量，国有企业取值为1，否则为0。

政府补助：根据定义，本书研究的内容是与环保相关的政府补助，所以选取当年政府补助并选取了来源于国泰安数据库的政府补助等有关科目。通过参考王杏芬（2021）、程博（2021）等学者文献中筛选出与环保相关的政府补助数据的方法。有关政府补助的环保类关键词分为正向和负向（正向关键词有环保、环境、节能、减排、绿化、绿色、清洁、清洗、生态、回收、循环、综合整治、可再生、节水、节电、节约、降耗、低碳、卫生、淘汰落后产能、蓝天、保洁、环卫、净化、河道、环评、排矸、排水、水处理、苗木、防洪、补偿、回填等；负向关键词有废水、废渣、废气、废物、废酸、废弃、扬尘、污水、垃圾、酸雾、噪声、除、余热、余气、尾气、烟气、臭气、排放、土地塌陷、堤防等）。在进行环保类关键词筛选时，不同企业的环保关键词会有差异，为了更趋近于真实与环保相关的补助数据，进行手工筛选将相关的关键词尽可能全部包括进来，以保证数据的准确性和可靠性。

B. 被解释变量

企业环境绩效是本节的被解释变量，目前和讯网公开披露的上市公司社会责任数据被许多学者多次使用，其数据的客观性与连续性得到各方认可，也便于分析比较。参照 Acar M（2020）等的方法，用企业社会责任报告中所披露的环境责任评分①作为企业环境绩效的代理变量，若内容中进行了披露赋予分值为 1，否则赋值为 0，最后将评分加 1 取对数处理；具体变量测量方法如表 5-37 所示。

表 5-37　变量测量方法

变量分类	变量名称	变量符号	变量计算
解释变量	绿色技术创新	GTI	绿色发明专利申请与绿色实用新型专利申请数量之和，并加 1 取自然对数
	高管金融背景	Finback	企业当年具有金融背景的高管人数占高管总数的比例
	资产收益率	ROA	净利润与平均总资产的比
	产权性质	Own	国有企业为 1，否则为 0
	政府补助	Sub	政府补助中与环保有明显相关的数据，并取自然对数
被解释变量	环境绩效	CEP	企业社会责任报告中所披露的环境责任评分加 1 取自然对数

②实证分析

A. 模型设计

为了验证 H_{21}，本文将绿色技术创新能力和企业环境绩效分别作为核心解释变量和被解释变量，将高管金融背景、资产收益率、地区分布作为其他解释变量，由此创建了以下模型。

$$CEP1 = \beta_0 + \beta_1 GTI_{i,t} + \beta_2 \sum Control_{i,t} + \varepsilon_{i,t} \tag{5-16}$$

$$CEP2 = \beta_0 + \beta_1 Finback_{i,t} + \beta_2 \sum Control_{i,t} + \varepsilon_{i,t} \tag{5-17}$$

$$CEP3 = \beta_0 + \beta_2 ROA_{i,t} + \beta_2 \sum Control_{i,t} + \varepsilon_{i,t} \tag{5-18}$$

$$CEP4 = \beta_0 + \beta_1 Own_{i,t} + \beta_2 \sum Control_{i,t} + \varepsilon_{i,t} \tag{5-19}$$

$$CEP5 = \beta_0 + \beta_1 Sub_{i,t} + \beta_2 \sum Control_{i,t} + \varepsilon_{i,t} \tag{5-20}$$

$$CEP6 = \beta_0 + \beta_1 District_{i,t} + \beta_2 \sum Control_{i,t} + \varepsilon_{i,t} \tag{5-21}$$

上述模型中 GTI 表示绿色技术创新，Finback 表示高管金融背景，ROA 表示资产收益率，Sub 表示政府补助，District 表示地区分布，CEP 表示企

① 企业环境管理包括：环保理念、环保目标、环保管理制度体系、环保教育与培训、环保专项行动、环境事件应急机制、环保荣誉以及“三同时”制度。

业环境绩效。下标 i 表示第 i 家企业，t 表示年份，$\sum$ Control 为所有控制变量之和，ε 为随机扰动项。

B. 描述性统计分析

本书对所有变量进行了描述性统计分析，从表 5-38 可知，首先，绿色技术创新 GTI 的极大值为 4.905，极小值为 0，均值为 1.149，标准差为 1.137，表明研究期间企业的绿色技术创新成果水平整体较低，不同企业之间绿色技术创新水平存在较大差距。其次，高管金融背景 Finback 的极值差距较大，说明目前我国资源型企业高管团队中拥有金融背景人员数量存在较大差异；资产收益率 ROA 的最小值为-0.520，说明部分企业处于亏损且各公司营利能力存在一定差异；产权性质 Own 的均值为 0.5，说明选取样本国有企业和非国有企业数量相近；政府补助 Sub 的极值为 10.074 和 20.899，说明政府补助对资源型企业的补助力度存在较大差异和不稳定性，即不同企业所受到的政府关注也有所不同；地区分布 District 平均值为 0.270，即选取样本所在地在经济发达地区企业占比 27%。最后，企业环境绩效 CEP 的平均值为 1.138，说明所选资源型企业样本的整体环境绩效水平较低。

表 5-38 描述性统计

变量	最小值	最大值	平均值	标准差
GTI	0	4.905	1.149	1.137
Finback	0	67.732	9.235	15.816
ROA	-0.520	0.372	0.043	0.061
Own	0	1	0.500	0.500
Sub	10.074	20.899	15.173	1.683
District	0	1.000	0.270	0.445
CEP	0	2.197	1.138	0.604

C. 相关性分析

本书采用 Pearson 相关系数对变量两两之间进行相关性分析，如表 5-39所示。所研究的内外部因素均与企业环境绩效之间呈显著正相关，即在 1%或 5%的水平上显著，且各变量相关系数均小于 0.5，也证实了变量间不存在显著的多重共线性。因此本研究假设 H_{21} 得到了初步证实。

表 5-39　相关性分析

变量	GTI	Finback	ROA	Own	Sub	District	CEP
GTI	1						
Finback	.223**	1					
ROA	-0.004	0.053	1				
Own	.379**	.396**	-.114**	1			
Sub	.263**	.184**	0.058	.216**	1		
Distric	.120**	-0.038	-.085**	-.071*	.158**	1	
CEP	.254**	.156**	.074*	.186**	.180**	.129**	1

注：** 在 0.01 水平（双侧）上显著相关，* 在 0.05 水平（双侧）上显著相关。

D. 多变量回归检验

表 5-40 显示了整体回归方程的显著性情况，其中 F 值为 20.308，$P<0.001$，说明整个回归方程在 1%的水平整体显著，各变量间检验结果显示 VIF 值均在 2 以下，也再次表明各个变量间没有多重共线性，即样本的数据符合多元线性要求。

表 5-40　多元线性回归结果

模型	未标准化系数		标准化系数	t	显著性	VIF	F	R-sq
	B	标准错误	Beta					
（常量）	0.369	0.166		2.217	0.027			
绿色技术创新	0.09	0.018	0.169	5.113	0.001	1.245	20.308，(Sig<0.001)	0.107
高管金融背景	0.003	0.001	0.065	1.986	0.047	1.218		
资产收益率	0.87	0.3	0.088	2.9	0.004	1.044		
产权性质	0.117	0.042	0.097	2.775	0.006	1.398		
政府补助	0.029	0.011	0.08	2.543	0.011	1.138		
地区分布	0.153	0.042	0.113	3.679	0.001	1.070		

③研究结论

绿色技术创新的回归系数在 1%的水平下显著为正，这表明企业可以通过实施绿色技术创新，企业的生产工艺和设施得到了最大程度的改善，从而可以有效地减少污染物的排放量。同时，企业的污染控制技术和装备也在不断地提高和改善，企业的环境管理效率和管理费用都会大幅度地提高，从而提升企业环境绩效，假设 H_{21} 得到验证。

（3）高管环保实践经验

①变量说明

A. 解释变量

本节的核心解释变量为高管环保烙印，即高管环保经历（EB）。高管环保经历主要是指公司高管早期接受过与环境相关的正规学历或继续教育、从事过与环境保护相关的工作、获得过与环境相关的奖励或荣誉等。另外，被授予与环境学科专业相关的国家认可的学历、学位，获得与环境保护相关的技术职称、职业证书或专利技术，曾在国家环境保护系统机构、社会环保协会或环保类企业任职或兼职等上述经历，本节都认为其具有环保经历。

本节参考毕茜等（2019）的做法，若公司当年高管团队中至少存在一位具有环保经历的高管，则取值为1，否则取值为0。关于环保经历的高管定义，本节以企业年报中披露的高管名单作为高管的范畴，透过高管的简历确定其是否有过环保经历。

B. 被解释变量

本节被解释变量为企业绩效（PE）。目前学术界已有的研究中，对企业绩效的衡量还未达成一个统一的标准，学者们主要从财务和非财务两个层面的内容去衡量企业绩效。其中，财务层面主要包括营业收入，利润率、营利能力等衡量指标。非财务层面包括市场份额，环境保护和社会责任等指标，鉴于数据可得性，本节选择以财务层面的指标去衡量企业绩效。参考学者马长龙等（2022）的做法，本节采用资产收益率（ROA）与托宾 Q 衡量企业绩效。

C. 中介与调节变量

本节的中介变量为研发投入（RD），参考森特里（Gentry）和 Shen 的研究，参考学者姜莉莉等（2022）的做法，用研发投入与主营业务收入的比值来测量。

本节的调节变量为制度环境（MKT）关于制度环境的测量，现有研究多数采用王小鲁等（2018）编制的《中国市场化指数》，从政府与市场的关系、非国有经济的发展、产品市场的发育、要素市场的发育、市场中介组织发育和法律制度环境 5 个方面对中国各省、自治区和直辖市的市场化进程进行了全面的评价比较。因此，本节采用王小鲁等（2018）编制的《中国市场化指数》（MKT）作为制度环境的代理变量。

D. 控制变量

本节借鉴已有研究的处理方法（曾春影 等，2022；姜莉莉 等，2022；郭玉冰 等，2021；邓彦 等，2021），选取的控制变量包括高管年龄、性别、学历、高管团队规模、企业规模、董事长和总经理两职合一情况、企业年龄、营利能力、成长性、托宾 Q 等，具体变量的定义和测量如表 5-41 所示。

表 5-41 主要变量的定义和测量

变量类型	变量名称	变量符号	变量定义及测量
被解释变量	企业绩效	PE	采用资产收益率（ROA）与托宾 Q 衡量企业绩效
解释变量	高管环保经历	EB	若高管团队中具有环保背景，则取值为 1，否取值为 0
中介变量	研发投入	RD	研发投入与企业主营业务收入的比值
调节变量	制度环境	MKT	以市场化指数作为代理变量
控制变量	高管年龄	Age	高管团队成员的年龄
	性别	Gender	若高管为男性，则取值为 1，否取值为 0
	学历	Degree	1=中专及中专以下，2=大专，3=本科；4=硕士研究生；5=博士研究生
	高管团队规模	Board	高管团队规模，即高管团队成员总数
	企业规模	Size	以上市公司资产总计的自然对数表示
	两职合一情况	Dual	董事长和总经理为同一人时取值为 1，否取值为 0
	企业年龄	Life	企业成立的年限。会计记录年份-公司成立年份
	营利能力	Roa	资产收益率，企业净利润与资产比值
	成长性	Growth	主营业务收入增长率
	托宾 Q	Tobinq	（股票市值 + 净债务）/净资产
	年份	Year	年份虚拟变量

②实证分析

A. 模型构建

本书旨在考察高管的环保经历对企业绩效产生的影响，同时探究研发投入在其中所起的中介效应，并分析制度环境对这一关系的调节作用。为验证假设 H_{22}，假设 H_{23}、假设 H_{24}、假设 H_{25}，本书设定以下计量模型。

$$RD_{i,t} = \beta_0 + \beta_1 EB_{i,t} + \sum \lambda_i Control_{i,t} + \sum Ind + \sum Year + \varepsilon_{i,t} \tag{5-22}$$

模型（5-22）旨在验证假设 H_{22}，即检验企业高管的环保经历是否会影响其研发投入。在模型（5-22）中，如果系数 β_1 显著为正，那么就说明高管的环保经历促进了企业在研发方面的投入。

为探究制度环境如何对研发投入与企业绩效之间的关联起到调节作用，本书借鉴温忠麟等（2014，2006）提出的有调节的中介效应模型框架，据此构建了模型（5-23）至（5-25），以对假设 H_{23}，假设 H_{24} 及假设 H_{25} 进行严谨的实证检验。

$$RD_{i,t} = \delta_0 + \delta_1 EB_{i,t} + \delta_2 PE_{i,t} + \sum \lambda_i Control_{i,t} + \sum Ind + \sum Year + \varepsilon_{i,t} \tag{5-23}$$

$$PE_{i,t} = \alpha_0 + \alpha_1 EB + \alpha_2 MKT_{i,t} + \sum \lambda_i Control_{i,t} + \sum Ind + \sum Year + \varepsilon_{i,t} \tag{5-24}$$

$$PE_{i,t} = \theta_0 + \theta_1 EB + \theta_2 RD_{i,t} + \theta_3 MKT_{i,t} + \theta_4 RD\_MKT_{i,t} + \sum \lambda_i Control_{i,t} + \sum Ind + \sum Year + \varepsilon_{i,t} \tag{5-25}$$

在上述模型中，若 α_1 和 β_1 的系数均显著，我们可以进一步分析 δ_1 和 δ_2 的系数。当 δ_1 和 δ_2 的系数均显著时，意味着研发投入在其中扮演着部分中介的角色。然而，如果仅 δ_2 的系数显著而 δ_1 的系数不再显著，那么研发投入则发挥着完全中介的作用。

当我们引入制度环境这一变量后，如果 α_1，β_1 和 δ_2 的系数都保持显著，这就表明研发投入的中介效应仍然显著存在。进一步地，若模型（5-25）中制度环境与研发投入的交乘项系数 θ_4 也显著，这就说明制度环境对研发投入与企业绩效之间的关系起到了显著的调节作用。如若结果不显著，则说明制度环境对研发投入与企业绩效之间的调节关系不显著，但仍存在着一定的影响。在模型（5-22）至模型（5-25）中，$RD_{i,t}$、$PE_{i,t}$、

$EB_{i,t}$和$MKT_{i,t}$分别代表第i企业第t年的研发投入，企业绩效、高管环保经历。其中，$RD_MKT_{i,t}$作为研发投入和制度环境的交乘项，用于衡量制度环境对研发投入与企业绩效关系的调节作用。$Control_{i,t}$则代表一系列控制变量。在回归分析中，我们同时控制了行业效应和年份效应，$\varepsilon_{i,t}$代表随机误差项。综上所述，通过这一系列模型的构建和分析，我们可以更深入地理解高管环保经历，研发投入、制度环境与企业绩效之间的复杂关系，从而为企业的战略决策和绩效提升提供有力的支持。

B. 样本的描述性统计分析

根据表 5-42 所展示的描述性统计分析，在资源型上市企业中，高管环保经历（EB）的比例相对较低，大约有 36%的企业有这样的高级管理人才，这一比例仅占所有样本企业的三分之一。这凸显了此类企业在绿色管理领域专业人才配置上的不足。

进一步观察企业绩效指标，企业绩效（PE）显示出较大的波动性，其最高值达到 4. 470，最低值则为-6. 251，平均绩效得分为 0. 170，标准差为 1. 089，表明不同企业在绩效表现上存在显著差异，企业间营利能力及其市场估值的离散程度较高。同时，关于企业规模（Size）的数据也揭示了明显的不均衡现象。企业规模的最大值为 25. 007，最小值为 19. 795，平均规模为 22. 515，标准差达到了 1. 313，这反映出资源型企业规模的分化严重，各企业在规模扩张方面的策略与执行力度差距明显。此外，研发投入（RD）的数据也显示出了明显的不均衡现象。研发投入的最大金额为 3. 800，最小金额为 0. 010，平均研发投入金额为 0. 825，且标准差达到了 0. 948，这反映出资源型企业在研发活动的投入力度上分化严重，各企业在技术创新和长期发展投入方面的策略与执行力度上差距明显。

表 5-42　样本的描述性统计分析

名称	最小值	最大值	平均值	标准差	中位数
PE	-6. 251	4. 470	0. 170	1. 089	0. 027
EB	0. 000	1. 000	0. 506	0. 503	1. 000
Age	38. 000	76. 000	51. 167	6. 834	52. 000
Gender	1. 000	2. 000	1. 822	0. 384	2. 000
Degree	2. 000	5. 000	3. 438	0. 706	3. 000

表5-42(续)

名称	最小值	最大值	平均值	标准差	中位数
Board	29.000	65.000	41.789	9.068	38.500
Size	19.795	25.007	22.515	1.313	22.222
Life	23.000	32.000	26.500	2.946	26.000
Roa	-0.238	0.073	-0.013	0.044	-0.002
Growth	-0.808	2.837	0.058	0.472	-0.086
Tobinq	-0.986	1.539	-0.409	0.436	-0.525
RD	0.010	3.800	0.825	0.948	0.358
MKT	6.451	7.886	7.290	0.501	7.515

C. 相关分析

在进行样本的描述性统计分析之后，本书进一步运用了 Pearson 相关性检验来探究变量间的关联性。如表 5-43 所示，企业绩效（PE）与高管环保经历（EB），高管年龄（Age）、企业规模（Size）、企业年龄（Life）、资产收益率（Roa）共 5 项之间的相关系数的值呈现出显著性。除此之外，企业绩效（PE）与学历（Degree），高管团队规模（Board），成长性（Growth），托宾 Q（Tobinq），研发投入（RD）共 5 项之间的相关关系数值并不会呈现出显著性（$p>0.05$），意味着企业绩效（PE）与学历（Degree），高管团队规模（Board），成长性（Growth），托宾 Q（Tobinq），研发投入（RD）共 5 项之间并没有相关关系。

表 5-43 样本的相关性分析

变量	PE	EB	Age	Degree	Board	Size	Life	Roa	Growth	Ttobinq	RD	MKT
PE	1											
EB	0. 252*	1										
Age	-0. 297**	-0. 019	1									
Degree	0. 031	-0. 096	-0. 274**	1								
Board	0. 189	-0. 052	-0. 249*	-0. 174	1							
Size	0. 433**	0. 131	-0. 271*	-0. 018	0. 658**	1						
Life	0. 485**	0. 579**	-0. 255*	-0. 011	0. 048	0. 340**	1					
Roa	0. 257*	0. 221*	-0. 220*	-0. 082	-0. 212*	-0. 020	0. 403**	1				
Growth	-0. 023	-0. 124	0. 047	-0. 132	-0. 251*	-0. 241*	0. 072	0. 259*	1			
Tobinq	-0. 193	0. 052	0. 211*	0. 218*	-0. 335**	-0. 553**	-0. 068	-0. 110	0. 008	1		
RD	-0. 070	-0. 016	-0. 019	0. 265*	-0. 146	-0. 020	-0. 201	-0. 019	-0. 132	0. 034	1	
MKT	0. 050	0. 266*	0. 053	0. 099	0. 048	0. 071	0. 000	-0. 122	-0. 229*	0. 110	-0. 039	1

D. 共线性诊断

依据表 5-44 的共线性诊断结果，并综合相关性分析结果，本书结合实际情况，判断企业规模与其他变量有较大的多重共线性。鉴于此，为确保模型的稳健性，在后续的分析中剔除此变量。

表 5-44 共线性诊断

项	VIF 值	容忍度（Tolerance）
EB	4.663	0.214
Age	6.716	0.149
Gender	11.025	0.091
Degree	8.982	0.111
Board	4.674	0.214
Size	20.457	0.049
Life	10.336	0.097
Roa	2.528	0.396
Growth	1.717	0.582
Tobinq	22.309	0.045
RD	6.272	0.159

E. 回归分析

回归模型（5-26）:

$$RD_{i,t} = \beta_0 + \beta_1 EB_{i,t} + \sum \lambda_i Control_{i,t} + \sum Ind + \sum Year + \varepsilon_{i,t} \tag{5-26}$$

在表 5-45 高管环保经历与研发投入的回归分析中，结果显示，高管环保经历（EB）的系数为 0.633，这一数值表明高管的环保经历与企业研发投入之间存在正向关系。标准误差为 0.260，显示出估算的稳定性较高，即高管环保经历与研发投入之间的关系较为确定，受随机误差的影响相对较小。t 值为 2.439，显著超过了常规临界值（通常约为 1.96），支持了本书提出的研究假设。p 值为 0.018，说明在 95%的置信水平下，这个变量显著地正向影响研发投入，意味着高管的环保经历可能显著增加企业的研发投入。

表 5-45　高管环保经历与研发投入的回归分析

项	Coef	Std. Err	t	p	95% CI
截距	1.975	1.648	1.198	0.235	-1.255 ~ 5.205
EB	0.633	0.260	2.439	0.018*	0.124 ~ 1.142
Age	-0.031	0.019	-1.618	0.111	-0.067 ~ 0.006
Gender	0.609	0.463	1.315	0.193	-0.299 ~ 1.517
Degree	-0.370	0.276	-1.342	0.184	-0.911 ~ 0.170
Board	0.003	0.018	0.179	0.858	-0.032 ~ 0.038
Life	—	—	—	—	—
Roa	1.308	2.597	0.504	0.616	-3.781 ~ 6.398
Rrowth	0.130	0.226	0.575	0.568	-0.312 ~ 0.572
Tobinq	-0.402	0.260	-1.548	0.127	-0.912 ~ 0.107

注：a. 因变量为研发投入（RD）；

b. $F=2.541$，$p=0.041$；

c. $R^2=0.164$，$R^2(\text{within})=0.161$；

d. $^*p<0.05$，$^{**}p<0.01$；

e. "—"表示该项出现严重共线性被自动移除。

回归模型（5-27）：

$$RD_{i,t}=\delta_0+\delta_1 EB_{i,t}+\delta_2 PE_{i,t}+\sum \lambda_i Control_{i,t}+\sum Ind+\sum Year+\varepsilon_{i,t} \tag{5-27}$$

在表 5-46 的中介效应检验中，参数的显著性表明，高管环保经历（EB）对研发投入（RD）有显著正向影响，$p=0.041$，且企业绩效（PE）对研发投入（RD）也有显著正向影响，$p=0.035$。说明高管环保经历（EB）对企业绩效（PE）有显著的正向影响，还通过增加研发投入对企业绩效产生正向的中介作用。因此，假设 H_{22} 和假设 H_{23} 均得到了支持。

表 5-46　研发投入在高管环保经历与企业绩效之间的中介检验

项	Coef	Std. Err	t	p	95% CI
截距	1.704	1.877	0.908	0.368	-1.975 ~ 5.384
EB	0.665	0.316	2.102	0.041*	0.045 ~ 1.285
PE	1.037	1.142	2.262	0.035*	0.242 ~ 1.316

表5-46(续)

项	Coef	Std. Err	t	p	95% CI
Age	-0.042	0.025	-1.672	0.101	-0.091 ~ 0.007
Gender	1.347	0.716	1.882	0.066	-0.056 ~ 2.750
Degree	-0.458	0.368	-1.247	0.218	-1.179 ~ 0.262
Board	-0.003	0.020	-0.163	0.871	-0.042 ~ 0.036
Roa	0.684	3.013	0.227	0.821	-5.222 ~ 6.589
Growth	0.094	0.280	0.337	0.737	-0.454 ~ 0.642
Tobinq	-0.566	0.353	-1.602	0.115	-1.259 ~ 0.126

注：a. 因变量：研发投入（RD）；

b. $F=1.788$，$p=0.095$；

c. $R^2=0.122$，R^2(within) $=0.119$；

d. $^{*}p<0.05$，$^{**}p<0.01$。

回归模型（5-28）：

$$PE_{i,t}=\alpha_0+\alpha_1 EB+\alpha_2 MKT_{i,t}+\sum\lambda_i Control_{i,t}+\sum Ind+\sum Year+\varepsilon_{i,t} \quad (5-28)$$

在表5-47的结果中，高管环保经历（EB）的系数为0.575，p值为0.026，小于0.05的显著性水平，表明在考虑其他调节变量的情况下，高管环保经历对研发投入有显著正向影响。分析中纳入的调节变量——制度环境（MKT），其影响系数为正，表明制度环境的改善可能会对企业绩效（PE）起到正向调节作用。因此，假设H_{24}得以成立。

表5-47　制度环境的调节效应检验

项	Coef	Std. Err	t	p	95% CI
截距	-0.653	2.334	-0.280	0.781	-5.228 ~ 3.923
EB	0.575	0.253	2.268	0.026*	0.078 ~ 1.071
MKT	0.015	0.252	0.059	0.953	-0.479 ~ 0.509
Gender	0.187	0.357	0.524	0.602	-0.512 ~ 0.886
Age	-0.025	0.021	-1.207	0.231	-0.065 ~ 0.016
Degree	0.115	0.209	0.548	0.585	-0.296 ~ 0.525

表5-47(续)

项	Coef	Std. Err	t	p	95% CI
Board	0.019	0.017	1.173	0.245	-0.013 ~ 0.052
Roa	5.012	2.965	1.690	0.095	-0.800 ~ 10.824
Growth	0.017	0.276	0.063	0.950	-0.524 ~ 0.559
Tobinq	-0.470	0.330	-1.423	0.159	-1.116 ~ 0.177

注：a. $F(9, 74) = 2.570$，$p=0.012$；

b. $R^2=0.238$，$R^2(\text{within}) = 0.225$；

c. $^{*}p<0.05$，$^{**}p<0.01$。

回归模型（5-29）：

$$PE_{i,t} = \theta_0 + \theta_1 EB + \theta_2 RD_{i,t} + \theta_3 MKT_{i,t} + \theta_4 RD\_MKT_{i,t} + \sum \lambda_i Control_{i,t} + \sum Ind + \sum Year + \varepsilon_{i,t} \quad (5-29)$$

通过表5-48的结果发现，MKT_RD（MKT和RD的交互项）的系数为0.153，p值为0.615，说明高管环保经历（EB）通过制度环境（MKT）和研发投入（RD）对企业绩效产生正向影响，假设H_{25}得以成立。

当交互项MKT_RD的p值不显著时，我们无法完全得出制度环境是否会影响高管环保经历与研发投入之间关系的结论。这可能表明两种情况，一种是无论制度环境如何，高管环保经历对研发投入的影响都是稳定的，不受制度环境的影响。另一种可能性是，可能存在其他未考虑的因素或中介调节变量，它们可能会对这种关系产生影响。

表5-48　制度环境和研发投入的调节效应检验

项	Coef	Std. Err	t	p	95% CI
截距	-0.355	3.279	-0.108	0.914	-6.782 ~ 6.071
EB	0.752	0.277	2.709	0.009**	0.208 ~ 1.295
MKT	-0.233	0.385	-0.604	0.548	-0.987 ~ 0.521
RD	-1.179	2.240	-0.526	0.600	-5.570 ~ 3.211
MKT_RD	0.153	0.303	0.505	0.615	-0.440 ~ 0.746
Gender	0.029	0.408	0.070	0.944	-0.771 ~ 0.829
Age	-0.013	0.023	-0.557	0.580	-0.057 ~ 0.032

表5-48(续)

项	Coef	Std. Err	t	p	95% CI
Degree	0. 272	0. 242	1. 121	0. 266	-0. 203 ~ 0. 747
Board	0. 035	0. 019	1. 818	0. 074	-0. 003 ~ 0. 073
Roa	7. 936	3. 387	2. 343	0. 022*	1. 298 ~ 14. 574
Growth	0. 054	0. 286	0. 189	0. 851	-0. 506 ~ 0. 614
Tobinq	-0. 588	0. 344	-1. 711	0. 092	-1. 262 ~ 0. 086

注：a. F (11, 66) = 2. 524, p=0. 010;

b. R^2=0. 296, R^2(within) = 0. 187;

c. * p<0. 05, ** p<0. 01。

F. 稳健性分析

经过一系列回归模型的检验，本书关于高管环保经历（EB）对研发投入（RD）及企业绩效（PE）的正向影响结论，表现出了可靠的稳健性。在不同的模型设定下，高管环保经历对研发投入的促进作用始终保持显著，系数稳定且具有统计意义。p 值持续低于 0. 05 的显著性阈值，这证明了无论在何种控制条件下，高管的环保意识和过往经历都是驱动企业增加研发投入，致力于绿色技术研发的关键因素。

同时，关于制度环境（MKT）对企业绩效（PE）影响的分析结果也呈现出一致性，在回归模型的检验中，制度环境的改善可能会正面促进企业绩效（PE）的提升，但未能显著提升企业的利润率。这一结论的验证，说明在当前的研究样本和分析框架内，制度环境的优化对直接提升企业财务绩效的作用有限。反映出制度环境变迁到实际经济效果的传导机制较为复杂，或存在一定的滞后效应，抑或是受到其他未被观测变量的干扰。

③研究结论

A. 高管环保经历对企业绩效具有显著正向影响

研究结果显示，广西 A 股上市的资源型企业中，高管团队拥有环保经历的企业在研发投入方面表现出显著的正向效应。这表明具备环保专业知识与实践经验的高管更倾向于推动企业加大在环保技术、清洁生产等方面的研发投入，进而提升企业绩效和营利能力。高管的环保烙印使其对环境问题具有敏锐的洞察力，能够预见未来环保政策走向与市场需求变化，从而引导企业制定环保导向的创新战略，实现经济效益与环境效益的双重提升。

B. 研发投入在高管环保经历与企业绩效之间起到中介作用

本研究发现，高管的环保经历通过驱动企业增加研发投入，间接促进了企业整体经营效率的提高，产品竞争力的增强以及市场声誉的改善，最终转化为企业财务绩效的提升。这表明，环保导向的创新战略是企业实现长期成功的关键因素之一。企业应将环保因素纳入研发策略，以新质生产力为发展方向，不断提升技术创新能力，从而在激烈的市场竞争中保持领先地位。

C. 制度环境在高管环保经历与企业绩效之间起正向调节作用

研究发现，制度环境展现出正向调节的趋势，意味着在更为有利的制度环境下，高管的环保经历对提升企业绩效的正向影响有望得到增强。这一点从理论层面符合预期，因为在良好的制度框架下，环保导向的管理决策更容易转化为实际的经营成果，比如通过政策激励，市场机制的高效运作或是社会对绿色企业的认可度提升等路径。

尽管趋势为正，但本书的数据分析结果显示，这种调节作用并未达到的显著水平。这提示我们，当前制度环境的成熟度或其对企业行为的实际影响力可能尚不足以在统计上显著地放大高管环保经历对企业绩效的正向影响。可能的原因包括制度环境的改善措施执行不足，企业对环保政策响应的滞后性，或是存在其他未被充分考虑的因素干扰了预期的调节效应等。

D. 高管环保经历通过制度环境和研发投入对企业绩效产生正向影响

研究结果显示，高管环保经历对企业绩效具有显著的正向影响，而这一影响过程受到制度环境和研发投入的双重影响。在有利的制度环境下，企业更能有效地将高管的环保理念转化为具体的行动和策略，进而提升企业绩效。同时，研发投入作为技术创新和环保实践的重要支撑，强化了高管环保经历对企业绩效的正向影响。

但制度环境的改善未能显著提升企业的利润率。这一结论说明在当前的研究样本和分析框架内，制度环境的优化对直接提升企业经济绩效的作用有限，可能并不会立即显现效果，也可能受到一些未知因素的影响，导致实际效果与预期存在偏差。

综上所述，本书发现，高管环保经历对企业绩效有着显著的正向作用，并且这种影响是以增加研发投入来具体实现的。这些研究成果不仅拓展了高阶理论与烙印理论在管理学领域的应用，还为企业的高管选拔、人才培养以及环保战略制定等方面提供了有益指导。企业应当重视并积极吸纳具有环保背景的高级人才，将他们的专业知识与实践经验融入企业的决策体系中，以新质生产力推动发展，从而实现经济效益与履行环境责任。

（4）内部激励与约束机制

①变量说明

A. 被解释变量

环境绩效是指环保修复行为所导致的环境运行和环保管理能够达到利益相关者期望的效果。目前，因为中国的环境信息披露不完全，环境经营数据收集难度较大，但环境管理数据披露比较丰富，是具有前瞻性的指标，可以指导公司的环境行为。基于上述考虑，本书参考了余怒涛（2017）和热比亚（2023）的研究，从环境管理、环境战略和环保合规三个方面对环境绩效进行衡量，通过阅读企业年报、社会责任报告对每个指标进行赋值，如果内容中进行了披露，赋予分值1；没有对其进行披露的，赋值为0。在对每一个指标进行赋值后，对所有指标的得分进行加总，得到环境绩效的得分，以此来衡量企业环境绩效，如表5-49所示。

表5-49 环境绩效评价指标赋值

<table>
<tr><th>项目</th><th>具体评价</th><th>计分规则</th></tr>
<tr><td rowspan="5">环境管理</td><td>是否通过ISO14001认证
是否通过ISO9001认证</td><td rowspan="5">披露记1分
未披露记0分</td></tr>
<tr><td>环保教育与培训</td></tr>
<tr><td>环境事件应急</td></tr>
<tr><td>环保专项行动</td></tr>
<tr><td>社会责任报告</td></tr>
<tr><td rowspan="3">环境战略</td><td>环保理念</td><td rowspan="3">披露记1分
未披露记0分</td></tr>
<tr><td>环保目标</td></tr>
<tr><td>环保管理制度体系</td></tr>
<tr><td rowspan="2">环保合格</td><td>“三同时”制度</td><td rowspan="2">披露记1分
未披露记0分</td></tr>
<tr><td>污染物排放达标</td></tr>
</table>

B. 解释变量

高管激励为本书的解释变量，郝清民在研究过程中采用了股权激励、薪酬激励和晋升激励这三个指标，以便更精准地衡量高管激励的强度。宋婷婷（2023）在研究中选择用高管薪酬前三名的总额取自然对数来作为高管薪酬激励的衡量指标，本书主要借鉴该学者的做法。李晓庆（2023）以高管持有股数占公司总股数的比值来衡量高管股权激励，故本书的股权激励用管理层持股比例来表示。研究发现，不同高管的薪酬差距越大，想要晋升的愿望越强烈，所以本书用高管薪酬差距来衡量晋升激励。本书参考了郝清民（2023）在研究用取公司前三名高管的平均薪酬与全体高管薪酬扣除前三名高管薪酬后的平均薪酬的差额的自然对数作为衡量晋升激励的变量。

C. 中介变量

本书采用研发投入作为中介变量，这一变量主要通过搜集和整理国内外相关文献来确定。值得注意的是，大多数学者在计算研发投入时，常常采用研发费用来当作评判标准。本书借鉴了严汉民的研究，将研发支出取对数处理来衡量研发投入强度，记为 RD。

D. 控制变量

通过借鉴周晖（2017）、李紫岩（2022）的研究，选取公司规模、董事会规模、营利能力和股权集中度为控制变量，其中公司规模定义为期末总资产的自然对数，董事会规模的衡量方式为董事会人数取对数，营利能力为净利润与总资产均值之比，股权集中度使用第一大股东持股比例来进行度量。变量定义如表 5-50 所示。

表 5-50　变量定义

变量类型	变量名称	符号	变量定义
被解释变量	环境绩效	EPIN	从环境管理、环境战略、环保合规指标层面赋值
解释变量	薪酬激励	Salary	高管前三名薪酬总额的对数
	股权激励	Share	高管持有股数占总股数的比值
	晋升激励	Promotion	前三名高管平均薪酬-全体高管薪酬扣除前三名高管薪酬后的平均薪酬的差额的对数
中介变量	研发投入	RD	研发支出的对数
控制变量	企业规模	Size	期末资产取对数处理
	董事会规模	Bsize	董事会人数的对数
	盈利能力	Roa	净利润与总资产均值之比
	股权集中度	Top1	第一大股东持股比例

②实证分析

A. 模型设计

本节研究的内容主要分为变量之间关系以及中介效应研究两个部分，按照“激励—行动—目的”的研究范本，对上述模型进行分析验证，再根据上文中理论分析之后所提出的假设，本节构建以下研究模型对本文假设进行一一验证。

a. 高管激励对企业环境绩效有正向显著影响

本节采用三种不同的激励手段分别当作自变量，将环境绩效作为被解释的变量，并将其他变量作为控制变量进行考察。在构建所有研究模型时，特别关注企业规模、董事会规模、盈利能力和股权集中度这四个控制变量的作用，创建了模型（5-30）、模型（5-31）、模型（5-32）。

$$EPIN = \alpha + \beta_1 Salary + \beta_2 Size + \beta_3 Bsize + \beta_4 Roa + \beta_5 Top1 + \varepsilon \tag{5-30}$$

$$EPIN = \alpha + \beta_1 Share + \beta_2 Size + \beta_3 Bsize + \beta_4 Roa + \beta_5 Top1 + \varepsilon \tag{5-31}$$

$$EPIN = \alpha + \beta_1 Promotion + \beta_2 Size + \beta_3 Bsize + \beta_4 Roa + \beta_5 Top1 + \varepsilon \tag{5-32}$$

b. 高管激励对研发投入有正向显著影响

将薪酬、股权及晋升激励分别设定为自变量，研发投入定为因变量，加上控制变量，建造模型（5-33）、模型（5-34）、模型（5-35）。

$$RD = \alpha + \beta_1 Salary + \beta_2 Size + \beta_3 Bsize + \beta_4 Roa + \beta_5 Top1 + \varepsilon \tag{5-33}$$

$$RD = \alpha + \beta_1 Share + \beta_2 Size + \beta_3 Bsize + \beta_4 Roa + \beta_5 Top1 + \varepsilon \tag{5-34}$$

$$RD = \alpha + \beta_1 Promotion + \beta_2 Size + \beta_3 Bsize + \beta_4 Roa + \beta_5 Top1 + \varepsilon \tag{5-35}$$

c. 研发投入对企业环境绩效具有正向显著影响

解释的变量为研发投入强度，被解释的变量为公司环境绩效，放置控制变量，构成模型（5-36）。

$$EPIN = \alpha + \beta_1 RD + \beta_2 Size + \beta_3 Bsize + \beta_4 Roa + \beta_5 Top1 + \varepsilon \tag{5-36}$$

d. 研发投入在影响环境绩效的高管激励过程中具有中介效应

将每个激励方式分开当作解释变量，第二步用研发投入当作另一个解释变量放入模型，然后环境绩效为被解释变量，最后控制变量加入其中，建成模型（5-37）、模型（5-38）和模型（5-39）。

$$EPIN = \alpha + \beta_1 Salary + \beta_2 RD + \beta_3 Size + \beta_4 Bsize + \beta_5 Roa + \beta_6 Top1 + \varepsilon \tag{5-37}$$

$$EPIN = \alpha + \beta_1 Share + \beta_2 RD + \beta_3 Size + \beta_4 Bsize + \beta_5 Roa + \beta_6 Top1 + \varepsilon \tag{5-38}$$

$$EPIN = \alpha + \beta_1 Promotion + \beta_2 RD + \beta_3 Size + \beta_4 Bsize + \beta_5 Roa + \beta_6 Top1 + \varepsilon \tag{5-39}$$

B. 描述性统计分析

假设变量的描述统计结果如表 5-51 所示。

表 5-51 描述统计分析

变量	个案数	最小值	最大值	中位数	均值	标准差
EPIN	1 240	1	11	4	4. 68	2. 444
Share	1 240	6. 711 7	19. 777 1	15. 888 93	15. 562 349	2. 762 328 2
Salary	1 240	13. 273 5	16. 707 2	14. 658 7	14. 719 797	0. 665 341 8
Promotion	1 240	10. 223 2	14. 944 7	12. 480 85	12. 503 691	0. 963 555 4
RD	1 240	14. 848 7	21. 546 7	18. 348 04	18. 367 517	1. 226 952 4
Size	1 240	20. 391 3	26. 365 6	22. 370 42	22. 522 680	1. 254 052 0
Bsize	1 240	1. 609 4	2. 639 1	2. 197 225	2. 127 748	0. 193 889 7
Roa	1 240	-0. 161 5	0. 287 5	0. 051 198	0. 056 467	0. 063 173 0
Top1	1 240	9. 08	65. 92	29. 9	31. 407 935	12. 523 78

首先，关于因变量企业的环境绩效，由表 5-51 不难得知，不同企业之间的环境绩效有所差距，作为环境绩效衡量指标的 EPIN 最大值达到 11，最小值却仅为 1，说明有部分企业环境保护意识不够强，对环境绩效不够重视，此外均值仅为 4. 68，这表明中国资源型公司的环境绩效总体上不太理想。关于高管激励的解释变量，薪酬、股权和晋升激励三个指标的中位数和平均值非常接近，说明企业总体高管激励水平呈正态分布，其中薪酬激励的最大数值和最小数值相差比较小，表明大多数资源型企业都对高管进行了薪酬方面的激励设计；股权激励的最小数值为 6. 71，最大数值为 19. 77，标准值为 2. 76，说明国资源型企业股权激励的实施还存在一定差距，部分公司股权激励的实施力度较小；晋升激励的整体指标相似，说明晋升激励水平呈现正态分布，相对稳定。对于中介变量研发投入，中位数

和平均值非常接近，表明资源型企业的研发投入强度呈现正态分布，且最大数值和最小数值分别为 21.54 和 14.84，标准差是 1.22，表明我国资源型公司的研发方面的创新活动存在一些差异。

最后，在控制变量中，所选公司平均值是 22.52，最小数值 20.39，最大数值 26.36，标准差是 1.25，这表示本文选取的企业规模大小有一点不一样；在董事会的规模方面，最小的数据值是 1.60，最大的为 2.63，标准差是 0.19，说明所选资源型企业董事会的规模大小较为相近；在企业收益方面，收益在-0.16 至 0.28，说明部分公司的收益为负，可见财务负担会对企业的环境绩效产生不同影响；在股权集中水平下，最小的数为 9.08，最大是 65.92，标准差高达 12.52，这表明股权的集中度在我国资源型企业中相差比较大。

C. 相关性分析

相关分析的首要目的是确保回归分析的顺利展开，这是一种统计分析方法，用于初步判断变量之间的相互依赖性。在本节内容中 SPSS Statistics 27 被用作对全部变量数据执行皮尔森相关检验的统计分析工具，以检验变量之间的相互依赖程度以及正向和负向，以此为基础，对结果进行初步的分析；分析结果如表 5-52 所示。

表 5-52 相关性分析

变量名称	EPIN	Share	Salary	Promotion	RD	Size	Bsize	Roa	Top1
EPIN	1								
Share	-.194**	1							
Salary	.312**	-.152**	1						
Promotion	.218**	-.071**	.803**	1					
RD	.334**	-.080**	.421**	.294**	1				
Size	.374**	-.343**	.461**	.295**	.700**	1			
Bsize	.120**	-.105**	.057*	-.057*	.169**	.292**	1		
Roa	.116**	.077**	.250**	185**	.162**	.032	.008	1	
Top1	.065*	-.127**	.018	.030	0.02	.091**	.023	.059*	1

注：***、**、* 分别表示在 1%、5%和 10%的统计水平下显著，下同。

依据表 5-52 可以观察到，在 5%的水平下时，薪酬激励和晋升激励这两个变量在对企业环境绩效的相关性分析过程中系数为正且显著。这表示，管理层的激励越高，环境绩效表现也就越好，初步支持了 H_{26}和 H_{28}。值得注意的是，在 5%的水平下，股权激励与环境绩效的相关系数却呈负且显著，这与本节的假设 H_{27}相违背。为确保变量之间不会具有多重共线的问题，本节进一步展开了 VIF 检验，结果如表 5-53 所示。

表 5-53　多重共线性诊断

Variable	1/VIF	VIF
Share	0. 818	1. 222
Salary	0. 285	3. 509
Promotion	0. 340	2. 942
RD	0. 458	2. 185
Size	0. 370	2. 700
Bsize	0. 888	1. 126
Roa	0. 893	1. 120
Top1	0. 971	1. 030

由表 5-53 可知，每个变量的方差膨胀因子都是没有超过 5 的，故而本研究不具备显著的多重共线性问题，实证分析可以在下一步进行。

D. 回归分析

a. 高管激励与企业环境绩效

为了检验三种激励方式与企业环境绩效的关系，本文分别对回归模型（5-30）、（5-31）、（5-32）进行分析，其结果见表 5-54。模型的拟合效果 R^2的最大数值为 16. 7%，最小数值为 15. 4%，这表示三种模型的拟合效果较好。

模型（5-30）检验了高管的薪酬激励方式影响企业环境绩效，根据分析结果表示，薪酬激励和环境表现绩效存在积极的显著关系，这表示薪酬激励实施强度越大，公司的环境绩效水平也就能够提高，H_{26}被证实。模型（5-31）检验股权激励的作用，实证结果显示 H_{27}未被证实，即高管持有股票数愈多，资源型公司的环境绩效水平愈低。模型（5-32）是晋升激励对环境绩效产生的影响进行检验的结果，显示晋升激励在 1%的水平上对环境绩效产生正向影响，这说明高管晋升激励强度越大，环境绩效水平越高，H_{28}被证实。

实际的结果表明，对于资源型企业来说，股权激励对公司环境绩效的抑制作用与本文期待的结果完全相违背，即对高管执行股权激励并不会提升企业的环境绩效，有可能还会降低其绩效水平。

表 5-54　高管激励与环境绩效回归分析表

变量名称	(5-30)	(5-31)	(5-32)
	EPIN	EPIN	EPIN
Sslary	0.162*** (5.315)		
Share		-0.084*** (-2.984)	
Promotin			0.107*** (3.797)
Size	0.287*** (9.274)	0.336*** (11.597)	0.329*** (11.355)
Bsize	0.026 (0.963)	0.012 (0.443)	0.029 (1.059)
Roa	0.065** (2.387)	0.111*** (4.203)	0.084*** (3.158)
Top1	0.032 (1.228)	0.017 (0.658)	0.027 (1.022)
N	1 240	1 240	1 240
R^2	0.167	0.154	0.158
F	50.705	46.144	47.443
P	0.000	0.000	0.000

b. 高管激励与研发投入

为了验证执行三种激励方式对于研发投入的作用，对模型（5-33）、（5-34）、（5-35）进行了回归，回归结果如表 5-55 所示。模型的拟合效果 R^2 的最大数值为 53.5%，最小数值为 51.5%，这表示这三个模型的拟合效果良好。

（5-33）模型对薪酬激励与研发投入的关系进行了回归验证，结果呈现两者之间为明显正向关系，这表明越高的薪酬激励，企业对于研发活动的投入也就越大。模型（5-34）对股权激励对于研发投入产生的影响进行了验证，结果呈现执行股权激励能够增强企业研发活动的投入力度，二者是正向的。（5-35）模型测试了晋升激励对研发投入的回归关系。依据结果可以得知晋升激励和企业研发的投入存在正向显著，这表示晋升激励的力度越大，公司的研发的投入强度就会更大。

为研究研发投入和环境绩效两者的关系，基于回归模型（5-33）进行分析，见表5-55。根据回归的结果能够得出结论。研发投入与环境绩效在1%的水平上存在明显正向关系，即公司研发投入越多，公司的环境表现绩效就会更好。

表5-55　高管激励、研发投入与环境绩效回归分析

变量名称	(5-33)	(5-34)	(5-35)	(5-36)
	RD	RD	RD	EPIN
Salary	0.085*** (3.659)			
Share		0.165*** (7.920)		
Promotion			0.066*** (3.103)	
RD				0.122*** (3.265)
Size	0.670*** (28.454)	0.766*** (35.630)	0.689*** (31.352)	0.278*** (7.269)
Bsize	-0.031 (-1.493)	-0.037 (-1.837)	-0.028 (-1.327)	0.017 (0.631)
Roa	0.122*** (5.936)	0.127*** (6.489)	0.130*** (6.464)	0.085*** (3.198)
Top1	-0.049** (-2.462)	-0.035 (-1.799)	-0.052*** (-2.295)	0.032 (1.228)
N	1 240	1 240	1 240	1 240
R^2	0.516	0.535	0.515	0.155
F	265.571	285.834	192.810	46.558
P	0.000	0.000	0.000	0.000

E. 中介效应检验

为了对研发投入在解释变量与被解释变量之间发挥的中介效用进行检验，本书在前文的基础上加上了模型（5-33）、模型（5-34）分别进行回归，回归结果如表5-56所示。

本节借鉴了温忠麟等人（2014）的三步法对中介效应进行验证。第一步做自变量与因变量的回归，如果系数是显著的，便接着进行第二步的中介变量跟因变量的回归，如果系数显著，则进一步做自变量和中介变量与因变量的回归，若显著则中介效应存在。

关于薪酬激励，模型（5-26）、模型（5-29）的回归结果显示薪酬激励与环境绩效和研发投入均呈现正面激励影响；在模型（5-33）中，添加研发投入这个中介过后，发现薪酬激励方面的系数从0.162减少到0.153，且为显著，这表示研发投入在薪酬激励与环境绩效之间具有部分中介的作用。也就是说，通过增加对研发活动的投资，对管理层实施薪酬激励能提高企业环境表现能力，H_{29}成立。

对于股权激励，模型（5-27）、模型（5-30）的回归结果表明股权激励与环境绩效呈现负面影响，研发投入与环境绩效是正相关关系；模型（5-34）进一步添加研发投入后，股权激励和研发投入对环境绩效均呈现显著关系，但是研发投入是正向，而股权激励是负向，且股权激励的系数变小，所以研发投入对股权激励与环境绩效可能存在调节效应，即股权的激励可能会通过加大对研发的投入力度来减少对环境绩效的抑制性，所以假设H_{30}未被验证。

关于晋升激励，模型回归结果（5-28）和（5-31）表示高管晋升激励明显正向影响环境绩效和研发投入；将研发投入这个中介添加到模型（5-35）中，晋升激励是正系数，且两个变量都是显著。可以认为，在晋升激励与环境绩效中间，研发投入起到了部分中介的影响。具体而言，资源型企业通过执行晋升激励策略，旨在提高环境绩效，而这一个过程在很大程度上是通过增加研发活动的投入的力度来达成的，假设H_{31}得到验证。

表 5-56（a） 中介效应检验表（1）

变量名称	(5-30)	(5-33)	(5-32)	(5-26)	(5-29)	(5-33)
	EPIN	RD	EPIN	EPIN	RD	EPIN
Salary	0.162*** (5.315)	0.085*** (3.659)	0.153*** (5.015)			
Share				−0.084*** (−2.984)	0.165*** (7.920)	−0.109*** (−3.818)
Promotion						
RD			0.103*** (2.759)			0.307*** (4.042)
Size	0.287*** (9.274)	0.670*** (28.454)	0.218*** (5.489)	0.366*** (11.597)	0.766*** (35.630)	0.218*** (5.314)
Bsize	0.026 (0.963)	−0.031 (−1.493)	0.029 (1.082)	0.012 (0.443)	−0.037 (−1.837)	0.018 (0.656)
Roa	0.065** (2.387)	0.122*** (5.936)	0.052 (1.901)	0.111*** (4.203)	0.127*** (6.489)	0.091*** (3.425)
Top1	0.032 (1.228)	−0.049** (−2.462)	0.037 (1.421)	0.017 (0.658)	−0.035 (−1.799)	0.023 (0.868)
N	1 240	1 240	1 240	1 240	1 240	1 240
R^2	0.167	0.516	0.172	0.154	0.535	0.164
F	50.705	265.571	43.749	46.144	285.834	41.654
P	0.000	0.000	0.000	0.000	0.000	0.000

表 5-56（b） 中介效应检验表（2）

变量名称	(5-27)	(5-30)	(5-34)
	EPIN	RD	EPIN
Salary			
Share			
Promotion	0.107*** (3.797)	0.066*** (3.103)	0.099*** (3.534)
RD			0.111*** (2.956)

表5-56(b)(续)

变量名称	(5-27)	(5-30)	(5-34)
	EPIN	RD	EPIN
Size	0. 329*** (11. 355)	0. 689*** (31. 352)	0. 253*** (6. 530)
Bsize	0. 029 (1. 059)	-0. 028 (-1. 327)	0. 032 (1. 173)
Roa	0. 084*** (3. 158)	0. 130*** (6. 464)	0. 070*** (2. 580)
Top1	0. 027 (1. 022)	-0. 052*** (-2. 295)	0. 033 (1. 240)
N	1 240	1 240	1 240
R^2	0. 158	0. 515	0. 163
F	47. 443	192. 810	41. 241
P	0. 000	0. 000	0. 000

③研究结论

A. 高管薪酬激励和晋升激励正向显著影响资源型企业环境绩效

资源型企业对高级管理人员实施的薪酬与晋升激励计划，对提升环境绩效具有显著作用。随着我国资源型企业薪酬制度的完善，高管薪酬与晋升激励水平趋于均衡，对环境绩效的促进效果日益凸显。将薪酬奖励与企业环境绩效挂钩，建立合理的薪酬制度，能够有效激励高管为环境绩效提升做出更多贡献。

B. 高管股权激励对资源型企业环境绩效有显著的负向影响

回归结果显示，股权激励在一定程度上抑制了环境绩效水平，这可能是因为在中国资源型企业中，股权激励的实施尚不成熟。由于股权比例过高，股东对企业运营和决策具有较大控制力，若缺乏有效的监督和制约机制，便会产生“道德风险”和“机会主义”问题。管理者可能利用职权谋取私利，而非致力于企业的可持续发展，甚至可能做出损害公司环境绩效的行为。

C. 研发投入在高管薪酬激励和晋升激励与环境绩效之间发挥了部分中介作用

研发投入是资源型企业提升环境绩效的重要途径，有助于企业履行环保责任，推动环境保护。实施晋升和薪酬激励能够激发管理者的积极性，促使他们对研发有更长远、清晰的规划，从而加大研发投入，创造更多研发成果，进而减少企业的排放，提升环境绩效。

D. 研发投入在高管股权激励与环境绩效之间并未起到中介作用

实证结果表明，研发投入并非股权激励和环境绩效的中介变量，这可能是因为管理层股权激励对研发投入的传导路径不够通畅。一方面，中国资源型企业股权激励起步较晚，且易受高管个人特征、市场环境等多种因素的影响，导致其优势未能充分发挥。另一方面，在推行股权激励方案的过程中，部分企业出现了一些问题，使股权激励异化为了股权福利，背离了其初衷。因此，高管可能会滥用股权，将研发资金挪用于其他领域，而非环境保护。所以，资源型企业需要设计合理的股权激励措施，引导高级管理人员关注研发活动的投入强度，将其转化为提升环境绩效的动力。

5.4 研究结论

5.4.1 关于绿色转型动力的研究结论

（1）外部环境变化

①环境规制与政策压力

研究结果表明，环境规制对企业环境绩效具有显著的正向影响，这意味着随着环境规制力度的加强，企业的环境绩效水平显著提高（企业的排污费用明显降低）。具体而言，环境规制不仅为企业提供了明确的环境保护方向和行为规范，还通过压力机制促使企业加大在环保技术、管理和设施方面的投入，从而优化其环境治理能力。

第一，命令型环境规制对资源型企业的环境绩效具有显著的正向作用。研究发现，命令型环境规制的力度越大，企业的环境绩效表现越好。命令型规制通过强制性政策法规，如环境排放标准、强制性污染控制措施以及严厉的环保审查程序等，迫使企业优化生产流程，减少污染物排放，提升环境管理水平，从而实现较低的排污费用。这样的直接干预手段为企业的绿色转型提供了明确的政策约束，起到了“倒逼”作用。

第二，市场型环境规制的加强对提升企业环境绩效也具有显著的正向影响。市场型规制通过经济手段引导企业进行绿色发展，如实施污染治理补贴、碳交易制度或环境税收等，激励企业主动降低污染物排放，改善环境表现。研究结果表明，市场型规制力度越强，企业的环保意识和治理能力越高，环保投资回报的正效应也越明显，这有效推动了企业环境绩效的提升。

总体来看，环境规制作为提升企业环境绩效的有效政策工具得到了验证。无论是通过强制性规制（命令型）还是通过经济激励（市场型），环境规制都为企业提供了内外部压力与动力，促使其逐步从高污染的传统发展模式向绿色低碳的可持续发展模式转变。研究结论进一步强调了政府在推动资源型企业绿色转型中的关键作用，表明政府通过合理的环境规制政策设计，不仅能够有效约束企业的污染行为，还能促进企业在绿色技术创新和环境治理能力方面实现更大的突破，为实现经济与生态效益的协同发展提供了重要保障。

②行业特性与市场需求

各行业资源型企业在数字化水平、绿色化发展、企业规模和股权结构等方面存在显著异质性。在数字化方面，电力、热力生产和供应业、石油天然气开采业等行业处于领先地位，主要由于其对智能化管理需求较高；而传统行业如黑色金属冶炼和有色金属矿采选业的数字化水平较低。绿色化方面，水务和能源行业在环保投入和环境绩效上表现优异，而传统高污染行业如煤炭和冶金行业则面临较大转型挑战。企业规模方面，电力、热力生产和有色金属冶炼等行业规模较大，得益于高技术壁垒和政策支持，而资源分散和技术条件较差的行业则规模较小。股权结构方面，资本需求较高的行业如燃气生产和石油开采行业股权集中度较高，有助于资源整合和提高治理效率，而一些技术壁垒较低的行业则股权较为分散。总体来看，数字化和绿色化发展与行业特性密切相关，行业的规模和股权结构差异也为优化资源配置和推动可持续发展提供了重要依据。

各省资源型企业在数字化水平、绿色化发展、企业规模和股权结构等方面表现出显著的省域异质性。广东省的资源型企业在数字化转型上领先全国，这得益于其较强的经济基础和相关政策支持，而广西的数字化水平较低，尽管高于一些欠发达地区，但仍显著落后于发达省份，未来需要加大技术投入，推动数字化转型。在绿色化方面，广西资源型企业表现出较高的环保效率，尽管环保投入相对较少，但其环境绩效仍高于全国平均水平，未来应加大环保投入并加强绿色技术研发。企业规模方面，广东资源型企业规模远超全国平均水平，而广西企业规模较小，但在资源利用和财务绩效上表现较好，未来应通过资本引入和优化资源配置推动规模化发展。股权结构方面，广西与北京一样拥有较高的股权集中度，这有助于提高决策效率，但仍需优化股权结构，引入多元化投资者，提升企业的抗风险能力和市场竞争力。总体而言，广西在多个方面存在提升空间，通过技术创新、资本引导和政策支持，能够缩小与发达地区的差距，提升资源型企业的整体竞争力。

（2）内部环境变化

①高管环保意识与认知

高管环保认知对资源型企业环境绩效的影响。本书通过对高管环保认知的测量，将高管环保认知分为责任型环保认知与机会型环保认知，分别考察了这两种认知对企业环境绩效的作用。研究结果表明，高管的环保认知对资源型企业的环境绩效具有显著的正向影响，且不同类型的环保认知对企业绩效的影响程度存在差异。

第一，研究发现，责任型环保认知和机会型环保认知均与企业环境绩效呈正相关，且均在统计学上显著，证明了高管环保认知在提升企业环境绩效方面的重要作用。特别是，责任型环保认知和机会型环保认知均对环境绩效起到了正向的促进作用，且影响较为显著。进一步分析表明，机会型高管环保认知对资源型企业环境绩效的影响较为直接，而责任型高管环保认知则在更多维度上发挥作用，二者结合能够更全面地推动企业的环保战略。

第二，调节效应分析表明，政府补贴在高管环保认知与企业环境绩效之间的关系中起到了重要的调节作用。特别是在责任型环保认知方面，政府补贴对其影响环境绩效的关系具有显著的正向调节效应，这意味着政府补贴能够进一步增强高管环保认知对企业环境绩效的积极作用。而在机会型环保认知方面，政府补贴的调节效应较弱，但依然具有一定的促进作用。

②企业环境治理行为

企业环境治理行为能够显著提升企业绩效，因而企业采取提高环保意识、增加环保投入、加强绿色生产管理环境治理方面的行为，能够有效提升企业绩效；具体来看，未来愿景、环保投入和废物治理三种企业环境治理行为均对企业绩效具有显著的正向影响：第一，企业的未来愿景对提升企业绩效具有积极作用，绿色发展战略和长远的环保规划，有助于企业增强内部管理的统一性，提高资源配置效率，提升整体绩效。第二，企业的环保投入对提升企业绩效具有积极作用，加大环保资金投入、对员工进行环保培训、更新环保设备等，能够推动企业绿色技术创新和可持续发展，从而有效提升企业绩效。第三，废弃物治理也能显著提升企业绩效，包括污染物排放控制、废弃物回收利用等行为，有助于提升企业的社会形象，减少环境风险，进而提高经济效益。特别是在绿色生产和低碳排放等领域，企业实施废弃物治理的行为不仅符合政府政策要求，还能通过提升企业品牌价值和市场竞争力，带动企业绩效的提升。

5.4.2　关于数字化转型动力的研究结论

（1）外部状态变化

政府补贴对企业环境绩效的影响最为显著，且政府补贴与环境绩效之间存在显著的正相关关系。这表明，政府的环保补助能够有效提升资源型企业的环境绩效。政府补贴为企业提供了充足的资金支持，使企业能够加大环保设施的投资和绿色技术的研发，从而提高其生产过程中的环境管理能力和资源利用效率。此外，政府补贴还伴随着一定的政策激励，如税收优惠和绿色信贷等，进一步降低了企业的环保成本，提高了企业执行环保政策的积极性。因此，政府补贴不仅在资金上支持企业的绿色转型，还在政策层面提升了企业改善环境绩效的积极性和能力。除了政府补贴，其他因素对环境绩效也起到了一定作用。绿色技术创新与环境绩效正相关，表明企业在绿色技术上的创新能力有助于提升环境绩效，但这一影响相对间接，通常需要一定时间才能转化为实际的环保成果。高管的金融背景对环境绩效也存在一定的正向影响，但这一影响较为微弱，且更多体现在企业的资本运作和战略决策层面。总之，政府补贴是推动资源型企业提高环境绩效最关键的动力。

（2）内部状态变化

①企业数字化水平

第一，企业数字化水平与环境绩效之间呈现显著的正相关关系。研究表明，广西资源型企业的数字化水平越高，其环境绩效表现越为优异。这表明企业通过推进数字化技术的应用，可以更高效地整合资源、优化生产流程和提升管理效率，从而有效降低资源浪费和污染排放，进而显著改善环境绩效。数字化技术的深度应用，如智能化监控系统和数据分析工具，能够帮助企业实时追踪和管理污染物排放指标，确保生产活动符合环境规制要求。同时，这种正向关系在稳定性检验后依然成立，进一步验证了研究结果的可靠性与普适性。

第二，企业数字化水平通过内部控制机制间接提升了环境绩效。中介机制检验结果表明，企业数字化转型不仅直接影响环境绩效，还通过显著提高企业的内部控制能力，间接提升了环境绩效。这表明，数字化水平的提高使企业能够更精准地进行内部治理，强化对资源、流程及环境风险的控制。例如，数字化技术可以优化内部信息系统，提高数据的透明性和准确性，帮助管理层快速发现并解决运营中的潜在环保问题，从而提升企业整体环境管理水平。良好的内部控制还可以降低环境违规风险，为企业建立更加规范化和高效的环境治理体系奠定基础。这一传导机制揭示了数字化转型对企业内部治理和环境管理的重要促进作用。

第三，环境规制在企业数字化水平与环境绩效之间起到了正向的调节作用。调节效应检验结果显示，适度的环境规制能够有效增强数字化技术对环境绩效的促进作用。这表明，环境规制不仅为企业设定了明确的环境保护目标和行为规范，还通过外部压力倒逼企业加速数字化转型，提升其绿色化发展能力。例如，严格的排放标准和环保政策可以促使企业更加重视数字化技术在环保领域的应用，如通过物联网设备监控排放量、利用人工智能分析环保数据等，从而实现更高水平的环境绩效。适当的环境规制不仅是对企业环境管理行为的约束，更是对企业绿色创新的激励，使其在数字化转型中实现经济效益与环境效益的双赢。

②绿色技术创新能力

绿色技术创新的回归系数在1%的显著性水平下为正，这清晰地表明绿色技术创新对提升企业环境绩效具有重要的促进作用。通过实施绿色技术创新，企业能够对传统生产工艺和设施进行优化和升级，使得资源利用率得到最大化提升，同时显著降低生产过程中的污染物排放。这不仅使企业在环境保护方面表现更为出色，也使其在应对日益严格的环境规制中占据有利地位。

此外，绿色技术创新还推动了污染控制技术的研发与应用，企业在装备方面的技术水平显著提高，能够更高效地处理污染物排放问题。这种技术的提升使得企业的环境管理更加精细化和科学化，从而提高了企业的整体环境管理效率。与此同时，由于污染治理效率的提升，企业的环境管理费用也得到了更为合理的控制，进而实现了更高效、更可持续的运营。

更重要的是，绿色技术创新不仅仅是一种环保行为，还可以成为企业竞争力的重要组成部分。通过引入绿色技术，企业可以提高产品的环保属性，满足消费者对绿色产品日益增长的需求，同时提升企业在行业中的声誉与影响力。综上所述，绿色技术创新在降低污染、提升环境绩效以及增强企业综合竞争力方面均发挥了显著的作用，从而验证了研究假设的正确性。

③高管环保实践经验

第一，高管环保经历对企业绩效具有显著正向影响。高管团队拥有环保经历的企业在研发投入方面表现出显著的正向效应。这表明具备环保专业知识与实践经验的高管更倾向于推动企业加大在环保技术、清洁生产等方面的研发投入，进而提升企业绩效和营利能力。高管的环保烙印使其对环境问题具有敏锐的洞察力，能够预见未来环保政策走向与市场需求变化，从而引导企业制定环保导向的创新战略，实现经济效益与环境效益的双重提升。

第二，研发投入在高管环保经历与企业绩效之间起到中介作用。高管的环保经历通过驱动企业增加研发投入，间接促进了企业整体经营效率的提高，产品竞争力的增强以及市场声誉的改善，最终转化为企业财务绩效的提升。这表明，环保导向的创新战略是企业实现长期成功的关键因素之一。企业应将环保因素纳入研发策略，以新质生产力为发展原动力，不断提升技术创新能力，从而在激烈的市场竞争中保持领先地位。

第三，制度环境在高管环保经历与企业绩效之间起正向调节作用。制度环境展现出正向调节的趋势，意味着在更为有利的制度环境下，高管的环保经历对提升企业绩效的正面影响有望得到增强。这一点从理论层面符合预期，因为在良好的制度框架下，环保导向的管理决策更容易转化为实际的经营成果，比如通过政策激励，市场机制的高效运作或是社会对绿色企业的认可度提升等路径。尽管趋势为正，但本书的数据分析结果显示，这种调节作用并未达到的显著水平。这提示我们，当前制度环境的成熟度或其对企业行为的实际影响力可能尚不足以在统计上显著地放大高管环保经历对企业绩效的正面影响效果。可能的原因包括制度环境的改善措施执行不到位，企业对环保政策的响应滞后，或是存在其他未被充分考虑的因素干扰了预期的调节效应等。

第四，高管环保经历通过制度环境和研发投入对企业绩效产生正向影响。高管环保经历对企业绩效具有显著的正向影响，而这一影响过程受到制度环境和研发投入的双重影响。在有利的制度环境下，企业更能有效地将高管的环保理念转化为具体的行动和策略，进而提升企业绩效。同时，研发投入作为技术创新和环保实践的重要支撑，强化了高管环保经历对企业绩效的正向影响。但制度环境的改善未能显著提升企业的利润率。这一结论说明在当前的研究样本和分析框架内，制度环境的优化对直接提升企业经济绩效的作用有限，可能并不会立即显现效果，也可能受到一些未知因素的影响，导致实际效果与预期存在偏差。

综上所述，本书揭示了高管环保经历对企业绩效的显著正向影响，以及其通过增加研发投入来提升企业绩效的具体路径。这些发现丰富了高阶理论与烙印理论在管理学领域的应用，也为企业的高管选拔，人才培养以及环保战略制定等提供了实践指导。企业应注重吸纳具有环保背景的高级人才，将其专业素养与实践经验融入企业的决策过程，以新质生产力为发展方向，响应国家生态文明建设的战略号召，实现经济效益提升与环境责任的履行。

④内部激励与约束机制

第一，高管薪酬激励和晋升激励正向显著影响资源型企业环境绩效。资源型企业对高级管理人员执行薪酬和晋升的激励计划对环境绩效的提高有明显帮助，这是因为随着我国资源型企业薪酬制度与结构的完善，我国高管薪酬和晋升激励的水平相对均衡，管理层薪酬和晋升激励对环保业绩的推进效果也不断显现。通过将薪酬奖励与企业环境绩效挂钩的方式，建立合理的薪酬制度，能够促使高管为环境绩效做出更多的贡献。

第二，高管股权激励负向显著影响资源型企业环境绩效。股权激励对环境绩效水平起到了抑制的作用，这或许是因为股权激励在中国资源型企业的运用方案可能还不熟练，由于股权水平过高，股东对企业运营和决策的控制力大，在缺乏有效监督和制约机制的情况下，会产生“道德风险”和“机会主义”问题，管理者利用权力为个人谋求利益，而非为企业的可持续发展做出规划和决策，有可能会做出损害公司的环境绩效的行为。

第三，研发投入在高管薪酬激励和晋升激励与环境绩效中间起到了部分中介的作用。研发投入是资源型企业提升环境绩效的一个重要途径，能够使企业履行环境保护的社会责任，促进环境保护。实施晋升和薪酬激励可以激发管理者的劳动热情，促使他们对研发有一个长远而清晰的认识，进而增加研发活动的投入，创造更多研发成果，进而降低排放，提升企业环境方面绩效。

第四，研发投入在高管股权激励与环境绩效之间并不具有中介作用。实证结果证实，研发投入不是股权激励和环境绩效的中介，或许是由于管理层股权激励作用于研发投入的传导路径不通畅。中国资源型企业股权激励起步相对较晚，甚至还可能受到高管个人特征、市场环境等多种因素的影响，导致股权激励的优势没有显现出来。另外，我国资源型企业在推行股权激励方案的过程中造成了一些问题，导致股权激励变成股权福利，偏离了设置股权激励的初衷。由此，高管可能会滥用股权，将研发资金用于其他领域而非环境保护。所以资源型企业需要设计适合的股权激励措施，来引导高级管理人员关注研发活动的投入强度，从而将其转化为环境绩效的原动力。

6 数字化背景下广西资源型企业绿色转型路径与政策体系构建

6.1 广西资源型企业绿色转型路径

6.1.1 强化环境规制，构建政策协同压力机制

首先，针对广西资源型企业的高污染行业特性，本书进一步细化了命令型规制执行策略。具体而言，本书重点聚焦于钢铁、有色金属冶炼、化工等关键领域，严格制定并执行环境排放标准与环保审查程序。例如，针对钢铁企业的废气排放，本研究设定了更为精确的二氧化硫、颗粒物减排指标，并强制要求安装智能监控设备，以实现排放数据的实时追踪。对于新建项目，强化了环保前置审查，从生产工艺设计的源头把控污染产生环节，倒逼企业优化生产流程，采用清洁生产技术，降低污染物排放基数，提升环境管理的精细化水平。

其次，创新性地应用市场型规制，推广污染治理补贴、碳交易、环境税收等经济手段，以契合广西资源型企业的实际发展需求。针对环保投入大但资金紧张的企业，如小型化工企业柳化股份，本书提出发放专项污染治理补贴，以支持其更新污水处理设备、引入废气净化技术。同时，本书建议构建区域性碳交易平台，鼓励能源、钢铁等碳排放大户参与碳交易，通过市场机制引导企业主动减排，将碳排放权转化为经济杠杆，推动企业提升环保治理效率。此外，本书还提出合理设定环境税收，对高污染、高能耗企业加征环保税，对绿色转型成效显著的企业给予税收减免，激励企业从被动治污转向主动绿色发展。

最后，本书提出差异化政策适配省域发展的策略。结合广西与发达省份在数字化、绿色化等方面的省域异质性，本研究制定了差异化环境政策。与广东等数字化领先地区相比，针对广西资源型企业数字化水平低的现状，本书建议出台政策鼓励企业引入数字化环保监测、管理系统，并对购置智能化环保设备的企业给予资金补贴与技术指导。在绿色化发展方面，本书利用广西资源型企业环保效率相对较高的优势，加大对本土绿色技术研发的扶持，设立专项基金，支持高污染行业探索重金属污染防治、尾矿资源化利用等特色技术突破，缩小与发达地区绿色转型差距，推动区域资源型产业协同升级。

6.1.2　提升高管环保认知，完善激励约束体系

首先，针对多维强化环保认知培育，可以通过定制化培训、行业交流、案例警示等策略，促进广西资源型企业高管的责任型与机会型环保认知的融合。通过组织高管参与绿色转型专题培训，邀请行业专家解读最新环保政策、前沿绿色技术，例如新能源在资源开发中的应用、循环经济模式的实践，从而提升高管对绿色发展的责任认知。此外，开展跨区域交流考察，借鉴发达地区资源型企业绿色转型的成功案例，如先进企业如何通过环保升级实现降本增效、提升市场竞争力，引导高管识别绿色转型的市场机会，并将环保战略深度整合至企业长远规划中。同时，通过环保违规受罚、生态破坏追责的负面案例，强化高管的环保风险意识，从而在多维度上巩固环保认知基础。

其次，为优化激励约束机制设计，建议完善薪酬与晋升体系，将环境绩效指标深度融入高管考核。针对资源型企业高管，应设定具体可量化的环保考核项，如污染物减排率、环保投资完成率、绿色技术创新成果等，并将其与薪酬直接关联，根据环境绩效表现给予奖金奖励或薪酬调整。在晋升评估中，应优先考虑那些推动企业绿色转型成效显著的高管，并赋予其更多的管理权限与资源调配权。同时，规范股权激励设计，合理控制股权比例，以避免因股权过度集中而引发的“机会主义”行为。建立股权激励与环保目标联动机制，例如在企业实现阶段性绿色转型目标后，逐步兑现股权奖励，引导高管长期关注企业环保投入与可持续发展。

最后，精准引入专业环保人才，以满足广西资源型企业绿色转型的需求。通过定向引入具有环保背景、绿色产业经验的高管人才，从环保科技

企业、科研院所、行业协会等渠道挖掘熟悉资源型产业污染治理、绿色技术创新的专业人才，以充实高管团队。利用其专业“烙印”效应，凭借对环保政策、技术趋势的敏锐洞察，引导企业提前布局绿色技术研发，如在有色金属矿采选企业推广尾矿资源化利用技术研发项目，在能源企业探索清洁生产工艺升级路径，将外部环保专业知识转化为企业绿色转型决策力，推动环保研发投入与实践落地。

6.1.3 加大环保投资，推进绿色技术创新

首先，针对广西资源型企业的钢铁、有色金属等高污染行业，应持续扩大环保投资规模，并明确资金投向与重点治理环节。在钢铁企业中，重点支持废气脱硫脱硝、废水循环利用设施的升级，例如柳钢股份可加大对烧结机烟气脱硫脱硝系统的改造投入，以提高脱硫脱硝效率，降低大气污染物排放；同时，对炼钢、轧钢环节的工业废水处理工艺进行升级，实现水资源的梯级利用与循环回用。对于有色金属开采冶炼企业，应聚焦矿区废水处理、重金属污染防治，例如华锡有色应加大对矿山废水处理站的建设与运营投入，引入先进的重金属吸附、分离技术，以减少废水污染；同时，推进固体废弃物综合利用项目投资，将尾矿、冶炼渣转化为建筑材料、工业原料，以提升资源利用率，降低固废堆存环境风险。

其次，转变环保投资重心，从末端治理向清洁生产、源头减排转移，增加绿色技术创新投入。鼓励资源型企业在生产工艺设计阶段融入环保理念，例如煤炭企业探索井下充填开采技术，以减少地表沉陷与矸石排放；有色矿采选企业研发生物浸出、高效选矿技术，以降低选矿药剂使用量与废水产生量。加大对数字化环保技术的投资应用，引入智能化监控系统，实时采集、分析生产环节的污染数据，精准定位高污染工序，为工艺优化、减排措施制定提供数据支撑。推动企业与科研院校合作，共建绿色技术研发中心，围绕广西资源型产业特色污染问题，如喀斯特地区矿山生态修复、湿热气候下工业废气治理等，开展联合攻关，加速绿色技术创新成果转化。

最后，保障投资的持续性与系统性，借鉴绿城水务等企业环保基础设施建设经验，建立资源型企业环保投资长效机制。政府通过财政补贴、专项基金等方式，引导企业规划环保投资周期，避免资金投入大幅波动。对持续开展绿色转型的企业，给予分阶段资金支持，例如项目启动期给予设

备购置补贴，运营期给予运维费用补贴，激励企业长期坚持环保投入。推动企业编制环保投资规划，将废气治理、废水处理、固废利用等项目纳入整体规划，明确年度投资计划与预期成效，实现环保投资的系统性、协同性，确保污染治理效果稳定提升，助力企业从“被动治污”向“主动绿色发展”转变。

6.1.4 加速数字化转型，深化环境精细管理

首先，聚焦广西资源型企业在电力、水务等数字化领先行业的经验提炼与推广，深化智能化管理实践。以桂冠电力为例，该企业通过部署物联网传感器实时监测电厂废气和废水排放数据，并结合大数据分析模型预测污染物排放趋势，从而提前调整生产负荷及污染治理设施的运行参数，实现精准减排。绿城水务则依托数字化管理平台，对全市污水处理厂的进水水质、处理工艺及出水达标情况进行实时监控与智能调度，并将此经验推广至钢铁、化工等行业，助力企业构建生产-污染治理一体化的数字化平台，整合生产与环保管理数据，提升环境管理的协同性。

其次，针对广西资源型企业中重工业（如钢铁、有色金属冶炼）数字化转型滞后和技术驱动不足的问题，本书提出加强数字基础设施建设的策略。政府应出台政策，支持企业购置工业互联网设备和搭建私有云平台，以打破生产环节的数据壁垒。以柳钢股份为例，该企业可在烧结、炼铁、炼钢等关键工序部署智能传感器，采集温度、压力、污染物浓度等数据，并利用人工智能算法优化生产工艺，减少能源消耗和污染物产生；同时，建立数字化环保管理系统，集成环保设施运维、污染排放监测、环保绩效评估等功能，实现环保管理流程化和标准化，提升内部控制能力及环境绩效。

最后，应认识到深化数字化与环保融合的重要性，并发挥环境规制对数字化转型的正向调节作用，引导企业将数字化技术与环保治理深度融合，以实现“技术减碳”目标。政府应出台专项政策，鼓励企业开展“数字化+环保”创新应用试点，并对采用数字化技术实现显著减排的企业给予资金奖励。例如，能源企业可利用区块链技术构建碳排放数据溯源系统，精准核算碳排放总量及来源，为碳交易和碳减排提供可信数据支持；化工企业则可运用数字孪生技术模拟生产过程中的污染扩散路径，优化废气收集和废水处理设施布局，提高污染治理效率，推动广西资源型企业通

过数字化转型，实现环境管理的精细化和绿色发展的可持续化。

6.1.5 优化行业结构，促进绿色协同发展

首先，促进弱势产业的整合与升级针对广西资源型企业的传统制造业（如两面针）和小型化工企业（如柳化股份）存在的环保投入不足、规模较小、治理能力较弱等问题，通过行业整合和资本引入来优化企业规模与结构。政府应构建产业整合平台，引导同类型的小企业自愿联合，形成产业联盟或集团公司，统一环保治理标准，共享环保设施。鼓励大型资源型企业通过并购、参股等手段，整合小型化工和传统制造企业，注入资金、技术和管理经验，以提高污染治理能力。例如，柳钢股份可以利用自身的环保技术、资金优势，整合区域内小型冶金配套企业，统一进行废气、废水的集中处理，从而降低整个行业的污染排放水平。

其次，利用股权优势优化治理结构鉴于广西资源型企业的股权集中度较高的特点，应引入多元化的投资者以优化企业治理结构。吸引绿色产业基金、环保科技企业、社会资本等参与企业股权融资，并在董事会中增加具有环保专业背景的独立董事席位，以强化绿色转型决策的监督和专业指导。推动企业建立“绿色治理”决策机制，在项目投资、生产运营等关键环节充分考虑环保因素。例如，在资源开发项目审批中，要求独立董事提供环保评估意见，引导企业从源头规避高污染、高风险项目，从而增强绿色转型的抗风险能力和决策的科学性。

最后，引导行业差异化协同转型结合广西资源型产业的市场需求和行业异质性，制定差异化的绿色转型引导政策。支持能源行业（如广西能源）增加清洁能源（如风电、光伏、水电）的开发比重，减少对火电的依赖，构建“清洁发电+智能电网+储能配套”的绿色能源体系；推动有色金属行业（如华锡有色）专注于重金属污染防治技术的突破，开展尾矿资源化利用、冶炼废气回收制酸等项目，实现“污染减排+资源增值”；鼓励日化企业（如两面针）探索低碳生产工艺，推广绿色包装、植物提取技术，开发环保型产品，以满足市场对绿色消费的需求。通过行业差异化协同，构建广西资源型产业的绿色发展生态，提升整体竞争力。

6.2 数字化背景下广西资源型企业绿色转型政策体系

6.2.1 地方配套政策

研究发现，企业数字化水平与环境绩效之间存在显著的正相关关系。通过数字化技术的深度应用，企业能够优化内部控制机制、提升绿色技术创新能力，并在环境规制的正向调节作用下显著推动绿色化发展。这一研究结果为地方政府制定系统化的绿色转型政策提供了重要依据。作为数字化与绿色化发展的推动主体，地方政府需要从职能定位、激励政策、实施路径以及高管环保实践经验的支持等方面进行全面设计与推动，为广西资源型企业的绿色转型提供全方位支持。

（1）明确职能定位统筹转型方向

在推动数字化与绿色转型的过程中，地方政府扮演着政策执行的关键角色，需明确自身定位并积极履行多重职能。

第一，地方政府应注重统筹协调，制定全面的区域性发展规划。在数字化背景下，资源型企业的绿色转型不仅需要企业自身的努力，更需要政府层面的规划和资源整合。地方政府应将数字化与绿色发展目标纳入区域经济发展战略，形成以绿色转型为核心的区域性发展规划。通过综合考虑资源禀赋、产业基础和环境承载能力，明确不同行业的绿色发展方向，推动区域内企业按照科学的绿色转型路径实施具体行动。

第二，地方政府需强化政策引导作用。在数字化与绿色化的结合过程中，政策引导是企业转型的重要推动力。地方政府需完善相关政策体系，如鼓励数字化技术的推广与应用，支持企业引入智能化生产设备和绿色技术；同时，在政策中注重区域经济特点和产业实际需求，避免政策“一刀切”或缺乏实用性，确保政策能够在不同类型企业中实现精准落地。

第三，加强监督管理，建立健全法规标准体系。数字化技术的快速发展对环境监管提出了新的要求，地方政府应通过制定完善的法规与标准，为企业绿色转型提供制度保障。具体措施包括明确污染排放标准、数字化生产工艺要求以及绿色技术应用规范。特别是在广西这样的资源型企业集中的区域，建立严格且灵活的排放标准，能够有效缓解经济发展与环境保护之间的矛盾。同时，地方政府应通过数字化监管平台对企业排放行为进行动态监测，实现精准管理。

第四，地方政府应扮演资源协调者的角色。在推动资源型企业绿色转型的过程中，不同部门之间的资源协调和信息共享至关重要。地方政府需通过加强跨部门合作，整合财政、土地、技术支持等多方面资源，为企业提供全方位支持。例如，结合广西资源型企业的特点，建立“数字化+绿色化”转型专项基金，并通过简化行政审批流程提升政策执行效率。

（2）优化激励机制推动技术创新

绿色技术创新是推动资源型企业绿色转型的重要抓手，而数字化技术则是实现这一目标的核心工具。为了激发企业在数字化与绿色技术创新方面的积极性，地方政府需通过多维度的政策激励手段形成良性循环。

第一，通过财政激励政策推动企业技术研发。研究表明，绿色技术创新能够显著改善企业环境绩效，而财政支持是企业绿色技术研发的主要动力之一。地方政府可以设立专项资金，为企业研发绿色生产工艺和引入智能化环保技术提供资金保障。例如，政府可向污染控制技术的开发、清洁能源设备的推广、物联网监控技术的引入等项目提供专项补贴。同时，通过降低绿色技术研发的融资成本，解决企业在技术创新中面临的资金难题。

第二，实施税收优惠政策，降低企业转型成本。地方政府可针对资源型企业实施差异化税收政策，如对投入绿色技术研发的企业提供税收减免，对绿色转型成效显著的企业实施所得税优惠政策等。这些税收优惠措施不仅可以降低企业转型成本，还能够有效激励企业加大数字化技术的引入力度。

第三，构建创新激励体系，促进企业技术能力提升。地方政府可以通过组织创新竞赛、评选优秀技术项目等方式，营造良好的创新氛围，提升企业参与绿色技术研发的积极性。比如，设立“广西数字化绿色创新奖”，表彰在绿色转型和数字化应用方面表现突出的企业和个人，从而形成示范效应，推动更多企业参与技术创新。

第四，对企业高管与员工的能力建设提供政策支持。地方政府需结合研究中揭示的数字化技术提升内部控制能力的结论，提供专项培训资金支持，通过大数据、云计算和物联网等技术培训，增强企业员工的数字化能力和绿色管理意识。针对高管团队，地方政府可引入国际先进的绿色管理经验，帮助企业在管理层面建立数字化转型与绿色发展的全局战略思维。

（3）赋能环境治理完善实施路径

数字化技术的深度应用能够有效提升企业的环境治理能力，但如何将数字化技术转化为治理成绩，需要地方政府提供具体的实施路径。

第一，部署基于物联网的污染监控系统，实现精准化监管。地方政府应推动企业部署物联网设备，用于实时监测污染物的排放数据。例如，通过传感器网络收集企业生产过程中产生的废气、废水和固体废弃物数据，并将这些数据上传至地方环保管理平台，实现对污染排放的动态监测和精准控制。

第二，推动智能化生产体系建设，提升资源利用效率。地方政府可支持企业引入智能制造技术，通过生产过程中的智能优化，降低原材料和能源消耗。例如，在广西传统矿业企业中，通过数字化手段优化采矿流程，可以大幅减少能源损耗和废弃物产生，实现高效低碳的生产模式。

第三，建设区域性环保数据共享平台，提升治理效率。在数字化背景下，地方政府可以搭建覆盖全区域的环保数据共享平台，将企业环境绩效数据与政策实施效果相结合，形成数字化监管与政策调整的闭环机制。该平台不仅可以用于监测企业的环境绩效，还能够为政府制定更具针对性的绿色转型政策提供数据支持。

（4）强化高管引领提升实践能力

高管的环保实践经验对于推动企业环境绩效的提升具有重要意义。地方政府在这一过程中应发挥以下作用：

第一，设立专项奖励，鼓励高管团队参与绿色实践。地方政府可以通过设立绿色企业奖项或高管环保奖励金，推动企业高管团队将环保实践经验转化为具体行动。比如，表彰在绿色转型中表现突出的企业领导者，通过榜样作用带动更多高管重视绿色发展。

第二，组织高管环保培训项目，提升战略决策能力。地方政府可以通过与高校和研究机构合作，为企业高管团队提供专项环保培训课程，将绿色管理与数字化战略融入培训内容。例如，培训内容可以涵盖全球绿色转型趋势分析、数字化技术在环境治理中的应用案例、环境管理绩效指标设定等。

第三，优化制度环境，为高管环保实践提供保障。研究表明，制度环境能够为高管环保实践提供强有力的支持。地方政府应通过政策激励和法规完善，为高管在企业内部推广环保战略创造更为有利的条件。例如，地方政府可以制定高管绿色转型考核机制，将高管环保实践成果纳入企业绩效考核体系，确保绿色管理理念在企业中的有效落实。

总之，数字化背景下地方政府在推动广西资源型企业绿色转型过程中，发挥着规划引导、政策设计和资源协调的重要职能。地方政府应通过明确职能定位、激励技术创新、优化实施路径以及支持高管环保实践，为广西资源型企业的绿色转型注入强劲动力。这不仅有助于提升企业的环境绩效和竞争力，也为区域经济的可持续发展奠定了坚实基础。

6.2.2 区域协同政策

在数字化与绿色转型日益融合的背景下，区域联动机制成为推动广西资源型企业实现绿色发展的重要支撑。研究发现，数字化技术的广泛应用不仅能够显著提升企业的环境绩效，还能通过增加区域间政策、技术、产业链和监管的互动，促进资源型企业在更大范围内形成协同效应。为此，必须构建涵盖政策联动、技术资源共享、产业链深度协作及跨区域监管互通的综合联动机制，充分发挥数字化赋能绿色发展的作用，助推区域经济的高质量可持续发展。

（1）区域政策联动促进数字化与绿色化融合

政策联动是区域联动机制的基础。在广西资源型企业绿色转型的过程中，地方政策之间的联动性与协调性直接决定了转型效果。数字化背景下，区域政策的制定需要跳出传统的区域分割格局，通过政策的联动推动数字化与绿色化的深度融合。

第一，强化区域政策的统一性和互补性。广西各地市在资源禀赋、产业结构和数字化发展水平方面差异较大，这要求地方政府通过联合制定政策，明确绿色转型的共同目标与实施路径。例如，广西北部湾地区可通过统筹数字化技术应用与绿色发展目标，联合制定以环保、节能减排为核心的政策；桂西资源丰富地区则需制定专门的政策激励机制，推动传统产业向数字化、绿色化方向升级。统一的政策能有效减少区域间政策冲突，提高资源型企业执行政策的效率。

第二，建立区域间政策协调机制。政策协调是确保资源型企业在数字化和绿色转型过程中避免重复投入、资源浪费的重要手段。广西各地政府应建立区域间的政策协调委员会，定期召开联席会议，交流政策执行中的难点与重点，分享各地的成功经验与典型案例。例如，在节能减排政策的实施中，区域间可通过共享企业绿色转型的绩效考核标准，确保政策执行的一致性。

第三，探索差异化政策扶持机制。广西各区域的资源禀赋决定了政策制定需要因地制宜。例如，针对重工业企业集中的地区，可以加大对清洁生产技术的资金扶持力度；而轻工业或农业主导地区则应重点支持绿色技术与数字化工具的融合应用。此外，政府可以联合设立“区域绿色转型专项基金”，通过跨区域资金调配的方式，解决单一地区政策扶持资金不足的问题，推动企业绿色转型目标的实现。

（2）技术资源共享助力数字化与绿色化创新

技术资源共享是区域联动机制的核心。在数字化背景下，技术创新的区域化合作是推动资源型企业绿色发展的重要路径。广西资源型企业绿色转型的关键在于，如何通过区域间技术资源的共享，降低企业技术创新的成本，提高绿色技术的研发效率。

第一，建立跨区域技术研发平台。数字化技术的快速发展需要依托区域间的联合研发平台，通过集成优势资源，共同攻克绿色技术领域的难题。例如，广西可以依托南宁的科技创新优势，联合柳州、玉林等工业城市，建立区域性绿色技术创新平台。在这一平台上，各区域企业可以共享物联网、大数据、人工智能等数字化技术在环保领域的应用成果，共同开展绿色生产工艺、清洁能源技术的研究。

第二，加强技术成果的推广与应用。研究表明，绿色技术创新对环境绩效的提升具有显著作用，但其推广和应用仍然面临成本高、周期长等问题。广西各区域应加大技术推广的力度，通过政府主导的方式，将先进的数字化绿色技术成果向更广范围的企业扩散。例如，通过举办区域绿色技术博览会、技术推广会等活动，推动企业间技术合作的达成；或者通过设立数字化技术示范区，集中展示先进技术在绿色转型中的应用效果。

第三，构建区域技术支持体系。为降低企业技术创新的门槛，广西各地政府可联合建立区域性技术支持体系，为企业在技术研发和应用过程中提供咨询、培训和专业支持。例如，依托区域技术支持体系，为企业提供环保设备的选型建议、污染物排放数据的监测方案等具体服务；或者通过整合高校与科研机构的资源，为企业提供绿色技术研发的技术指导和人才支持。

(3) 产业链深度协作推动绿色化与数字化升级

产业链协作是区域联动机制的纽带。广西资源型企业的绿色转型不仅需要单一企业的努力，更需要通过区域间的产业链协作，推动整个产业生态的升级。

第一，铺设区域间绿色产业链合作网络。广西各区域应根据资源优势与产业特点，铺设分工明确、优势互补的绿色产业链合作网络。例如，在桂东的有色金属产业链中，上游企业可以提供绿色原材料，中游企业负责绿色加工技术的开发与应用，而下游企业则注重绿色产品的推广与销售。通过这种分工协作的方式，提升整个产业链的绿色化水平。

第二，推动上下游企业的数字化协作。数字化技术能够显著提高产业链上下游企业之间的协作效率。广西各地政府可通过推广供应链管理系统、物联网追溯技术等数字化工具，推动产业链上下游企业之间的数据共享与协同管理。例如，通过智能供应链系统，实时追踪产品从原材料到成品的流通过程，确保产业链各环节的绿色生产标准得到严格执行。

第三，探索产业链协作的创新模式。在数字化背景下，广西可通过区域间合作，探索产业链协作的新模式。例如，推动跨行业的产业链协作，将传统制造业与清洁能源产业有机结合，形成绿色发展新业态；或者通过建立区域性的绿色供应链联盟，推动企业之间形成更紧密的合作关系，实现资源的高效利用和环保目标的共同达成。

(4) 跨区域监管互通强化绿色化与数字化治理

跨区域监管互通是区域联动机制的保障。随着资源型企业绿色转型的深入，跨区域监管的重要性日益凸显。数字化技术为监管的动态化、精准化提供了技术支撑，跨区域监管的互通机制则是确保企业绿色转型取得实效的关键。

第一，建立区域性环保数据共享平台。广西各地应联合搭建区域性环保数据共享平台，通过整合企业排放数据、环境绩效数据和政策执行数据，为跨区域监管提供统一的数据支撑。例如，通过共享企业的污染物排放数据，可以及时发现跨区域污染问题，并通过区域联动的方式进行解决。

第二，推动区域间环境规制的协调化。研究表明，环境规制在推动企业绿色转型中具有重要作用，但不同区域间规制水平的差异可能导致“污染转移”等问题。广西各地政府应加强环境规制的协调化，通过制定跨区域的统一规制标准，确保不同地区企业在绿色转型中受到相同的环境要求规范。

第三，利用数字化技术提升监管效率。数字化技术的应用能够显著提升监管的效率和精准度。例如，通过无人机巡查、卫星遥感监测等技术手段，实现对企业生产活动的实时监控；或者通过人工智能算法，对企业排放数据进行异常检测，及时发现潜在的环境违规行为。

第四，构建区域间的执法联动机制。为了有效应对跨区域环境问题，广西各地政府需建立执法联动机制。例如，在跨区域的环境污染事件中，各地政府可通过联合执法行动，共同查处违法企业；或者通过建立区域性的环保法庭，加快跨区域环境案件的审理进程。

总之，数字化背景下广西资源型企业绿色转型的区域联动机制，是推动区域经济高质量发展的重要抓手。通过区域政策联动、技术资源共享、产业链深度协作及跨区域监管互通，广西能够有效整合资源、提升效率、优化环境，为资源型企业的绿色转型提供坚实支撑。这不仅是实现区域可持续发展的重要路径，也是广西在数字化与绿色化融合背景下探索高质量发展的重要实践。

6.2.3 国家宏观政策

国家宏观政策在推动广西资源型企业绿色转型与数字化发展的过程中起到了统筹规划、资源整合和方向引导的关键作用。研究表明，企业的数字化转型不仅能够优化内部控制和提升环境绩效，还能通过绿色技术创新和环境规制的协同作用进一步推动绿色发展。为此，国家应以系统化、精准化的政策设计为核心，从政策框架、财政支持、数字化技术赋能，以及对高管环保实践的引导等方面，全面助力广西资源型企业在数字化背景下实现绿色转型目标。

（1）构建政策框架统筹数字化与绿色转型

在数字化与绿色化的协同发展过程中，国家宏观政策需明确统筹规划的总体框架，从顶层设计出发，将数字化转型与绿色发展纳入国家整体发展战略之中。

第一，明确国家政策的总体方向和指导原则。国家层面需从发展数字经济和推动生态文明建设的双重视角，提出具体的战略目标和政策路径。通过将数字化技术作为实现绿色转型的关键工具，国家可以确保资源型企业在转型过程中同时满足经济效益与生态效益的双重要求。例如，在国家政策框架中，明确将绿色低碳和数字智能作为工业转型升级的核心方向，为地方政府和企业提供具体的政策依据。

第二，建立跨部门协调机制，提升政策的执行力。数字化与绿色化的结合需要跨部门协同配合，例如工业和信息化部、生态环境部、科技部等部门需联合出台针对资源型企业的数字化与绿色转型专项政策，确保政策的一致性和协同性。通过成立国家级的数字绿色发展协调委员会，可以推动政策的高效落实，并为地方政府和企业提供系统性的政策支持。

第三，强化政策监督与评估体系，确保政策有效性。国家需建立动态评估机制，定期对数字化与绿色化政策的实施成效进行审查，并根据实际情况调整政策方向。例如，通过构建国家级的绿色转型绩效评估指标体系，可以为资源型企业提供清晰的转型指引，并帮助政府精准识别政策执行中的短板。

（2）提供财政补贴激励技术创新升级

财政支持是推动资源型企业数字化与绿色转型的重要动力来源。国家层面需要通过多种形式的财政政策，降低企业转型成本，激发其创新活力。

第一，设立专项财政基金，扶持绿色技术研发与数字化转型。国家可设立绿色数字发展专项基金，重点支持资源型企业在绿色技术研发和数字化技术应用方面的投入。例如，针对节能减排设备研发、智能化生产线改造、绿色供应链管理系统建设等项目提供财政补贴，帮助企业降低转型初期的资金压力。

第二，完善税收优惠政策，激励企业加大研发投入。国家应针对资源型企业的绿色技术创新与数字化转型制定专项税收优惠政策，如对研发绿色技术的企业实行研发费用加计扣除政策，对通过智能化设备降低排放的企业实施增值税减免。通过降低企业的税收负担，可以进一步激励企业加大在研发领域的投入力度。

第三，支持绿色金融发展，为企业提供低成本融资渠道。在国家政策的支持下，金融机构可以为资源型企业的绿色项目提供优惠贷款利率，并通过绿色债券、绿色保险等金融工具，降低企业的融资成本。例如，国家可以与商业银行合作设立绿色信贷专项计划，为广西资源型企业在引入物联网监控系统、智能化生产设备等方面提供低息贷款。

第四，加强政府采购导向，促进绿色技术应用。国家政府采购政策可以优先选择绿色企业和绿色技术产品，通过市场需求的引导作用，提升企业在绿色技术研发方面的积极性。例如，在国家主导的基础设施建设项目中，优先采用由广西资源型企业研发的绿色建筑材料或低碳产品，推动技术创新成果的广泛应用。

（3）推动数字赋能提升环境治理效能

数字化技术的应用是提升环境治理能力、提升企业环境绩效的关键抓手。国家政策需从技术应用与监管体系入手，为数字化赋能环境治理提供支持。

第一，加快建立全国统一的环境治理数字化平台。国家需主导建立覆盖全国的环境数据共享与分析平台，将企业的污染物排放数据、环境绩效指标等纳入平台进行实时监测和管理。该平台不仅可以为企业提供精准的排放反馈信息，还能为政府制定科学的监管措施提供数据支持。例如，广西资源型企业可以通过接入平台，实时了解自身在碳排放、水污染等方面的指标表现，并及时调整生产活动。

第二，推动智能化环境监管技术的研发与应用。国家应支持物联网、人工智能、大数据等技术在环境治理中的深度应用。例如，通过在工业园区部署污染源在线监测设备，政府可以实时掌握污染物排放情况，精准发现超标企业并及时采取监管措施。此外，国家可通过政策激励资源型企业应用人工智能技术分析环保数据，提高环境管理效率。

第三，鼓励数字技术在绿色生产中的创新应用。国家可通过专项政策支持资源型企业利用数字化技术提升生产过程的环保水平。例如，鼓励企业通过智能优化算法降低原材料浪费、利用区块链技术实现绿色供应链的透明管理，以及借助云计算技术对生产全过程的碳排放进行精准计算与预测。

第四，完善环境规制政策的数字化支撑体系。国家需通过政策推动地方政府利用数字化技术提升环境规制的执行效率。例如，建立基于大数据分析的环境风险预警系统，对高污染行业进行提前干预；推动自动化执法系统的建设，减少人为干预对环境执法准确性的影响。

（4）优化制度环境引领高管实践转型

高管环保实践经验对推动企业绿色转型具有重要意义，而制度环境的优化则能够为高管的实践转型提供强有力的保障。

第一，建立高管环保激励机制，提升企业领导力。国家可通过政策鼓励企业将高管的环保实践成果纳入绩效考核体系，如根据高管在绿色技术创新、环保战略实施等方面的突出表现，给予相应的薪酬奖励。此外，国家可定期表彰推动绿色转型表现突出的企业高管，提升高管群体在绿色管理领域的声誉。

第二，推动高管环保能力建设，强化数字化与绿色化战略思维。国家可以联合高校和研究机构，为企业高管团队提供系统化的环保与数字化转型培训课程。例如，培训内容可以涵盖全球数字化绿色发展的成功案例、智能化环境治理技术的应用、以及绿色转型政策的解读等，帮助高管团队在管理决策中更好地融入数字化与绿色化战略。

第三，优化企业治理结构，保障高管环保决策落地。国家需通过政策指导企业完善治理结构，为高管实施绿色转型提供制度保障。例如，通过明确高管环保决策的法律责任，减少企业在绿色转型中的阻力；鼓励企业设立独立的环境管理委员会，确保环保实践经验能够转化为具体的经营成果。

第四，强化国际合作，推动高管绿色管理经验的全球化。国家可通过国际交流平台，为企业高管提供参与全球绿色转型实践的机会。例如，支持高管团队参与国际绿色技术展会和环保创新论坛，通过学习全球领先企业的绿色管理经验，提升自身在数字化与绿色化转型中的竞争力。

总之，在数字化背景下，广西资源型企业的绿色转型离不开国家宏观政策的系统设计与全面支持。通过构建科学的政策框架、强化财政与技术支持、推动数字技术的赋能应用，以及优化制度环境为高管实践提供保障，国家可以为广西资源型企业注入强劲动力。这样不仅能够促进区域经济的可持续发展，还能够为全国范围内的数字化与绿色化协同转型提供可复制的成功经验。

参考文献

包群，邵敏，杨大利，2013. 环境管制抑制了污染排放吗？［J］. 经济研究，48（12）：42-54.

包耀东，李晏墅，2020. 互联网对中国制造业经营绩效的影响及门槛效应检验［J］. 统计与决策，36（18）：99-103.

毕茜，李虹媛，于连超，2019. 高管环保经历嵌入对企业绿色转型的影响与作用机制［J］. 广东财经大学学报，34（5）：4-21.

步丹璐，王晓艳，2014. 政府补助、软约束与薪酬差距［J］. 南开管理评论，17（2）：23-33.

曾春影，罗明忠，和欣，2022. 高管的高质量生态环境经历与企业绿色创新研究［J］. 广东财经大学学报，37（3）：82-97.

曾倩，曾先峰，岳婧霞，2020. 产业结构、环境规制与环境质量：基于中国省际视角的理论与实证分析［J］. 管理评论，32（5）：65-75.

陈富永，郭祥，2022. 地区环保压力与企业绿色创新：基于低碳城市试点政策考察［J］. 财会通讯，(21)：49-53，59.

陈玲芳，于海楠，2022. ESG 表现、融资约束与企业绩效［J］. 会计之友，(22)：24-30.

池国华，杨金，邹威，2014. 高管背景特征对内部控制质量的影响研究：来自中国 A 股上市公司的经验证据［J］. 会计研究，(11)：67-74，97.

程博，方瑜茜，2021. 环境规制“组合拳”与环保补贴绩效［J］. 财会月刊，(22)：28-37.

邓彦，潘星玫，刘思，2021. 高管学历特征与企业环保投资行为实证研究［J］. 会计之友，(6)：102-108.

杜勇，谢瑾，陈建英，2019. CEO 金融背景与实体企业金融化［J］. 中国工业经济，(5)：136-154.

范庆泉，张同斌，2018. 中国经济增长路径上的环境规制政策与污染治理机制研究［J］. 世界经济，41（8）：171-192.
高明，陈巧辉，2019. 不同类型环境规制对产业升级的影响［J］. 工业技术经济，38（1）：91-99.
郭玥，2018. 政府创新补助的信号传递机制与企业创新［J］. 中国工业经济，(9)：98-116.
郭玉冰，乔嘉元，郭好，2021. 高管学术经历对企业社会责任履行的影响：基于烙印理论的机制研究［J］. 中国人力资源开发，38（5）：84-100.
郝清民，张欣悦，2023. 高管激励、风险承担与研发投入［J］. 商业研究，(2)：109-117.
郝颖，于冰，李雪轶，2022. 产融结合、治理相嵌与企业绩效：实体企业持股金融机构的经验证据［J］. 会计之友，(4)：45-54.
何卫红，陈燕，2015. 高管激励、技术创新与企业绩效：以创业板高科技企业为例［J］. 财会通讯，(30)：60-64.
胡曲应，2012. 上市公司环境绩效与财务绩效的相关性研究［J］. 中国人口·资源与环境，22（6）：23-32.
金慧琴，陈丽丽，2018. 新能源企业政府补贴与环境绩效、财务绩效关系研究［J］. 现代盐化工，45（5）：111-112.
金文莉，2012. 基于相关利益者理论的企业社会责任层次模型［J］. 财会通讯，(6)：103-107，161.
李昆，赵雨婷，杨强，2024. 数字化转型对重污染型企业环境绩效的影响研究：基于数据资产化视角［J］. 经济经纬，41（3）：108-120.
李莎，冯鸿雁，彭永芳，2022. 环保投入对企业价值的影响：基于固定效应回归分析［J］. 商业经济研究，(17)：134-137.
李毅，何冰洋，胡宗义，等，2023. 环保背景高管、权力分布与企业环境责任履行［J］. 中国管理科学，31（9）：13-21.
李亚兵，夏月，赵振，2023. 高管绿色认知对重污染行业企业绩效的影响：一个有调节的中介效应模型［J］. 科技进步与对策，40（7）：113-123.
李紫岩，2022. 高管股权激励对企业环境绩效的影响研究：企业内部控制的调节作用［J］. 中国管理信息化，25（19）：19-24.
刘经珂，陈艳莹，于千惠，2023. 自愿型环境规制如何影响企业生存？［J］. 财经问题研究，(5)：39-51.
刘金科，肖翊阳，2022. 中国环境保护税与绿色创新：杠杆效应还是挤出效应？[J]. 经济研究，57（1）：72-88.
刘樑，李雪，蒋攀，2022. 环境保护税对企业绿色技术创新的影响：基于环保投资的因果中介效应分析 [J]. 河海大学学报（哲学社会科学版），24（3）：50-59，114-115.
刘帅，等，2018. 非期望产出约束下环境规制对环境绩效的异质性效应研究 [J]. 中国人口·资源与环境，28（12）：40-51.
刘媛媛，黄正源，刘晓璇，2021. 环境规制、高管薪酬激励与企业环保投资：来自2015年《环境保护法》实施的证据 [J]. 会计研究，（5）：175-192.
马长龙，张蓓，葛玉辉，2022. 高管教育烙印对企业绩效的影响 [J]. 企业经济，41（5）：108-116.
马杰，李会娟，2023. 政府补助、研发投入与绿色创新：基于资源型上市企业的经验证据 [J]. 东华理工大学学报（社会科学版），42（2）：123-134，142.
倪艳，李冬慧，2021. 环境规制对企业环境绩效的影响研究 [J]. 商业经济，（2）：100-101，129.
戚聿东，徐凯歌，2024. 技术革命、生产方式变革与企业组织结构调整 [J]. 管理世界，40（10）：1-15，35，16.
邱士雷，王子龙，刘帅，等，2018. 非期望产出约束下环境规制对环境绩效的异质性效应研究 [J]. 中国人口·资源与环境，28（12）：40-51.
热比亚·吐尔逊，巴文浩，王岚，2023. 数字化转型、绿色供应链与企业环境绩效：媒体关注的调节作用 [J]. 中国流通经济，37（10）：14-25.
沈俊，刘小艳，夏德，等，2023. 政府补助对重污染企业绿色创新绩效的影响研究：基于环境信息披露的中介效应 [J]. 会计之友，（17）：17-26.
尚洪涛，祝丽然，2019. 提升新能源企业环境研发补贴绩效的内外规制研究 [J]. 科学学研究，37（10）：1825-1835.
孙洁，2022. 高管同行薪酬差距、治理模式与企业绩效 [J]. 财会通讯，（12）：58-61，86.
孙琪恒，张兰霞，2021. 最终控制人性质、高管-员工薪酬差距与企业创新绩效 [J]. 财会通讯，（7）：66-69，75.
宋婷婷，熊爱华，2023. 国有资本参股对民营企业绿色创新的影响研究：环境规制与高管激励的调节作用 [J]. 科学决策，（11）：89-105.
田超，干胜道，2010. 企业社会责任内部控制制度的研究 [J]. 经济研究参考，(49)：36-39.
王辉，林伟芬，谢锐，2022. 高管环保背景与绿色投资者进入［J］. 数量经济技术经济研究，39（12）：173-194.
王鸿，高月，2023. 政府补贴、绿色技术创新与企业成长性［J］. 商学研究，30（3）：32-41.
王京，范明珠，林慧，2023. 高管股权激励的环境治理效应："名副其实"抑或"虚有其表"：基于我国 A 股高污染企业的经验证据［J］. 财经研究，49（11）：50-64.
王群伟，周波，张成，2023."减规模"还是"增绿色"？异质性环保政策工具下的企业环保行为响应［J］. 中国管理科学，31（1）：256-266.
王新红，石欣欣，2016. 高管激励、研发投入与企业绩效：基于创业板高新技术上市公司的经验数据［J］. 财会通讯，(27)：58-61.
王馨，王营，2021. 环境信息公开的绿色创新效应研究：基于《环境空气质量标准》的准自然实验［J］. 金融研究，(10)：134-152.
王杏芬，郑佳，2020. 宏微观视域下政府环境补贴对环境绩效的影响［J］. 华东经济管理，34（7）：18-27.
王小鲁，樊纲，胡李鹏，2019. 中国分省份市场化指数报告（2018）［M］. 北京：社会科学文献出版社.
王一卉，2013. 政府补贴、研发投入与企业创新绩效：基于所有制、企业经验与地区差异的研究［J］. 经济问题探索，(7)：138-143.
温忠麟，叶宝娟，2014. 中介效应分析：方法和模型发展［J］. 心理科学进展，22（5）：731-745.
温忠麟，张雷，侯杰泰，2006. 有中介的调节变量和有调节的中介变量［J］. 心理学报，38（3）：448-452.
吴卫红，杨帆，张爱美，等，2023. 数字化技术转型、数字化治理能力与制造业企业绿色转型升级：基于数字化赋能理论的作用机制研究［J］. 科技进步与对策，40（12）：32-41.
席龙胜，赵辉，2022. 高管双元环保认知、绿色创新与企业可持续发展绩效［J］. 经济管理，44（3）：139-158.
严汉民，梁燕，2020. 混合所有制、高管激励与创新投入［J］. 会计之友，(6)：137-142.
叶红雨，王圣浩，2017. 环境规制对企业财务绩效影响的实证研究：基于绿色创新的中介效应［J］. 资源开发与市场，33（11）：1328-1333.
伊力奇，李涛，张婷，2021. 企业环保投入与环境绩效：机理与实证分析［J］. 技术经济与管理研究，(6)：47-51.
易露霞，吴非，徐斯旸，2021. 企业数字化转型的业绩驱动效应研究［J］. 证券市场导报，(8)：15-25，69.
余怒涛，杨培蓉，郑延，2017. 产权性质、公司治理与环境绩效关系研究：基于中国化工行业上市公司的实证检验［J］. 会计之友，(14)：35-41.
于连超，王雷，2023. 数字化转型有助于提升企业环境绩效吗？［J］. 财贸研究，34（7）：84-96.
袁显平，李盼，2023. 高管环保认知、研发投入与企业绿色创新绩效［J］. 财会月刊，44（18）：20-27.
张弛，张兆国，包莉丽，2020. 企业环境责任与财务绩效的交互跨期影响及其作用机理研究［J］. 管理评论，32（2）：76-89.
张娆，杨林睿，2023. 数字化转型能否提高企业环境绩效？［J］. 现代管理科学，(1)：115-126.
张兆国，张弛，裴潇，2020. 环境管理体系认证与企业环境绩效研究［J］. 管理学报，17（7）：1043-1051.
赵宸宇，王文春，李雪松，2021. 数字化转型如何影响企业全要素生产率［J］. 财贸经济，42（7）：114-129.
周晖，邓舒，2017. 高管薪酬与环境绩效：基于上市公司外部治理环境的视角［J］. 上海财经大学学报，19（5）：27-39. ACAR M，TEMIZ H，2020. Empirical analysis on corporate environmental performance and environmental disclosure in an emerging market context：socio-political theories versus economics disclosure theories［J］. International Journal of Emerging Markets，15（6）：1061-1082.
BENLEMLIH M，LI Y，ASSAF C，2022. Executive compensation and environmental performance：evidence from CEO inside debt［J］. Energy Economics，116：106403.
BONEERR P，GOMEZ-MEJIA L R，2009. Environmental performance and executive compensation：an integrated agency-institutional perspective［J］. Academy of Management Journal，52（1）：103-126.
CARSON R，1962. Silent spring［M］. Boston：Houghton Mifflin.

DIMAGGIO P J, POWELL W W, 1983. The cage iron revisited: Institutional isomorphism and collective rationality in organizational fields [J]. American Sociological Review, 48 (2): 147-160.

EARNHART D, 2004. Panel data analysis of regulatory factors shaping environmental performance [J]. Review of Economics and Statistics, 86 (1): 391-401.

GENTRY R J, SHEN W, 2013. The impacts of performance relative to analyst forecasts and analyst coverage on firm R&D intensity [J]. Strategic Management Journal, 34 (1): 121-130.

GINSBERG A, 1988. Measuring and modelling changes in strategy: Theoretical foundations and empirical directions [J]. Strategic Management Journal, 9 (6): 559-575.

HERMANN H, 1983. Synergetics: an introduced [M]. Berlin: Springer-Verlag.

IUCNNR, UNEP, WWF, 1980. World conservation strategy: Living resource conservation for sustainable development [M]. Gland, Switzerland: IUCN.

KANTER R M, 1983. The change masters: Innovation and entrepreneurship in the American corporation [M]. New York: Simon and Schuster.

KOTTER J P, 1995. Leading change: Why transformation efforts fail [J]. Harvard Business Review, 2 (73): 59-67.

LE KWIN, 1947. Frontiers in group dynamics: II. Channels of group life; social planning and action research [J]. Human Relations, 1 (2): 143-153.

MEADOWS D H, MEADOWS D L, RANDERS J, BEHRENS W W, 1972. The limits to growth [M]. New York: New American Library.

MEYER J W, ROWAN B, 1977. Institutionalized organizations: Formal structure as myth and ceremony [J]. American Journal of Sociology, 83 (2): 340-363.

NORTH D C, 1990. Institutions, institutional change, and economic performance [M]. Cambridge: Cambridge University Press.

O'SULLIVAN D, ZOLOTOY L, FAN Q, 2021. CEO EARLY-LIFE DISASTER EXPERIENCE AND CORPORATE SOCIAL PERFORMANCE [J]. Strategic Management Journal, 42 (11): 2137-2161.

PEARCE D W, MARKANDYA A, BARBIER E B, 1989. Blueprint a for green economy [M]. London: Earthscan.

PRIGOGINE I, 1969. Structure, dissipation and life [J]. Theoritical physics and biology.

RUSO M V, HARRISON N S, 2005. Organizational design and environmental performance: clues from the electronics industry [J]. Academy of Management Journal, 48 (4): 582-593.

SCOTT W R, 1995. Institutions and organizations [M]. Thousand Oaks, CA: Sage.

SELZNIK P, 1953. TVA and the grass roots: A study in the sociology of formal organization [M]. Berkeley: University of California Press.

VARENOVA D, SAMY M, COMBS A, 2013. Corporate social responsibility and profitability: trade off or synergy: perceptions of executives of FTSE all-share companies [J]. Sustainability Accounting, Management and Policy Journal, 4 (2): 190-215.

WARD B, DUBOS R, 1972. Only one earth-care and maintenance of a small planet [J]. Columbia Journal of World Business, 7 (3): 13-25.

WCED S W S, 1987. World commission on environment and development [J]. Our common future, 17 (1): 1-91.

VAN BERTALANFFY L, 1968. General system theory: Foundations, development, applications [M]. New York: George Braziller.

XIE X, HUO J, ZOU H, 2019. Green process innovation, green product innovation, and corporate financial performance: a content analysis method [J]. Journal of Business Research, 101: 697-706.

ZHANG Y, ZHANG R, ZHANG C, 2022. Insight into the driving force of environmental performance improvement: environmental regulation or media coverage [J]. Journal of Cleaner Production, 358: 132024.

ZHENG L, OMORI A, CAO J, et al, 2023. Environmental regulation and corporate environmental performance: evidence from Chinese carbon emission trading pilot [J]. Sustainability, 15 (11): 8518.

前言

为配合“税收实务”课程的教学，帮助学生理解和掌握税收的基本知识、征管规定、纳税流程及税制内容，训练学生各税种的税款计算和涉税业务会计处理技能，我们依据2013年最新税收法规，编写了《税收实务》教材的配套练习册。

本练习册依据《税收实务》教材的体系和内容编写，各项目都设计了单项选择、多项选择、计算题和实务题等题型，题型多、题量大，便于学生反复练习，举一反三，从不同侧面加深对税法规定的理解。各类习题的设计紧扣教材内容，力求突出教材的重点和难点，体现知识点的全覆盖和针对性，利于学生复习巩固所学知识，强化记忆和实训操作，有助于提高学生对税法的理解、判断和应用能力，增强税法遵从意识与节税意识，培养学生办税岗位工作技能。本练习册最后附有一套企业模拟纳税实训资料，旨在提高学生对企业经营过程涉及的各个税种有关业务的凭证填制、登记账簿、税款计算、纳税申报表填制及缴纳等综合处理能力。

本练习册由汉中职业技术学院张荣庆副教授任主编，广西经济干部管理学院副教授王结玉负责审定。

前 言

本练习册可作为三年制和五年制高职会计电算化、会计与审计、财务会计、税务、工商管理等专业《税收实务》教材的配套用书，也可供在职财会人员和税务干部岗位培训、自学进修、业务学习使用。

受时间和水平所限，本练习册在题型设计及内容上难免有不当之处，恳请读者批评、指正，以便再版或重印时修改。

编者

2014 年 1 月

目　录

项目一
课后实训题

一、单选题

1. 一般认为，税收是国家凭借（　　）参与社会产品的分配。

A. 政治权力　　B. 经济权力

C. 财产权力　　D. 军事权力

2. 按照（　　）划分，可将税收分为从价税、从量税和复合税。

A. 征税对象的性质　　B. 计税标准

C. 税收与价格的关系　　D. 税负是否转嫁

3. 税收行政法规由（　　）制定。

A. 全国人大常务委员会　　B. 国务院

C. 地方人大常务委员会　　D. 财政部和国家税务总局

4. 体现国家税收政策、作为税收制度中心环节的税法构成要素是（　　）。

A. 纳税义务人　　B. 征税对象

C. 税率　　D. 纳税环节

5. 从事生产经营的纳税人应自领取工商营业执照之日起（　　）内办理税务登记。

A. 5 日　　B. 10 日

C. 15 日　　D. 30 日

6. 纳税人、扣缴义务人因不可抗力情形，不能按期办理纳税申报的，可以延期申报，但最长不能超过（　　）。

A. 1 个月　　B. 3 个月

C. 6 个月　　D. 1 年

7. 对账册不够健全，但是能够控制原材料、进货销货的纳税单位，税务机关一般采取的税款征收方式是（　　）。

A. 查账征收　　B. 查定征收

C. 查验征收　　D. 定期定额征收

8. 自 2001 年 5 月 1 日起，对欠税的纳税人、扣缴义务人按日加收欠缴税额（　　）的滞纳金。

A. 千分之五　　B. 百分之五

C. 万分之五　　D. 万分之一

9. 下列各项中，不符合《中华人民共和国税收征收管理法》有关规定的是（　　）。

A. 采取税收保全措施时，冻结的存款以纳税人应纳税款的数额为限

B. 采取税收强制执行措施时，被执行人未缴纳的滞纳金同时执行

C. 税收强制执行措施的适用范围不仅限于从事生产经营的纳税人，也包括扣缴义务人

D. 税收保全措施的适用范围不仅限于从事生产经营的纳税人，也包括扣缴义务人

10. 因纳税人、扣缴义务人计算错误等失误，未缴或少缴税款的，税务机关在 3 年内可以追征税款、滞纳金；有特殊情况的，追征期可以延长到（　　）。

A. 5 年　　B. 6 年

C. 8 年　　D. 10 年

二、多选题

1. 按照征税对象性质的不同，可将税收分为（　　）。

A. 流转税　　B. 所得税
C. 资源税　　D. 财产税
E. 行为税

2. 下列税种中，属于中央与地方共享税的有（　　）。
A. 增值税　　B. 消费税
C. 营业税　　D. 资源税

3. 税收法律关系的构成要素是（　　）。
A. 主体　　B. 客体
C. 对象　　D. 内容

4. 减免税的形式有（　　）。
A. 税基式减免　　B. 税率式减免
C. 法律性减免　　D. 税额式减免

5. 税务登记的类型包括（　　）。
A. 开业登记　　B. 变更登记
C. 注销登记　　D. 注册登记

6. 税务行政复议的受案范围包括（　　）。
A. 税务机关作出的征税行为
B. 税务机关作出的处罚行为
C. 税务机关不予依法办理或答复的行为
D. 税务机关作出的取消增值税一般纳税人资格的行为

三、业务实训题

资料：十里香酒业有限责任公司基本情况及有关业务如下：

2013 年 8 月十里香酒业有限公司取得营业执照，记载内容如下：

注册号：3101010016998。

发证机关：花都市工商行政管理局。

成立日期：2013 年 8 月 1 日。

企业名称：十里香酒业有限公司。

公司地址：××省花都市滨江路 358 号。

法定代表人：郭富强。

注册资金：3 000 万元。

经济性质：有限责任公司。

经营范围：酒及酒精的生产、销售。

经营期限：20 年。

要求：

（1）填写开业税务登记表（见表 1-1）。

（2）假设：经股东大会决定，自 2014 年 1 月 1 日起，公司法定代表人改由田有成担任，注册资本增加 500 万元，公司申请进行变更登记，请填写变更税务登记表（见表 1-2）。

（3）假设股东会研究决定解散公司，请填写注销税务登记表（见表 1-3）。

表 1-1

<table>
<tr><td colspan="2">纳税人名称</td><td colspan="2"></td><td>纳税人识别号</td><td colspan="3"></td></tr>
<tr><td colspan="2">登记注册类型</td><td colspan="2"></td><td>批准设立机关</td><td colspan="3"></td></tr>
<tr><td colspan="2">组织机构代码</td><td colspan="2"></td><td>批准设立证明或文件号</td><td colspan="3"></td></tr>
<tr><td colspan="2">开业（设立）日期</td><td colspan="2"></td><td>生产经营期限</td><td colspan="3"></td></tr>
<tr><td colspan="2">注册地址</td><td colspan="2"></td><td>证照名称</td><td></td><td>证照号码</td><td></td></tr>
<tr><td colspan="2">生产经营地址</td><td colspan="2"></td><td>邮政编码</td><td></td><td>联系电话</td><td></td></tr>
<tr><td>核算方式</td><td colspan="3">请选择对应项目打“√”□独立核算□非独立核算</td><td>从业人数</td><td></td><td colspan="2">其中外籍人数______</td></tr>
<tr><td>单位性质</td><td colspan="7">请选择对应项目打“√” □企业 □事业单位 □社会团体 □民办非企业单位 □其他</td></tr>
<tr><td colspan="2">网站网址</td><td colspan="2"></td><td>国标行业</td><td colspan="3">□□ □□ □□ □□</td></tr>
<tr><td colspan="2">适用会计制度</td><td colspan="6">请选择对应项目打“√” □企业会计制度□小企业会计制度□行政事业单位会计制度</td></tr>
<tr><td colspan="2">经营范围</td><td colspan="6">请将法定代表人（负责人）身份证复印件粘贴在此处。</td></tr>
<tr><td rowspan="2">项目</td><td rowspan="2">姓名</td><td colspan="2">身份证件</td><td rowspan="2">固定电话</td><td rowspan="2">移动电话</td><td colspan="2" rowspan="2">电子邮箱</td></tr>
<tr><td>种类</td><td>号码</td></tr>
<tr><td>法定代表人</td><td></td><td></td><td></td><td></td><td></td><td colspan="2"></td></tr>
<tr><td>财务负责人</td><td></td><td></td><td></td><td></td><td></td><td colspan="2"></td></tr>
<tr><td>办税人</td><td></td><td></td><td></td><td></td><td></td><td colspan="2"></td></tr>
</table>

表1-1(续)

税务代理人名称	纳税人识别号	联系电话	电子邮箱

注册资本或投资总额	币种	金额	币种	金额	币种	金额

投资方名称	经济性质	投资比例	证件种类	证件号码	国籍或地址

自然人投资比例		外资投资比例		国有投资比例	

分支机构名称	注册地址	纳税人识别号

总机构名称				纳税人识别号	
注册地址				经营范围	
法定代表人姓名		联系电话		注册地址邮政编码	

代扣代缴、代收代缴税款业务情况	代扣代缴、代收代缴税款业务内容	代扣代缴、代收代缴税种

附报资料：		
经办人签章：	法定代表人（负责人）签章	纳税人公章：
以下由税务机关填写：		

纳税人所处街乡				隶属关系	
国税主管税务局		国税主管税务所（科）		是否属于国税、地税共管户	
地税主管税务局		地税主管税务所（科）			

经办人签章： 国税经办人： 地税经办人： 受理日期： 年 月 日	国家税务登记机关： (税务登记专用章) 核准日期： 年 月 日 国税主管税务机关：	地方税务登记机关： (税务登记专用章) 核准日期： 年 月 日 地税主管税务机关：

国税核发税务登记证副本数量： 本 发证日期： 年 月 日
地税核发税务登记证副本数量： 本 发证日期： 年 月 日

表 1-2

纳税人名称			纳税人识别号	
变更登记事项				
序号	变更项目	变更前内容	变更后内容	批准机关名称及文件
送缴证件情况：				
纳税人 经办人： （签章） 年　月　日		法定代表人（负责人）： 年　月　日		纳税人 年　月　日
经办税务机关审核意见： 经办人： （签章） 年　月　日		负责人： 年　月　日		税务机关 年　月　日

表 1-3

纳税人名称		纳税人识别号	
注销原因			
附送资料			
纳税人 经办人： 年　月　日	法定代表人（负责人）： 年　月　日		纳税人（签章） 年　月　日

表1-3(续)

<table>
<tr><td>纳税人名称</td><td colspan="2"></td><td colspan="2">纳税人识别号</td><td></td></tr>
<tr><td>受理时间</td><td colspan="3">经办人：
年 月 日</td><td colspan="2">负责人：
年 月 日</td></tr>
<tr><td>清缴税款、滞纳金、罚款情况</td><td colspan="3">经办人：
年 月 日</td><td colspan="2">负责人：
年 月 日</td></tr>
<tr><td>缴销发票情况</td><td colspan="3">经办人：
年 月 日</td><td colspan="2">负责人：
年 月 日</td></tr>
<tr><td>税务检查意见</td><td colspan="3">经办人：
年 月 日</td><td colspan="2">负责人：
年 月 日</td></tr>
<tr><td rowspan="3">收缴税务证件情况</td><td>种类</td><td>税务登记证正本</td><td>税务登记证副本</td><td>临时税务登记证正本</td><td>临时税务登记证副本</td></tr>
<tr><td>收缴数量</td><td></td><td></td><td></td><td></td></tr>
<tr><td colspan="3">经办人：
年 月 日</td><td colspan="2">负责人：
年 月 日</td></tr>
<tr><td>批准意见</td><td colspan="3">部门负责人：
年 月 日</td><td colspan="2">税务机关（签章）
年 月 日</td></tr>
</table>

四、复习思考题

1. 税收的作用有哪些？
2. 一般企业应纳的税种有哪些？
3. 新办企业如何办理税务登记手续？
4. 税务登记证有什么作用？
5. 税款征收的方式有哪些？
6. 税收保全措施的前提条件与内容是什么？
7. 税收强制执行措施的前提条件与内容是什么？
8. 税务行政复议的受案范围有哪些？

项目二 课后实训题

一、单选题

1. 我国现行的增值税属于（　　）增值税。

A. 生产型　　B. 收入型

C. 消费型　　D. 实耗型

2.《中华人民共和国增值税暂行条例》中所称的货物是指（　　）。

A. 有形资产　　B. 无形资产

C. 不动产　　D. 有形动产

3. 下列各项中，属于增值税混合销售行为的是（　　）。

A. 建材经销商在销售建材的同时又为其他客户提供装潢服务

B. 汽车制造厂在生产销售汽车的同时又为客户提供修理服务

C. 塑钢门窗制作商在销售产品的同时又为客户提供安装服务

D. 电信公司在销售手机的同时为客户提供通信服务

4. 单位和个人提供的下列劳务应当征收增值税的是（　　）。

A. 汽车修理　　B. 房屋修理

C. 装修房屋　　　　　　　　D. 安装设备

5. 下列选项中，按低税率征收增值税的是（　　）。

A. 报纸、杂志、古旧图书

B. 饲料、化肥、农药、农机、农膜

C. 农业生产者销售的自产农业产品

D. 直接用于科研、教学的进口仪器

6. 按照现行增值税征收管理的规定，下列单位或个人必须认定为小规模纳税人（　　）。

A. 年不含税销售额在 50 万元以上的从事货物生产的纳税人

B. 年不含税销售额在 80 万元以上的从事货物批发的纳税人

C. 年不含税销售额在 30 万元以上、会计核算健全的个体工厂

D. 年应税销售额在 100 万元以上、销售免税货物的企业

7. 企业的下列行为，应视同销售计算销项税额的是（　　）。

A. 将购买的货物对外投资

B. 将购买的货物用于装修职工食堂

C. 将购买的货物用于个人消费

D. 将购买的货物用于兼营的出租业

8. 某一般纳税人当月从某乡镇企业购进一批免税农产品，支付买价 45 000 元，则可以抵扣的进项税额为（　　）。

A. 0 元　　　　　　　　B. 4 091 元

C. 5 850 元　　　　　　D. 4 950 元

9. 某工厂购进的下列货物，可以抵扣进项税额的是（　　）。

A. 购进饮料作为福利发给职工

B. 购进木材途中发生车祸全部报损

C. 购进轿车自用

D. 购进低值易耗品用于生产

10. 某服装厂将自制的服装作为福利发给职工，该批服装成本共计 10 万元，按当月同类服装的平均售价计算的销售额为 18 万元，则应计算的销项税额为（　　）。

A. 1.7 万元　　B. 1.853 万元

C. 1.87 万元　　D. 3.06 万元

二、多选题

1. 下列经营者中属于增值税纳税人的是（　　）。

A. 从事修理业的个人

B. 生产并销售集邮商品的企业

C. 将不动产无偿赠送他人的开发商

D. 发生货物销售并负责运输所售货物的生产企业

2. 下列纳税人不得申请认定为一般纳税人的有（　　）。

A. 个体经营者以外的个人

B. 全部销售免税货物的企业

C. 不经常发生应税行为的企业

D. 非企业性单位

3. 下列行为中，属于增值税征税范围的有（　　）。

A. 销售钢材　　B. 销售自来水

C. 销售电力　　D. 销售房屋

4. 下列各项中，应当征收增值税的有（　　）。

A. 医院为病人提供治疗并销售药品

B. 邮局提供邮递服务并销售纸箱

C. 家电公司销售空调并负责安装

D. 修理厂修车并提供洗车服务

5. 下列行为中，属于视同销售货物应算销项税额的有（　　）。

A. 将自产的钢材用于基建工程

B. 将外购的水泥捐给灾区重建

C. 将委托加工的服装用于职工福利

D. 将外购的饮料发给职工消费

6. 企业将购买的货物用于（　　）时，不得抵扣其进项税额。

A. 劳动保护　　B. 免税项目

C. 无偿送人　　D. 个人消费

7. 企业的下列行为中，可以抵扣进项税额的有（　　）。

A. 购进原材料所发生的运费和建设基金

B. 从农民手中收购免税农产品而支付的买价

C. 委托汽修厂修理运货汽车而支付的修理费及其增值税

D. 委托外单位加工免费赠送客户的小礼品而支付的加工费及其增值税

8. 一般纳税人在下列情况下不可开具增值税专用发票的是（　　）。

A. 向个人销售应税货物

B. 销售免税货物

C. 向小规模纳税人销售货物

D. 自产货物用于对外投资

9. 关于增值税专用发票开具时限的说法，正确的是（　　）。

A. 采取分期收款方式的，为合同约定的收款日期

B. 采取预收款方式的，为发出货物的当天

C. 采取托收承付方式的，为发出商品并办妥托收手续的当天

D. 委托代销货物的，为收到代销清单的当天

10. 甲厂用自产的锅炉换取乙厂的钢材作为生产材料，双方互开了增值税专用发票，则下列说法正确的是（　　）。

A. 甲厂应计算销项税额　　B. 甲厂应抵扣进行税额

C. 乙厂应计算销项税额　　D. 乙厂应抵扣进项税额

三、业务实训题

1. 根据以下业务计算销售额及相应的销项税额，并作出有关的会计分录：

（1）某商场为一般纳税人，本月开具专用发票销售货物共计销售额 356 215 元，开具普通发票取得销售额共计 1 170 000元。

（2）某超市为促销制定如下活动方案：某商品标价1 000元（含税），一次买 10 件按九五折销售，买 20 件按九折销售，买 50 件按八折销售。某客户买了 50 件商品，实际付款 40 000 元，超市按 50 000 元开具发票，10 000 元折扣另开红字发票。

（3）某企业产品价目表列明：A 产品不含税售价每件 200 元，一次购买 200 件以上可获得 5%的商业折扣，买 400 件以上可获得 10%的商业折扣，开具发票时折扣额与销售额在同一张发票上列示。该企业某月对外销售 A 产品 350 件，规定客户付款条件为 2/10、1/20、全/30，购货单位已于 8 天内付款。

（4）某电视机生产厂某月向外地某商场批发 100 台平板电视机，每台不含税价 3 500 元，厂家用自己的卡车送货，商场支付运费 1 170 元。

（5）某针织厂某月将自制的内衣作为福利发给职工，共发放男士内衣 100 套，每套对外不含税价 145 元；发放特制女士内衣 200 套，无同类售价，其成本为 16 000 元。

（6）某家电商场每台全新洗衣机含税价 3 276 元，本月共销售 100 台。其中实行以旧换新的方式销售 60 台，旧洗衣机每台作价 200 元，每台实收 3 076 元。

2. 依据下列条件，计算某工业企业（一般纳税人）2013 年 4 月能够抵扣的进项税额（假定所有发票、完税证均已通过认证），并作出相应的会计分录：

（1）从外地购入原材料取得专用发票注明价款 320 000 元、增值税 54 400 元，同时支付铁路运费 15 000 元、装卸费 2 450 元、保险费 1 000 元、建设基金 300 元；

（2）购进工程物资取得专用发票注明金额 657 000 元、增值税 111 690 元，同时支付运费 24 000 元、装卸费 1 500 元、建设基金 628 元；

(3) 购买一台机器设备，取得专用发票注明价款80 000元、增值税13 600元，支付运费620元；

(4) 从甲企业（小规模纳税人）购进包装物一批，取得普通发票注明价款5 150元，支付运费350元；

(5) 从乙企业（小规模纳税人）购进一批低值易耗品，取得由税务所代开的专用发票，注明货物金额43 750元、增值税额13 125元；

(6) 从农民手中收购免税农产品，凭证注明支付的买价为73 800元，运费490元。

3. 某食品加工厂2013年12月发生下列经济业务：

(1) 向农民收购大麦10吨，支付价款20 000元，验收后送另一食品加工厂加工膨化，支付加工费价税合计1 750元，取得增值税专用发票并已认证；

(2) 从县城工具厂（小规模纳税人）购入小工具一批，取得税务机关代开的增值税专用发票，价税合计4 120元；

(3) 生产面粉15吨，销售12吨，取得不含税销售额48 360元，并将1吨面粉发给职工；

(4) 生产夹心饼干销售，本月取得不含税销售额165 000元；

(5) 10月向农民收购入库的小米因保管不善霉烂变质，账面成本4 350元。

要求：

计算该食品厂12月应纳的增值税额，并作出相关的会计分录。

4. 某工业企业是增值税一般纳税人，适用17%的增值税率。2013年6月发生如下相关业务：

(1) 销售甲产品给某大商场，开具增值税专用发票，取得不含税销售额160万元；另外，开具普通发票收取甲产品的送货运费收入11.7万元。

(2) 销售乙产品，开具普通发票，取得含税销售额58.5万元。

（3）将试制的一批应税新产品用于本企业的基建工程，成本价为 40 万元，该产品无同类市价。

（4）销售使用过的进口摩托车 5 辆，开具普通发票，每辆取得含税销售额 1. 04 万元，每辆摩托车的原值为 0. 9 万元。

（5）购进货物取得增值税专用发票，注明支付的货款 120 万元、进项税额 20. 4 万元，货物已验收入库；另外，支付外购货物的运输费用 6 万元，已取得运输公司开具的普通发票。

（6）向农业生产者收购免税农产品一批，支付收购价款 60 万元，支付运费 4 万元，已取得相关合法票据，农产品已验收入库；本月下旬将购进的农产品的 40%用于本企业职工福利。

要求：

请计算该企业 6 月份应纳增值税额，并作出相关的会计分录。

5. 某公司为自营进出口的生产企业（增值税一般纳税人），适用的增值税税率为 17%，退税税率为 11%。该公司 2013 年 11 月和 12 月的生产经营情况如下：

（1）11 月份：外购原材料、燃料，取得专用发票注明支付价款 850 万元、增值税 144. 5 万元，材料、燃料已验收入库；外购动力，取得专用发票注明支付价款 150 万元、增值税 25. 5 万元，其中 20%用于企业基建工程；以外购原材料 80 万元委托甲公司加工，取得专用发票注明支付加工费 30 万元、增值税 5. 1 万元；支付外购货物及委托加工货物的运输费用 10 万元、销售产品运输费 14 万元，均已取得运输公司开具的普通发票；内销货物取得不含税销售额 300 万元，出口货物取得销售额 500 万元。

（2）12 月份：免税进口料件一批，支付国外买价 250 万元，运抵我国海关前的运输费、保险费和装卸费共计 50 万元，该料件进口关税税率为 20%，料件已验收入库；出口货物销售额 600 万元；内销货物 600 件取得含税销售额 140. 4 万元，将与内销货物相同的自制产品 200 件（成本为 250 000 元）用于本企业在建工程。

请根据上述资料计算该公司各月的应纳税额、应退税额、免抵税额或留抵税额，并作出相应的会计分录。

项目三
课后实训题

一、单选题

1. 根据消费税条例的规定，纳税人在我国境内从事生产、委托加工和进口属于应当缴纳消费税的消费品的（　　）在境内。

A. 生产地　　B. 使用地

C. 起运地或所在地　　D. 销售地

2. 下列行为中，应征收消费税的有（　　）。

A. 商店销售自制啤酒　　B. 商店销售外购啤酒

C. 商店销售化妆品　　D. 商店销售卷烟

3. 企业用自产应税消费品对外投资，应按（　　）计算应纳增值税，应按（　　）计算应纳消费税。

A. 平均价、平均价　　B. 最高价、最高价

C. 平均价、最高价　　D. 最高价、平均价

4. 委托加工收回的应税消费品，由委托方收回后直接出售的，应缴纳的税金是（　　）。

A. 消费税　　B. 增值税

C. 消费税和增值税　　D. 不用缴税

5. 下列消费品中，实行复合计税的项目是（　　）。

A. 烟丝　　B. 卷烟

C. 雪茄烟　　　　　　　　　　D. 烟叶

6. 下列情况应视同销售缴纳消费税的是（　　）。

A. 将外购已税消费品继续加工成应税消费品

B. 将委托加工收回的应税消费品继续加工成应税消费品

C. 自制应税消费品继续加工成应税消费品

D. 自制应税消费品用于对外投资

7. 某黄酒厂将自产黄酒 1 000 箱（每箱 24 千克）移送到非独立核算的门市部销售，出厂价每箱 100 元。当月门市部以每箱 120 元的价格销售给顾客 800 箱，则该厂当月应纳消费税（　　）元。

A. 4 608　　　　　　　　　　B. 5 760

C. 6 480　　　　　　　　　　D. 14 400

8. 下列各项中，符合消费税纳税义务发生时间规定的是（　　）。

A. 进口的应税消费品，为取得进口货物的当天

B. 自产自用的应税消费品，为移送使用的当天

C. 委托加工的应税消费品，为支付加工费的当天

D. 采取预收货款方式销售的应税消费品，为收到预收款的当天

9. 委托加工收回的应税消费品用于连续生产应税消费品，允许扣除已纳消费税的项目。下列不正确的是（　　）。

A. 用委托加工已税的烟丝生产的卷烟

B. 用委托加工已税的酒精生产的白酒

C. 用委托加工已税的化妆品生产的化妆品

D. 用委托加工已税的实木地板生产的实木地板

10. 下列各项中，不应当征收消费税的是（　　）。

A. 烟草公司批发的卷烟

B. 空调机厂销售的空调

C. 化妆品厂用于职工福利的自产化妆品

D. 宾馆内设的啤酒屋用自购设备生产的销售啤酒

二、多选题

1. 下列各项中，应缴纳消费税的有（　　）。

A. 销售白酒而取得的包装物作价收入

B. 销售白酒而取得的包装物押金收入

C. 将自产白酒作为福利发给本厂职工

D. 用自产酒精生产白酒

2. 消费税的纳税环节可能有（　　）。

A. 生产环节　　B. 批发环节

C. 进口环节　　D. 零售环节

3. 下列各项中，应同时征收增值税和消费税的有（　　）。

A. 批发环节销售的卷烟

B. 零售环节销售的金基合金首饰

C. 生产环节销售的普通护肤护发品

D. 进口环节取得的外国政府捐赠的小汽车

4. 委托加工的应税消费品，实行从价计征或复合计征的组成计税价格中包含（　　）因素。

A. 加工费用

B. 委托方提供的加工材料的实际成本

C. 受托方代垫辅助材料的价格

D. 受托方代收代缴的消费税

5. 下列企业出口应税消费品时，既退（免）增值税又退（免）消费税的有（　　）。

A. 酒厂出口白酒

B. 烟厂出口卷烟、雪茄烟

C. 外贸企业收购烟酒后出口

D. 外贸企业委托其他外贸企业代理出口烟酒

6. 用外购已税消费品连续生产应税消费品，不符合准予抵扣已纳消费税规定的有（　　）。

A. 用外购已税的烟丝生产的卷烟

B. 用外购已税的酒和酒精生产的酒

C. 用外购已税的汽车轮胎生产的小汽车

D. 用外购已税的摩托车生产的摩托车

7. 下列情形中，应征收消费税的有（　　）。

A. 将自产化妆品发给职工　B. 出厂前进行化验的化妆品

C. 作为展销样品的化妆品　D. 用于广告的化妆品

8. 下列随同销售额收取的费用项目，属于计征消费税的销售额范围的有（　　）。

A. 销项税额　B. 包装物租金

C. 包装费　D. 基金

三、业务实训题

1. 某鞭炮厂 2013 年 10 月以不含税出厂价 187.2 元/箱对外销售某高档鞭炮 1 120 箱，将 800 箱同类鞭炮移送给本厂非独立核算的门市部销售。当月门市部零售 645 箱，每箱零售价 280.8 元。计算该厂当月应纳的消费税。

2. 某化妆品公司是增值税一般纳税人，主要从事化妆品生产、进口和销售业务。2013 年 6 月发生以下业务：①从国外进口一批化妆品，经海关核定的关税完税价格为 448 万元，进口关税税率为 25%，企业按规定向海关缴纳了关税、消费税和增值税，并取得了相关的完税凭证；②向企业员工发放一批新研制的化妆品作为福利，该批化妆品不含增值税的销售价格为 200 万元、成本为 80 万元；③委托乙公司加工一批化妆品，发出材料成本 178 万元，支付给乙公司加工费 32 万元、增值税 5.44 万元，当月全部收回，将其中的一半用于连续加工化妆品，另一半直接出售，取得不含税销售额 185 万元。

请计算：

（1）当月进口环节应纳的消费税、增值税，并作相应的会计分录；

（2）当月用于职工福利的化妆品应纳的消费税，作出相应的会计分录；

（3）乙公司应代收代缴的消费税，并作相应的会计分录。

3. 某进出口公司为增值税一般纳税人，2013 年 8 月从国外进口白酒 2 000 箱，计 20 000 斤，每箱关税完税价格为 6 500 元，关税税率为 25%，消费税税率为 20%，加定额税 0.50 元/斤；进口白酒的货款尚未支付，进口关税、消费税和增值税已按规定向海关缴纳；该批白酒于当月全部出售给国内经销商，取得不含税销售额 25 000 000 元。

请计算：

国内销售进口白酒应纳的增值税。

4. 某卷烟厂（增值税一般纳税人）2013 年 4 月生产经营情况如下：①期初库存外购烟丝金额 10 234 元，当期外购烟丝金额 103 648 元，期末库存烟丝金额 5 698 元，所领烟丝全部用于生产卷烟；②委托加工烟丝已纳消费税税款期初余额为5 970元，当期收回委托加工烟丝已纳消费税税款 32 743 元，期末库存委托加工烟丝已纳消费税税款 15 000 元，所领用烟丝全都用于生产加工卷烟；③当期销售卷烟 50 标准箱，开具增值税专用发票注明价款 672 340 元、增值税 114 297.80 元。

要求：

（1）根据以上业务编制会计分录；

（2）计算烟厂当月应纳的消费税；

（3）填制消费税纳税申报表。

项目四 课后实训题

一、单选题

1. 下列经营者中，属于营业税纳税人的是（　　）。

A. 从事修理修配业务的个人

B. 从事缝纫业务的个体户

C. 发生销售货物并负责运输所售货物的混合销售

D. 将不动产无偿赠送他人的单位

2. 下列行为中，不应缴纳营业税的是（　　）。

A. 境外机构转让的无形资产在境内使用

B. 在境内组织游客出境旅游

C. 销售境内的不动产

D. 境内保险机构为出口货物提供保险

3. 下列各项中，属于营业税混合销售行为的是（　　）。

A. 家电商场销售空调并负责安装

B. 物流公司销售货物并送货上门

C. 建材商店销售建材并为客户提供装修

D. 歌舞厅提供娱乐服务并销售烟酒

4. 交通部门有偿转让高速公路收费权行为，应按（　　）项目征收营业税。

A. 转让无形资产　　　　B. 交通运输业

C. 销售不动产　　　　　　D. 服务业

5. 在销售不动产时连同土地使用权一并转让的行为，应比照（　　）征税。

A. 转让无形资产

B. 销售不动产

C. 转让无形资产和销售不动产

D. 建筑业

6. 关于金融业计税依据的下列说法正确的是（　　）。

A. 一般贷款业务的计税依据为利差收入

B. 转让股票的计税依据为卖出股票的全部收入

C. 金融中间业务的计税依据为佣金的全部收入

D. 融资租赁的计税依据为向承租者收取的全部价款

7. 以不动产投资入股，不征营业税，投资后转让其股权的收入，（　　）。

A. 应征收营业税　　　　　B. 减半征收营业税

C. 也不征收营业税　　　　D. 暂缓征收营业税

8. 关于营业税纳税地点的表述，下列正确的是（　　）。

A. 纳税人转让土地使用权，应向其机构所在地税务机关申报纳税

B. 纳税人从事运输业务，应向劳务发生地税务机关申报纳税

C. 纳税人承包的工程跨省的，应向其机构所在地税务机关申报纳税

D. 纳税人出租房屋，应向其机构所在地税务机关申报纳税

二、多选题

1. 下列项目中，应缴纳营业税的有（　　）。

A. 非金融机构买卖有价证券

B. 单位将不动产无偿赠与他人

C. 企业将资金贷给其他企业使用

D. 单位将土地使用权转让给农业生产者用于农业生产

2. 下列各项中，应按照“服务业—租赁业”税目征收营业税的有（　）。

A. 融资租赁业

B. 出租文化场所

C. 转让土地使用权

D. 交通部门有偿转让高速公路收费权

3. 下列项目免征营业税的有（　　）。

A. 学生勤工俭学提供的劳务

B. 个人转让著作权

C. 保险公司开展一年期以上返还性人身保险业务

D. 残疾人员提供的广告设计和咨询服务

4. 按现行营业税政策规定，非金融机构和个人从事的下列业务中，可以免纳营业税的有（　　）。

A. 转让有价证券　　B. 转让期货的所有权

C. 买卖外汇　　D. 销售不动产

5. 下列经营项目属于营业税应税行为的有（　　）。

A. 销售商品房　　B. 商品零售业务

C. 修理汽车　　D. 代购代销服务

6. 下列经营活动，应当缴纳营业税的有（　　）。

A. 邮政部门销售集邮商品

B. 邮政部门发行报刊

C. 电信部门销售移动电话并提供有关电信服务

D. 福利彩票机构发行福利彩票取得的收入

7. 下列混合销售行为应征收营业税的有（　　）。

A. 运输公司销售货物并负责运输所取得的收入

B. 商场销售货物并负责安装调试取得的收入

C. 铁路部门在火车上销售食品饮料取得的收入

D. 卡拉 OK 歌舞厅向顾客销售的烟酒饮料收入

8. 下列保险收入应当缴纳营业税的有（　　）。

A. 境内保险公司为境内企业提供财产保险

B. 境内保险机构为出口货物提供保险

C. 境外保险机构以境内物品为标的物提供的保险

D. 境内保险公司开展的一年期以上返还性人身保险

三、业务实训题

1. A 建筑公司以 25 000 万元的总承包额中标，为某房地产公司承建一高档写字楼，随后 A 公司又将该写字楼的装饰工程以1 000万元分包给了 B 建筑公司。工程完工后，房地产公司以其自有的价值2 000 万元的两幢住宅楼抵了应付 A 公司的工程承包款，A 公司又将其中的一幢住宅楼抵了应付 B 公司的分包工程款。

要求：

请分别计算有关各方应纳和应扣的营业税额，并作出相应的会计分录。

2. 某市商业银行 2011 年第四季度各有关经营收入如下：①取得贷款利息收入 580 万元，支付单位、个人存款利息 100 万元；②转让其持有的某公司债券，卖出价 1 500 万元，债券买入价 1 420 万元；③取得金融手续费收入 20 万元。

要求：

请计算该银行第四季度应纳的营业税。

3. 黄河公司是一家主营房地产的综合性公司，2011 年 8 月发生如下经济业务：①自建同标准规格的楼房两栋，成本共计5 400万元，当地政府规定的成本利润率为 15%，公司将其中一栋楼自用，另一栋楼对外销售，取得销售收入 4 000 万元；②销售现房取得收入 1 860 万元，预售房屋取得预售款 745 万元；③公司下属非独立核算的汽车队取得运输收入 130 万元、联运收入 220 万元，支付给其他联运单位运费 100 万元，销售货物并负责运输所售货物取得收入 90 万元。

要求：

计算黄河公司 8 月份应纳的营业税，并填制营业税纳税申报表。

4. 某国际旅行社 2011 年 5 月发生如下经营业务：①组织境

内各旅游线路旅游团45批次，旅行社向游客收取的旅游费共计94万元，旅行社替旅客共支付交通费24万元、住宿费8万元、餐费6万元、门票费12万元；②组织境外旅游团20批次，旅行社向旅客收取的旅游费共计36万元，在境外由当地旅行社接团，共支付境外接团费14万元，替旅客支付境内外往返交通费（机票费、大巴运费等）7万元。

要求：

计算该旅行社5月份应纳的营业税，并编制会计分录。

5. 某宾馆经营多种业务，2011年10月份发生如下经济业务：①餐饮收入50万元；②住宿收入40万元；③歌舞厅收入20万元，其中门票收入5万元、点歌费3万元、烟酒饮料收入10万元、其他服务收入2万元；④代购车票等手续费收入2万元；⑤出租多功能厅租金收入5 000元；⑥宾馆内附设商品部取得零售收入3万元。

要求：

计算该宾馆10月份应纳的营业税。

项目五
课后实训题

一、单选题

1. 下列各项中符合关税法定减免规定的是（　　）。

A. 保税区进出口的基建物资和生产用车辆

B. 边境贸易进出口的基建物资和生产用车辆

C. 关税税额在人民币 100 元以下的一票货物

D. 经海关核准进口的无商业价值的广告品和货样

2. 下列各项中符合关税完税价格规定的有（　　）。

A. 运往境外加工的货物，应以加工后进境时的到岸价格为完税价格

B. 准予暂时进口的施工机械，按同类货物的到岸价格为完税价格

C. 转让进口的免税旧货物，以原入境的到岸价格为完税价格

D. 留购的进口货样，以留购价格为完税价格

3. 境外边境口岸成交的铁路和公路运输进口货物，海关应按货价的（　　）计算运输及相关费用、保险费。

A. 1%　　　　　　B. 3%

C. 10%　　　　　 D. 3‰

4. 以下项目中应计入进口货物关税完税价格的有（　　）。

A. 货物运抵境内输入地点之后的运输费用

B. 进口关税

C. 国内保险费

D. 卖方间接从买方对该货物进口后使用所得中获得的收益

5. 出口货物的完税价格应该包括（　　）。

A. 离境口岸至境外口岸之间的运输保险费

B. 工厂至离境口岸之间的运输保险费

C. 出口关税

D. 支付给境外的佣金

6. 进出口货物完税后，如发现少征或漏征税款，海关应当自缴纳税款或者货物放行之日起（　　）内，向收发货人补征。

A. 半年　　B. 1 年

C. 2 年　　D. 3 年

二、多选题

1. 我国特别关税的种类包括（　　）。

A. 报复性关税　　B. 保障性关税

C. 反倾销关税　　D. 反补贴关税

2. 我国关税的计征方法包括（　　）。

A. 从价关税　　B. 从量关税

C. 复合关税　　D. 滑准关税

3. 进口货物以海关审定的成交价格为基础确定完税价格，并应当包括货物运抵我国境内输入地点起卸前的（　　）等费用。

A. 包装　　B. 其他劳务

C. 保险　　D. 运输

4. 下列出口货物完税价格的确定方法中，符合关税税法规定的有（　　）。

A. 以成交价格为基础确定的完税价格

B. 海关依法估价确定的完税价格

C. 根据境内生产类似货物的成本、利润和费用计算的价格

D. 以相同或类似的进口货物在境内销售价格为基础估定的完税价格

5. 运往境外加工货物按规定手续复运进境的，应当以海关审定的（　　）估定完税价格。

A. 加工费　　B. 料件费

C. 复运进境的运输费　　D. 复运进境的保险费

6. 使用倒扣价格方法计算进口货物完税价格，应扣除的项目包括（　　）。

A. 境内销售利润

B. 进口关税和进口消费税

C. 运抵输入地点前的运输保险费

D. 运抵输入地点后的运输保险费

三、业务实训题

1. 某进出口公司从日本进口一批化工原料共 500 吨，货物以境外口岸离岸价格成交，单价折合人民币 24 000 元，卖方承担包装费每吨 200 元人民币，另向卖方支付的佣金每吨 800 元人民币，向自己的采购代理人支付佣金 16 000 元人民币。已知该货物运抵我国海关境内输入地起卸前的包装、运输、保险和其他劳务费用为每吨 2 200 元人民币，进口后发生运输装卸费 400 元人民币，关税税率为 10%。

要求：

计算该批进口化工原料应纳的关税、增值税，并编制相应的会计分录。

2. 某商贸公司为增值税一般纳税人，并具有进出口经营权。2011 年 9 月发生有关经营业务如下：①从国外进口小轿车 10 辆，进口报关单注明支付买价 350 万元，并支付运抵我国海关起卸前的运输费 4 万元、包装费 1 万元、保险费 2 万元；②将生产用的价值 50 万元旧设备运往境外修理，出境时已向海关报明，支付给境外的修理费 5 万元、料件费 10 万元，并在海关规定的时间内运回了设备；③从国外进口卷烟 8 万条（每大箱 250

条、每条200支)，支付买价200万元，并支付到达我国海关口岸前的运输费12万元、保险费8万元。

要求：

计算该公司进口上述货物应纳的关税、消费税和增值税。(注：进口关税税率分别为小轿车20%、设备10%、卷烟40%；增值税税率均为17%，消费税税率分别为小轿车20%、卷烟56%)

3. 某海运企业进口一批银首饰，海关审订货价折合人民币6 970万元，运保费无法确定，海关按同类货物同城运输费估定运费9.06万元人民币，进口税率为15%，消费税税率为5%，增值税税率为17%。

要求：

计算进口货物应纳的关税、消费税和增值税。

项目六 课后实训题

一、单选题

1. 依据企业所得税法规定，下列各项中按照负担、支付所得的企业或者机构、场所所在地确定所得来源地的是（　　）。

A. 销售货物所得　　B. 权益性投资所得

C. 动产转让所得　　D. 特许权使用费所得

2. 在中国境内设立机构、场所且所得与该机构、场所有实际联系的非居民企业适用的企业所得税税率为（　　）。

A. 10%　　B. 15%

C. 20%　　D. 25%

3. 某小型微利企业经主管税务机关核定，2010 年亏损 20 万元，2011 年度盈利 35 万元。该企业 2011 年度应纳的企业所得税为（　　）。

A. 1.5 万元　　B. 2.25 万元

C. 3 万元　　D. 3.75 万元

4. 某居民企业 2010 年度发生经营亏损，根据所得税法规定，其亏损弥补的最长期限不得超过（　　）。

A. 2003 年　　B. 2005 年

C. 2013 年　　D. 2015 年

5. 根据企业所得税法的规定，下列各项中不应计入应纳税所得额的是（　　）。

A. 股权转让收入

B. 接受捐赠收入

C. 因债权人缘故确实无法支付的应付款项

D. 依法收取并纳入财政管理的行政事业性收费

6. 某企业2011年度销售收入为2 000万元，全年发生业务招待费25万元，且能提供有效凭证。该企业准予在所得税前扣除的业务招待费为（　　）。

A. 10万元　　B. 15万元

C. 20万元　　D. 25万元

7. 根据企业所得税法规定，企业发生的公益性捐赠支出，在计算应纳税所得额时允许扣除的标准是（　　）。

A. 全额扣除

B. 年度利润总额的12%以内的部分

C. 年度应纳税所得额的3%以内的部分

D. 年度应纳税所得额的12%以内的部分

8. 根据企业所得税法规定，下列各项中不得提取折旧的固定资产是（　　）。

A. 房屋、建筑物

B. 季节性停用的机器设备

C. 以经营性方式出租的固定资产

D. 已提足折旧继续使用的固定资产

9. 在计算应纳税所得额时，下列支出可以加计扣除的是（　　）。

A. 赞助支出

B. 职工教育经费

C. 新技术、新产品、新工艺的研究开发费用

D. 为安置残疾人员所购置的专门设施

10. 企业发生的广告费和业务宣传费支出，在计算企业所得税应纳税所得额时允许扣除的标准是全年销售（营业）收入的（　　）。

A. 8%　　　　　　　　　　B. 10%

C. 12%　　　　　　　　　D. 15%

二、多选题

1. 依据企业所得税法的规定，下列各项中属于企业所得税纳税人的有（　　）。

A. 合伙企业　　　　　　　B. 个人独资企业

C. 有限责任公司　　　　　D. 股份有限公司

2. 依据企业所得税法的规定，判定居民企业的标准的有（　　）。

A. 登记注册地　　　　　　B. 所得来源地

C. 经营行为发生地　　　　D. 实际管理机构所在地

3. 根据企业所得税法的规定，纳税人在经营过程中缴纳的下列税金中，在计算应纳税所得额时准予扣除的有（　　）。

A. 增值税　　　　　　　　B. 消费税

C. 营业税　　　　　　　　D. 土地增值税

4. 根据企业所得税法的规定，下列支出项目中，在计算企业所得税应纳税所得额时不得扣除的有（　　）。

A. 税收滞纳金　　　　　　B. 银行按规定加收的罚息

C. 被没收的财物损失　　　D. 未经核定的准备金支出

5. 下列各项中，不属于企业非货币资产损失的是（　　）。

A. 存货盘亏损失　　　　　B. 固定资产丢失损失

C. 现金盘点短缺损失　　　D. 银行存款损失

6. 在中国境内未设立机构、场所的非居民企业从中国境内取得的下列所得，应按收入全额计算征收企业所得税的有（　　）。

A. 股息　　　　　　　　　B. 租金

C. 特许权使用费所得　　　D. 财产转让所得

7. 对境外所得实行税额抵免的所得包括（　　）。

A. 居民企业来源于中国境外的应税所得

B. 在境内设立机构、场所的非居民企业取得的发生在境外

但与该机构、场所有实际联系的应税所得

C. 居民企业从其直接控制的外国企业分得的来源于境外的股息、红利等权益性投资收益

D. 居民企业从其间接控制的外国企业分得的来源于境外的股息、红利等权益性投资收益

8. 应纳税暂时性差异产生于（　　）。

A. 资产的账面价值大于计税基础

B. 资产的账面价值小于计税基础

C. 负债的账面价值大于计税基础

D. 负债的账面价值小于计税基础

9. 可抵扣暂时性差异产生于（　　）。

A. 资产的账面价值大于计税基础

B. 资产的账面价值小于计税基础

C. 负债的账面价值大于计税基础

D. 负债的账面价值小于计税基础

10. 固定资产的账面价值与其计税基础之间的暂时性差异主要来自（　　）。

A. 折旧方法

B. 折旧年限

C. 取得时的入账价值不等于计税基础

D. 后续计量中计提固定资产减值准备

三、业务实训题

1. 某企业为我国居民企业，2011 年有关经营资料如下：取得销售收入 5 000 万元，销售成本为 2 200 万元，发生销售费用 1 340万元（其中广告费支出 900 万元），管理费用为 960 万元（其中业务招待费支出 30 万元），财务费用为 120 万元，营业税金及附加为 320 万元（含增值税 240 万元），营业外收入为 140 万元，营业外支出为 120 万元（含通过公益性社会团体向贫困山区捐款 60 万元、支付税收滞纳金 15 万元、环保罚款支出 30 万元），计入成本、费用中的实发工资总额为 350 万元，拨缴工

会经费8万元，提取职工福利费50万元、职工教育经费10万元。

要求：

根据上述资料计算该企业应缴纳的企业所得税。

2. 某企业2011年度境内应纳税所得额为100万元，适用25%的企业所得税税率。该企业分别在A、B两国设有分支机构，本年度来自A国分支机构的应纳税所得额为50万元，A国企业所得税税率为20%；来自B国分支机构的应纳税所得额为30万元，B国企业所得税税率为30%。假设该企业来自A、B两国的所得按所在国税法计算的应纳税所得额与按我国税法计算的应纳税所得额一致，两个分支机构在A、B两国分别缴纳了10万元和9万元企业所得税。

要求：

请计算该企业汇总纳税时应向我国缴纳的企业所得税税额。

3. 某企业于2009年12月25日购入一台生产用设备，价值200 000元，预计可以使用5年，净残值为0。企业采用双倍余额递减法提取折旧，而税法规定企业采用年限平均法计提折旧。假设企业各年年末税前利润总额均为400 000元，企业适用25%的企业所得税税率。

要求：

（1）采用资产负债表债务法计算企业各年的所得税费用金额、应纳税所得额和应纳所得税额；

（2）编制相应的会计分录；

（3）如果从第3年开始企业所得税税率变更为20%，应如何进行会计处理？

4. D公司2011年度利润表中利润总额为700万元，适用的企业所得税税率为25%，递延所得税负债的期初余额为12万元，递延所得税资产的期初余额为24万元（不考虑中期报告）。当年发生的有关交易和事项中，会计处理与税收处理存在的差别有：①2011年1月1日开始计提折旧的一项固定资产，成本为200万元，使用年限为10年，净残值为0，会计处理按双倍余额递减法计提折旧，税收规定按直线法计提折旧。假定税法规定的使用年限及净残值与会计规定相同。②向关联方捐赠现金 50 万元。③期末持有可供出售的金融资产成本为 480 万元，期末公允价值为 560 万元。④应付税收滞纳金 10 万元。⑤期末对存货计提了 8 万元的存货跌价准备。该公司 2011 年度资产负债表相关项目金额及其计税基础如表 6-1 所示。

表 6-1 单位：万元

项目	账面价值	计税基础	差异	
			应纳税暂时性差异	可抵扣暂时性差异
存货	3 920	3 928		8
固定资产				
固定资产原价	2 850	2 850		
减：累计折旧	840	820		
固定资产减值准备	15	0		
固定资产账面价值	1 995	2 030		35
可供出售的金融资产	560	480	80	
预计负债	70	0		70
总计			80	113

要求：

请根据上述资料计算确定 D 公司 2011 年度当期所得税和递延所得税，并作相关的会计分录。

项目七
课后实训题

一、单选题

1. 下列在中国境内无住所的人员中，属于中国居民纳税人的是（　　）。

A. 外籍个人甲 2010 年 9 月 1 日入境，2011 年 10 月 1 日离境

B. 外籍个人乙来华学习 180 日

C. 外籍个人丙 2011 年 1 月 1 日入境，2011 年 12 月 31 日离境

D. 外籍个人丁 2011 年 1 月 1 日入境，2011 年 11 月 20 日离境

2. 根据个人所得税法的规定，下列各项中属于工资、薪金所得项目的是（　　）。

A. 年终加薪　　B. 托儿补助费

C. 独生子女补贴　　D. 差旅费津贴

3. 下列各项中，不应按特许权使用费所得征收个人所得税的是（　　）。

A. 专利权　　B. 著作权

C. 稿酬　　D. 非专利技术

4. 下列应税项目中，以一个月为一次确定应纳税所得额的

有（　　）。

A. 劳务报酬所得　　B. 特许权使用费所得

C. 财产租赁所得　　D. 财产转让所得

5. 下列说法不正确的是（　　）。

A. 若个人发表一作品，出版社分 3 次支付稿酬，应合并为一次征税

B. 若个人在两处出版同一作品而分别取得稿酬，则应分别单独纳税

C. 若因作品加印而获得稿酬，应就此次稿酬单独纳税

D. 个人的同一作品连载之后又出书取得稿酬的，应视同再版稿酬分别纳税

6. 下列利息所得应当征收个人所得税的是（　　）。

A. 国库券利息　　B. 国家发行的金融债券利息

C. 教育储蓄存款利息　　D. 境外存款利息

7. 2010 年中国公民李刚在英国取得劳务报酬收入 40 000 元，按该国税法规定缴纳了个人所得税 6 500 元；取得中奖所得 10 000 元，按该国税法规定缴纳了个人所得税 3 000 元。回国后，李刚应缴纳个人所得税（　　）元。

A. 50　　B. 100

C. 1 000　　D. 1 100

8. 个人所得税法规定，纳税人从中国境内两处或两处以上取得应纳税所得额的，其纳税地点的选择是（　　）。

A. 收入来源地　　B. 税务局指定地点

C. 纳税人户籍所在地　　D. 纳税人选择一地申报纳税

二、多选题

1. 下列各项中，应按劳务报酬所得项目计算征收个人所得税的有（　　）。

A. 李教授从任职大学取得劳动分红或奖励

B. 李教授应外单位邀请讲学取得的收入

C. 李教授独立从事设计取得的报酬

D. 李教授应电视台邀请出任某节目嘉宾取得的收入

2. 根据个人所得税法的规定，下列各项在计算应纳税所得额时，按照定额扣除与定率扣除相结合的方法扣除费用的有（　　）。

A. 劳务报酬所得　　B. 特许权使用费所得

C. 财产租赁所得　　D. 财产转让所得

3. 在计征个人所得税时，允许从收入中减除费用800元的有（　　）。

A. 出版作品一次取得稿酬收入50 000元

B. 出租房屋每月取得租金收入3 000元

C. 转让专利权一次取得收入8 000元

D. 提供咨询一次取得收入2 000元

4. 下列各项所得，在计算个人所得税时不得减除费用的有（　）。

A. 利息、股息、红利所得　　B. 稿酬所得

C. 劳务报酬所得　　D. 偶然所得

5. 下列各项中，属于免征个人所得税的项目有（　　）。

A. 个人取得的保险赔款

B. 军人的转业安置费

C. 国家发行的金融债券利息

D. 离退休工资

6. 下列工资、薪金所得中，可实行按年计算、分月预缴计征方法的有（　　）。

A. 采掘业　　B. 远洋运输业

C. 远洋捕捞业　　D. 航空业

7. 下列情形中，纳税人必须向税务机关申报所得并缴纳税款的有（　　）。

A. 取得应纳税所得而没有扣缴义务人的

B. 从境内两处或两处以上取得工资、薪金所得的

C. 从中国境外取得所得的

D. 年所得在12万元以上的

8. 根据个人所得税法的规定，下列各项中暂免征收个人所得税的有（　　）。

A. 离退休人员从社保部门领取的养老金

B. 离退休人员从原任职单位取得的补贴

C. 个人取得由单位和个人共同缴付的失业保险费

D. 个人提取由单位和个人共同缴付的住房公积金

三、业务实训题

1. 中国公民张某2011年12月取得以下收入：①全年一次性奖金24 000元（张某当月工资薪金高于税法规定的费用扣除额，并且已由单位代扣代缴个人所得税）；②为某公司设计产品营销方案，取得一次性设计收入28 500元；③花费240元现金购买福利彩票，取得一次性中奖收入30 000元；④转让持有的股票所得46 000元；⑤转让自用住房一套，取得转让收入80万元，支付转让费4万元；该套住房买价为60万元，购买时间为2006年5月，该住房是张某唯一的家庭生活用房。

要求：

（1）分别说明张某当月各项收入是否应缴纳个人所得税；

（2）计算张某当月应缴纳的个人所得税税额。

2. 王强取得咨询劳务费50 000元，将其中10 000元通过民政部门捐赠给洪涝灾区，将5 000元通过著名企业捐款给贫困地区，将6 000元通过国家机关捐赠给当地红十字会机构。

要求：

该项劳务报酬应缴纳个人所得税为多少元?

3. 某美国籍来华人员已在中国境内居住7年，2009年10月取得新加坡一家公司支付的劳务所得10 000元（折合成人民币，下同），已被扣缴所得税1 000元；在新加坡出版一部小说，获得稿酬收入20 000元，扣缴所得税2 000元。同月，还从美国取得利息所得1 000元，已被扣缴所得税200元；提供咨询劳务获得报酬20 000元，扣缴所得税1 500元。经核查，境外完税凭证无误。

要求：

计算境外所得在我国境内应补缴的个人所得税。

4. 某高校 5 位教师共同编写出版一本 50 万字的教材，共取得稿酬收入 21 000 元。其中，主编一人取得主编费 1 000 元，其余稿酬 5 人平分。

要求：

计算各教师应缴纳的个人所得税。

5. 王某为一外商投资企业雇佣的中方人员，2012 年 2 月该企业支付给王某的薪金为 7 200 元；当月王某还收到其所在的派遣单位发给的工资 3 000 元。

要求：

请计算该外商投资企业、派遣单位应扣缴王某的个人所得税额，以及王某应实际申报缴纳的个人所得税额。

项目八
课后实训题

一、单选题

1. 下列各项中，属于资源税征税范围的是（　　）。

A. 人造石油　　B. 洗煤、选煤

C. 固体盐　　D. 煤矿生产的天然气

2. 下列各项中，应当征收土地增值税的是（　　）。

A. 公司与公司之间互换房产

B. 房地产公司为客户代建房产

C. 兼并企业从被兼并企业取得房产

D. 合作建房各方按比例分配房产自用

3. 纳税人新征用耕地应缴纳的城镇土地使用税，其纳税义务发生时间是（　　）。

A. 自批准征用之日起满 3 个月

B. 自批准征用之日起满 6 个月

C. 自批准征用之日起满 1 年

D. 自批准征用之日起满 2 年

4. 某企业拥有原值为 2 500 万元的房产，2011 年 1 月 1 日将其中的 30%用于对外投资联营，投资期限为 10 年，每年固定利润分红 50 万元，不承担投资风险。已知当地政府规定的扣除比例为 20%，该企业 2011 年度应纳房产税（　　）万元。

A. 24　　B. 22.8

C. 30　　D. 16.8

5. 根据车船税法规定，下列各项中属于货车计税依据的是（　　）。

A. 排气量　　B. 整备质量

C. 净吨位　　D. 购置价格

6. 下列行为不缴纳契税的是（　　）。

A. 以房产抵债

B. 房屋赠与

C. 以获奖方式取得房屋产权

D. 以自有房产作股投入本人经营企业

7. 纳税人所在地为县城、建制镇的，城市维护建设税的税率为（　　）。

A. 7%　　B. 5%

C. 3%　　D. 1%

8. 根据印花税条例规定，下列各项中属于印花税纳税人的是（　　）。

A. 合同的双方当事人　　B. 合同的担保人

C. 合同的证人　　D. 合同的鉴定人

9. 当合同在签订时无法确定计税金额时，一般应预贴印花，按照规定预贴印花的金额是（　　）。

A. 1 元　　B. 5 元

C. 10 元　　D. 15 元

10. 车辆购置税的适用税率为（　　）。

A. 5%　　B. 10%

C. 15%　　D. 20%

二、多选题

1. 根据资源税法律制度的规定，下列单位和个人的生产经营行为应缴纳资源税的有（　　）。

A. 冶炼企业进口铁矿石　　B. 个体经营者开采煤矿

C. 军事单位开采石油　　D. 中外合作开采天然气

2. 下列关于资源税课税数量的说法中，正确的有（　　）。
A. 某油田自产自用的天然气，以自用数量为课税数量
B. 某煤矿对外销售的原煤，以销售数量为课税数量
C. 盐场以自产液体盐加工固体盐销售的，以使用的液体盐数量为课税数量
D. 某铁矿山自产自用的铁矿石，以实际移送使用数量为课税数量

3. 下列各项中，免征城镇土地使用税的有（　　）。
A. 房地产公司建造商品房的用地
B. 企业厂区内的铁路专用线用地
C. 企业厂区外的公共绿化用地
D. 公园、名胜古迹自用的土地

4. 下列情况中应征收土地增值税的有（　　）。
A. 抵押期内的房地产
B. 合作建房后转让所分配的房产
C. 房地产重新评估增值
D. 企业互换房地产

5. 房地产开发企业在计算土地增值税时，允许从收入中扣除的税金有（　　）。
A. 营业税　　B. 印花税
C. 契税　　D. 城市维护建设税

6. 房产税的计税依据可以是（　　）。
A. 融资租赁房屋的，以房产原值计税
B. 联营投资房产、共担投资风险的，以房产余值计征房产税
C. 出租房产的，以租金收入计税
D. 租入房产的，以租金计税

7. 下列各项中属于车船税征税范围的有（　　）。
A. 乘用车　　B. 货车
C. 机动船　　D. 非机动驳船

8. 下列有关契税的计税依据，表述正确的有（　　）。

A. 国有土地使用权出让，以纳税人缴纳的土地出让金为计税依据

B. 土地使用权和房屋出售，以成交价格为计税依据

C. 土地使用权和房屋赠与，以征收机关核定的市场价格为计税依据

D. 交换土地使用权、房屋的，以所交换的不动产的价格差额为计税依据

9. 根据印花税暂行条例的规定，下列各项中应缴纳印花税的有（　）。

A. 土地使用权出让合同　B. 贴息贷款合同

C. 商品房销售合同　D. 房屋产权证

10. 下列各项中，可以作为城市维护建设税和教育费附加计征依据的是（　）。

A. 纳税人滞纳增值税而加收的滞纳金

B. 纳税人享受减免税后实际缴纳的营业税

C. 纳税人偷逃增值税而被处的罚款

D. 纳税人偷逃消费税而被查补的税款

三、业务实训题

1. 某煤矿2011年10月份生产销售原煤15万吨，生产天然气500万立方米，自用原煤加工洗煤3万吨，煤炭综合回收率为60%。该煤矿煤炭适用的单位税额为1.5元/吨，天然气适用的单位税额为10元/千立方米。

要求：

计算该煤矿10月份应纳的资源税税额，并编制计提和缴纳资源税的会计分录。

2. 某房地产开发公司2011年12月10日转让一幢写字楼，共取得转让收入5 000万元，公司即按税法规定缴纳了营业税、城市维护建设税（适用税率为7%）、教育费附加和印花税（适用税率为0.5‰）。已知该公司为取得土地使用权而支付的地价款和按国家统一关规定缴纳的有关费用为500万元，投入的房地产开发成

本为1 500万元，房地产开发费用中的利息支出为120万元（能够按转让房地产项目计算分摊并提供金融机构证明），比按工商银行同类同期贷款利率计算的利息支出多出10万元，当地政府规定的其他房地产开发费用计算扣除比例为5%。

要求：

计算该公司转让此楼应纳的土地增值税税额，并编制计提和缴纳土地增值税的会计分录。

3. 2011年某国有企业利用库房空地进行商品房开发，按照国家有关规定补交土地出让金2 500万元，缴纳相关税费150万元；商品房开发成本为2 450万元；实际发生的房地产开发费用为620万元，其中的利息支出为300万元（但不能提供金融机构证明）；商品房已于当年竣工并已全部出售，共取得销售收入9 780万元，已按规定缴纳了营业税（5%）、城市维护建设税（7%）、教育费附加（3%）、印花税（0.5‰）。当地政府规定的房地产开发费用的计算扣除比例为10%。

要求：

计算该企业开发销售商品房应纳的土地增值税税额，并编制计提和缴纳土地增值税的会计分录。

4. 某企业实际占地面积为25 000平方米，其中5 000平方米为厂区以外的绿化区，企业办幼儿园占地1 000平方米。另外，企业出租一块2 000平方米的土地给甲公司使用，将一块1 000平方米土地借给部队作训练场地（该企业所处地段适用的土地使用税年税额为2元/平方米）。当地土地使用税实行按年计算、分季缴纳。

要求：

计算该企业全年及每季应纳的土地使用税税额，并编制计提和缴纳土地使用税的会计分录。

5. 某企业2011年年初自有经营性房产原值为1 250万元，该省规定房产损耗减除率为20%，自2011年1月起将其1/4投资联营，经营期限为10年，每年固定分红48万元；2011年7月1日将其余房产的一半出租，月租金5万元。当地房产税实行按年计算、分上下半年缴纳。

要求：

计算该企业2011年应纳的房产税税额，并编制计提和缴纳房产税的会计分录。

6. 某企业拥有3辆小轿车，其中1辆排气量为3.5升（每辆年税额为3 000元），两辆排气量为2.8升（每辆年税额为2 160元）；拥有客车4辆，其中20座以下的客车两辆（每辆年税额为600元），20座以上的客车两辆（每辆年税额为1 320元）；拥有货车10辆，其中整备质量4吨的货车有4辆（每吨年税额50元），整备质量8吨的货车有6辆（每吨年税额为100元）；拥有整备质量为两吨的专用作业车两辆（每吨年税额为40元）。

要求：

计算该企业当年及每个季度应纳的车船税税额，并编制计提和缴纳车船税的会计分录。

7. 某公司2011年年初新启用非资金账簿20本，“实收资本”与“资本公积”账户所载金额分别比2010年增加50万元和10万元。除此之外还签订了如下经济合同：①与购货方签订了购销合同，规定用80万元的自制产品换取80万元的原材料；②与某运输公司签订一份货物运输合同，注明运输费9万元、装卸费1万元；③以本公司价值200万元的财产作抵押，取得银行抵押贷款100万元，合同规定年底归还。但年底因资金周转困难，无力偿还，按照合同规定将抵押财产产权转移给该银行，并依法签订了产权转移书据。

要求：

计算该公司应该交纳的印花税税额，并作相应的会计分录。

8. 某公司2011年6月10日以396 000元的价格进口两辆小汽车自用，进口关税税率为20%，消费税税率为25%，增值税税率为17%。

要求：

计算该公司进口小汽车应纳的进口关税、消费税、增值税和车辆购置税，并作相关的会计分录。

综合模拟纳税实训案例

一、企业概况

单位名称：银河实业有限公司。
单位性质：工业企业。
单位规模：一般纳税人。
税务登记号码：6120384659735356（国税）；6346210（地税）。
开户银行及账号：工商银行雁塔支行，账号6120380057067248102。
单位注册地址：西安市雁塔区和平路256号。
单位电话：029-21625898。
企业所得税税率：25%。

二、涉税资料

1. 公司概况

该公司注册资本为600万元。其中：祥瑞公司出资比例占50%，光明公司出资比例占30%，永通公司出资比例占20%。企业设有一个生产车间，主要生产A、B两种产品。企业在职职工有128人。其中：企划部5人，财务部3人，销售部4人，供应部3人，仓储部4人，车间生产工人96人，生产车间管理人员3人，设备部3人，研发部7人。

2. 会计工作组织及账务处理程序

（1）企业会计工作组织形式采用集中核算形式。

（2）企业采用借贷记账法记账。

（3）企业账务处理采用科目汇总表账务处理程序。

（4）企业采用复式通用记账凭证，凭证按月顺序编号。

3. 坏账损失核算规定

企业发生的坏账采用备抵法核算，按年末应收账款余额百分比法计提坏账准备金，计提比例为5‰。本公司各项其他应收款发生坏账的可能性不大，各项其他应收款不计提坏账准备。

3. 存货核算规定

企业的材料根据管理需要采用实际成本核算，逐笔结转入库材料的实际成本，发出材料的计价采用先进先出法，月末汇总结转发出材料的成本。低值易耗品和包装物采用实际成本核算，领用时的计价采用先进先出法，摊销采用一次摊销法。库存商品采用实际成本核算，发出时的计价采用加权平均法。

4. 固定资产核算规定

企业的固定资产折旧采用年限平均法计提，实行分类折旧率计算。其中：房屋建筑物类月折旧率为0.3%，机器设备类折旧率为0.8%。

5. 成本及费用核算规定

（1）企业成本核算采用公司一级成本核算体制。

（2）产品成本计算根据企业生产类型特点及成本管理要求采用品种法。

（3）不同产品共同耗用同一种材料，一律采用定额耗用量比例分配。

（4）外购电力费用按照各受益单位用电度数比例分配；车间产品生产动力用电费用，按产品生产工时比例在各种产品之间进行分配。

（5）外购水费直接按照各受益单位数量比例进行分配。

（6）车间生产工人工资，按产品生产工时比例在各种产品之间分配。

（7）职工福利费、工会经费、职工教育经费的提取比例分别为工资总额的15%、2%和3%。

（8）制造费用按照产品生产工时比例分配。

（9）月末A、B产品的在产品成本采用约当产量法计算，原材料在生产开始时一次投入，完工程度均为50%。

（10）借款利息支出按月计提分配。

6. 其他有关纳税资料如下：

（1）企业属于增值税一般纳税人，适用17%的税率，按月缴纳增值税。全部材料、库存商品的采购、销售均为不含税价格，应由企业负担的运费，可根据运输部门的发票，按7%计算抵扣进项税额。

（2）城市维护建设税和教育费附加分别按实际缴纳的增值税、消费税、营业税等流转税额的7%和3%计算缴纳。

（3）企业所得税实行按月计算、按月预交、年终汇算清缴的办法，使用25%的所得税税率。

（4）个人所得税按规定的超额累进税税率计算，职工承担的养老保险、医疗保险、失业保险在计算个人所得税时可以抵扣。

（5）各种社会保险按月申报缴纳，由单位承担并缴纳的养老保险、医疗保险、失业保险、工伤保险、生育保险等社会保险费用分别按上年度缴费职工月平均工资的20%、8%、2%、1%和0.8%计算；由职工个人承担的养老保险、医疗保险、失业保险分别按本人上年月平均工资总额的8%、2%、1%计算。假设职工本月工资与上年度月平均工资相同，上年度月平均工资为284 905元。

（6）房产税和土地使用税实行按年计算，分别于6月和12月计提，于7月和次年1月缴纳；车船税由保险公司于12月末代收代缴。公司有关会计资料如下：

①企业会计账面记载资料：生产经营用房的账面原值是510万元；管理部门用房的账面原值为232万元；销售部门用房的账面原值为18万元，当地政府规定的房产税计算允许减除房产

折耗比例为原值的30%。

②企业土地使用证书记载，公司占用一类地段土地1 500平方米，年适用税额为24元/平方米；占用二类地段土地500平方米，年适用税额为18元/平方米；占用三类地段土地400平方米，年适用税额为12元/平方米。

③企业拥有车辆情况如下：拥有5辆小轿车，其中1辆排气量为3.2升（每辆年单位税额为3 000元），两辆排气量为2.8升（每辆年单位税额为2 160元），两辆排气量为2.5升（每辆年单位税额为1 200元）；4辆客车，其中两辆载客人数为16人的面包车（年单位税额为660元/辆），两辆载客人数为50人的大巴车（年单位税额为1 200元/辆）；5吨的载货卡车10辆，4吨的挂车5辆，当地政府规定的载货汽车的单位税额为100元/吨。

（7）2013年12月账户期初余额如表1所示。

表1　　　　单位：元

科目编码	账户名称	期初余额			
		总账		明细账	
		借方余额	贷方余额	借方余额	贷方余额
1001	库存现金	12 025.00		12 025.00	
1002	银行存款	1 087 898.00		1 087 898.00	
1009	其他货币资金	200 000.00			
100903	银行汇票存款			200 000.00	
1121	应收票据	351 000.00			
112101	万达公司			351 000.00	
1131	应收账款	502 000.00			
113101	振华公司			234 000.00	
113102	富乐公司			268 000.00	
1133	其他应收款	3 000.00			
113301	刘洋			3 000.00	
1141	坏账准备	30 000.00			
114101	应收账款坏账准备			30 000.00	
1151	预付账款	300 000.00			
115101	长丰公司			300 000.00	
1211	原材料	965 000.00			

表1(续)

科目编码	账户名称	期初余额			
		总账		明细账	
		借方余额	贷方余额	借方余额	贷方余额
121101	原料及主要材料			965 000.00	
12110101	甲材料			455 000.00	
12110102	乙材料			510 000.00	
1212	周转材料	72 000.00			
121201	包装物			60 000.00	
12120101	包装箱			60 000.00	
121202	低值易耗品			12 000.00	
12120201	劳保用品(工作服)			12 000.00	
1213	库存商品	1 606 400.00			
121301	A 产品			810 000.00	
121302	B 产品			796 400.00	
1301	固定资产	13 240 000.00			
130101	经营用固定资产			9 465 000.00	
130102	非经营用固定资产			3 775 000.00	
1302	累计折旧		4 802 000.00		
130201	累计折旧				4 802 000.00
2101	短期借款		600 000.00		
210101	生产周转借款				600 000.00
2111	应付票据		510 000.00		
211101	茂源公司				510 000.00
2121	应付账款		360 000.00		
212101	华丰公司				120 000.00
212102	全盛公司				240 000.00
2131	预收账款		300 000.00		
213101	乐华公司				300 000.00
2151	应付职工薪酬		174 600.00		
215101	职工福利				80 100.00
215104	工会经费				27 000.00
215105	职工教育经费				67 500.00
2171	应交税费		73 097.00		
217101	应交增值税			45 000.00	
217103	应交营业税				24 000.00
217106	应交企业所得税				87 500.00
217108	应交城市维护建设税				1 680.00

表1(续)

科目编码	账户名称	期初余额			
		总账		明细账	
		借方余额	贷方余额	借方余额	贷方余额
217109	应交教育费附加				720.00
217112	应缴个人所得税				4 197.00
2181	应付利息		49 000.00		
218101	应付周转借款利息				9 000.00
218102	应付基建借款利息				40 000.00
2301	长期借款		3 000 000.00		
230101	基建借款				3 040 000.00
3101	实收资本		6 000 000.00		
310101	祥瑞公司				3 000 000.00
310102	光明公司				1 800 000.00
310103	永通公司				1 200 000.00
3111	资本公积		504 026.00		
311101	资本溢价				504 026.00
3121	盈余公积		1 936 750.00		
312101	法定盈余公积				1 936 750.00
3131	本年利润		1 037 000.00		1 037 000.00
3141	利润分配		498 200.00		
314115	未分配利润				498 200.00
4101	生产成本	1 475 350.00			
410101	基本生产成本			1 475 350.00	
41010101	A 产品			615 600.00	
41010102	B 产品			859 750.00	
	合计	19 844 673.00	19 844 673.00	19 889 673.00	19 889 673.00

(8) 损益类账户 2015 年 1～11 月累计发生额资料如表 2 所示。

表 2　　损益类账户 1-11 月累计发生额

损益类账户	累计发生额
主营业务收入	16 082 000
其他业务收入	415 000
投资收益	5 000

表2(续)

损益类账户	累计发生额
营业外收入	34 950
主营业务成本	11 610 979
其他业务成本	332 000
营业税金及附加	388 960
销售费用	286 195. 80
管理费用	2 859 924. 76
财务费用	9 725. 20
资产减值损失	
营业外支出	12 165. 24
所得税费用	

（9）2013 年 12 月 1 日，“应交税费”有关明细账的余额如下：

应交税费——应交增值税（借） 45 000
——应交营业税 24 000
——应交城市维护建设税 1 680
——应交教育费附加 720
——应交企业所得税 87 500
——应交个人所得税 4 197

（10）2013 年 12 月 1 日，“生产成本——基本生产成本”账户期初余额如表 3 所示。

表 3

产品名称	数量（件）	成本项目（元）			合计（元）
		直接材料	直接人工	制造费用	
A 产品	2 000	583 200. 00	16 300. 00	16 100. 00	615 600. 00
B 产品	2 500	814 500. 00	22 730. 00	22 520. 00	859 750. 00
合计		1 397 700. 00	39 030. 00	38 620. 00	1 475 350. 00

（11）2013 年 12 月 1 日，库存商品明细账期初余额如表 4 所示。

表 4

产品名称	编号	数量（件）	总成本（元）	单位成本（元）
A 产品	K01	2 500	810 000.00	324.00
B 产品	K02	2 200	796 400.00	362.00
合计			1 606 400.00	

（12）2013 年 12 月 1 日，材料明细账期初余额如表 5 所示。

表 5

材料名称	材料编号	计量单位	数量	单价（元）	金额（元）
甲材料	C01	千克	3 500	130.00	455 000.00
乙材料	C02	千克	3 000	170.00	510 000.00
包装箱	C03	个	3 000	20.00	60 000.00
合计					1 025 000.00

（13）2013 年 12 月 1 日，低值易耗品明细账期初余额如表 6 所示。

表 6

名称	编号	计量单位	数量	单价（元）	金额（元）
工作服	D01	套	80	150.00	12 000.00
合计					12 000.00

（14）本月产品投产及完工情况如表 7 所示。

表 7

产品名称	计量单位	月初在产品数量	本月投产数量	本月完工数量	月末在产品数量
A 产品	件	2 000	2 200	2 400	1 800
B 产品	件	2 500	2 000	2 800	1 700

（15）产品实际生产工时资料如表 8 所示。

表 8

产品名称	A 产品	B 产品	合计
生产工时	6 000	7 200	13 200

（16）单位原材料消耗定额资料如表 9 所示。

表 9

产品名称	计量单位	消耗甲材料单位定额	消耗乙材料单位定额
A 产品	千克/件	0.8	1.1
B 产品	千克/件	1.2	1.0

（17）单位产品销售价格资料如表 10 所示。

表 10

产品名称	销售单价（元/件）
A 产品	450.00
B 产品	520.00

7. 银河实业有限公司 2011 年 12 月发生的有关经济业务资料如下（为了便于查找，以下原始凭证的编号按业务发生的先后顺序编排）：

业务 1：

1 日，开户银行通知从公司结算账户扣款收回企业生产周转借款本金及利息共计 609 000 元。具体如图 1、图 2、图 3 所示。

中国工商银行（流动资金贷款）还款凭证（回单）

原借款凭证 0336

单位编号 A012　　日期：2013 年 12 月 1 日　　原借款凭证银行编号：10336

<table>
<tr><td rowspan="3">付款人</td><td>名称</td><td colspan="4">银河实业有限公司</td><td rowspan="3">借款人</td><td>名称</td><td colspan="10">银河实业有限公司</td></tr>
<tr><td>往来账户</td><td colspan="4">6201008862350801</td><td>借款人账号</td><td colspan="10">6120380057067248102</td></tr>
<tr><td>开户银行</td><td colspan="4">工商银行雁塔支行</td><td>开户银行</td><td colspan="10">工商银行雁塔支行</td></tr>
<tr><td colspan="2">计划还款日期</td><td colspan="2">2013 年 12 月 1 日</td><td colspan="3">还款次序</td><td colspan="11">第一次还款</td></tr>
<tr><td colspan="2" rowspan="2">借款金额</td><td colspan="6" rowspan="2">人民币（大写）：陆拾万元整</td><td>千</td><td>百</td><td>十</td><td>万</td><td>千</td><td>百</td><td>十</td><td>元</td><td>角</td><td>分</td></tr>
<tr><td></td><td>¥</td><td>6</td><td>0</td><td>0</td><td>0</td><td>0</td><td>0</td><td>0</td><td>0</td></tr>
<tr><td colspan="2">还款内容</td><td colspan="16">生产周转借款</td></tr>
<tr><td colspan="2">备注：</td><td colspan="16">上述借款已从你单位往来账户转还。此致
借款单位：银河实业有限公司
中国工商银行雁塔支行 平路分理处 2013.12.01 转 讫
（银行盖章）2013 年 12 月 01 日</td></tr>
</table>

此联转账后作回单，退借款单位并代往来户支款通知

图 1

中国工商银行利息计算清单

2013 年 12 月 1 日

户名	银河实业有限公司	账号	612038005706724810 2		
开户银行	工商银行雁塔支行				
起息日期	结息日期	天数	积数	利率	利息
2013. 9. 01	2013. 12. 01		5 4 0 0 0 0 0 0 0 0 0	6%	万千百十元角分 ¥ 9 0 0 0 0 0
上列贷款利息，已从你单位 612038005706724810 2 存款户中支付 和平路分理处 2013.12.01 转讫 （银行盖章）2013 年 12 月 01 日	会计分录： 科目：________ 对方科目________ 复核员： 记账员：				

第二联 借款人账户支款通知

图 2

中国工商银行转账支票存根

X VI26380083

科目：
对方科目：
签发日期：2013 年 12 月 01 日
收款人：工商银行雁塔支行
金额：￥609 000. 00
用途：归还生产周转利息
备注：

单位主管 会计

复核 记账

图 3

业务 2：

2 日，收到祥瑞公司、光明公司和永通公司增加的注册资本，分别为 250 万元、150 万元和 100 万元，款已收存银行。公

司已开出转账支票购买印花税票并粘贴于资金账簿上（合同略）。具体如图4、图5、图6、图7所示。

中国工商银行进账单（回单或收账通知）

2013年12月02日

付款人	全称	祥瑞公司	收款人	全称	银河实业有限公司
	账号	320100036789546234		账号	6120380057067248102
	开户银行	农业银行兴平支行		开户银行	工商银行雁塔支行

人民币（大写）	⊗贰佰伍拾万元整	千	百	十	万	千	百	十	元	角	分
		¥	2	5	0	0	0	0	0	0	0

票据种类	转账	票据张数	1张	中国工商银行雁塔支行和平路分理处 2013.12.02 转讫 收款人开户银行（盖章） 2013年12月02日
票据号码				
单位主管 会计 复核 记账				

此联是收款人开户银行交给收款人的收账通知

图4

中国工商银行进账单（回单或收账通知）

2013年12月02日

付款人	全称	光明公司	收款人	全称	银河实业有限公司
	账号	356002026541876576		账号	6120380057067248102
	开户银行	农业银行兴平支行		开户银行	工商银行雁塔支行

人民币（大写）	⊗壹佰伍拾万元整	千	百	十	万	千	百	十	元	角	分
		¥	1	5	0	0	0	0	0	0	0

票据种类	转账	票据张数	1张	中国工商银行雁塔支行和平路分理处 2013.12.02 转讫 收款人开户银行（盖章） 2013年12月02日
票据号码				
单位主管 会计 复核 记账				

此联是收款人开户银行交给收款人的收账通知

图5

中国工商银行进账单（回单或收账通知）

2013 年 12 月 02 日

付款人	全称	水通公司	收款人	全称	银河实业有限公司
	账号	320100036789546234		账号	612038005706724810 2
	开户银行	农业银行兴平支行		开户银行	工商银行雁塔支行

人民币（大写）	⊗壹佰万元整	千	百	十	万	千	百	十	元	角	分
		¥	1	0	0	0	0	0	0	0	0

票据种类	转账	票据张数	1 张	中国工商银行雁塔支行 和平路分理处 2013.12.02 转讫
票据号码				
单位主管 会计 复核 记账				收款人开户银行（盖章） 2013 年 12 月 02 日

此联是收款人开户银行交给收款人的收账通知

图 6

中国工商银行转账支票存根

X VI26380084

科目：
对方科目：
签发日期：2013 年 12 月 02 日
收款人：工商银行雁塔支行
金额：￥2 500. 00
用途：购买印花税票
备注：

单位主管　　　　会计

复核　　　　　　记账

图 7

业务 3：

3 日，厂部购买办公用品，出纳以现金 460 元付讫。具体如图 8 所示。

陕西省西安市商业货物销售剪贴发票

发票联　　　　发票代码 254769177825

客户单位：银河实业有限公司　　2013 年 12 月 2 日　　发票号码 00253640

货物及规格	单位	数量	单价	金额							备注
				万	千	百	十	元	角	分	
打印纸	包	20	21.00			4	2	0	0	0	本发票联大写金额与剪贴券剪留金额相符（十元以下除外），否则无效。
签字笔	支	20	2.00				4	0	0	0	
合计					¥	4	6	0	0	0	
金额（大写）	⊗万⊗仟肆佰陆拾元整										
结算方式	现金	开户银行及账号									

第二联　报销凭证

图 8

业务 4：

4 日，向西北恒丰物资有限公司购进甲材料 2 840 千克、乙材料 1 500 千克，对方垫付运费 4 200 元，公司开出转账支票一张付讫，材料已验收入库。材料运费按 7%计算抵扣进项税额，并按材料重量分配计入材料采购成本。具体如图 9、图 10、图 11、图 12 所示。

中国工商银行转账支票存根

X VI26380085

科目：
对方科目：
签发日期：2013 年 12 月 04 日
收款人：西北恒丰物资有限公司
金额：¥742 914.60
用途：购买材料
备注：

单位主管　　会计

复核　　记账

图 9

西安市增值税专用发票

2310304517 **发 票 联** No 00162937

开票日期：2012 年 12 月 4 日

购货单位	名称：银河实业有限公司 纳税人识别号：6120384659735356 地址、电话：雁塔区和平路 256 号 21625898 开户行及账号：中国工商银行雁塔支行 6120380057067248102					密码区	（略）
货物及应税劳务名称	规格型号	单位	数量	单价	金额	税率	税额
甲材料		千克	2 840	132.00	374 880.00	17%	63 729.60
乙材料		千克	1 500	171.00	256 500.00	17%	43 605.00
合计					631 380.00		107 334.60
价税合计（大写）	⊗柒拾叁万捌仟柒佰壹拾肆元陆角 （小写）￥738 714.60						
销货单位	名称：西北恒丰物资有限公司 纳税人识别号：6120401057248253 地址、电话：高新区丰源路 13 号 36217890 开户行及账号：长安银行高新区支行开户银行 7245097625167808335					备注	

收款人：刘文 复核：王辉 开票人：萝小莉 销货单位（章）：

第二联 发票联 购货方记账凭证

图 10

铁路货物运输统一发票

发票联 发票代码 263549041126

开票日期：2013 年 12 月 4 日 发票号码 27154971

机打发票 机打号码 机器编号	263549041126 27154971 999100101010	税控码	（略）
收货人及纳税人识别号	银河实业有限公司 6120384659735356	承运人及纳税人识别号	（略）
发货人及纳税人识别号	西北恒丰物资有限公司 6120401057248253	主管税务机关及代码	西安市经济技术开发区地税局 61202960
运输项目及金额	货物名称 数量 运价 里程 金额 普货 4 200.00	其他项目及金额	项目 金额 备注
运费小计	￥4 200.00	其他费用小计	￥0.00
合计（大写）	⊗肆仟贰佰元整 （小写）￥4 200.00		

第一联 发票联 付款方记账凭证

图 11

材料入库单

供应单位：西北恒丰物资有限公司　　　　入库单编号：20111201

材料类别：主要材料　　　　2013 年 12 月 4 日　　　　收料仓库：材料库

编号	名称	规格	单位	数量		实际成本（元）				
				应收	实收	买价		运杂费	其他	合计
						单价	金额			
C01	甲材料		千克	2 840	2 840	132.00	374 880	2 556		377 436
C02	乙材料		千克	1 500	1 500	171.00	256 500	1 350		257 850
合计							631 380	3 906		635 286

第三联　记账联

主管：　　采购员：　　检验员：　　记账员：　　保管员：周晓

图 12

业务 5：

5 日，开出转账支票，支付本月应负担的通信费用 6 200 元，其中管理部门应负担 2 000 元，销售部门应负担 2 800 元，车间应负担 1 400 元。具体如图 13、图 14、图 15、图 16 所示。

中国工商银行转账支票存根

X VI26380086

科目：
对方科目：
签发日期：2013 年 12 月 05 日
收款人：陕西移动西安分公司
金额：￥4 327.00
用途：移动公司话费
备注：

单位主管　　会计

复核　　记账

图 13

中国工商银行转账支票存根

X VI26380087

科目：
对方科目：
签发日期：2013 年 12 月 05 日
收款人：陕西联通西安分公司
金额：￥1 873.00
用途：联通公司话费
备注：

单位主管　　　　会计

复核　　　　　　记账

图 14

中国移动通信集团陕西有限公司收费专用发票

发票联　　　　发票代码：261071240271

业务号码：　　　　收款日期：2013 年 12 月 5 日　　发票号码：02122807

客户名称		话费结算月份	2013 年 11 月 01 日 至 2013 年 11 月 30 日	备注栏
类别		基本费	优惠额	上期结余：
套餐及固定费				本期话费：
语音通话费				本次交费：
增值业务费				本期结余：
短彩信费				
上网费				
代收费				
其他费用				
滞纳金				
费用合计				
合计（大写）		肆仟叁佰贰拾柒元整		小写：￥4 327.00

第二联：发票联（付款方记账凭证）

收款单位（盖章有效）：　　　　　　收款员：

图 15

中国联合网络通信有限公司陕西省分公司收费专用发票

发票联　　　发票代码：261071240271

业务号码：　　　收款日期：2013 年 12 月 5 日　　发票号码：02122807

客户名称		话费结算月份	2013 年 11 月 01 日 至 2013 年 11 月 30 日	备注栏
类别		基本费	优惠额	上期结余：
套餐及固定费				本期话费：
语音通话费				本次交费：
增值业务费				本期结余：
短彩信费				
上网费				
代收费				
其他费用				
滞纳金				
费用合计				
合计（大写）		壹仟捌佰柒拾叁元整		小写：￥1 873.00

第二联：发票联（付款方记账凭证）

收款单位（盖章有效）：　　　收款员：

图 16

业务 6：

6 日，开出转账支票 36 036 元，购买电脑 8 台，其中两台交办公室使用，其余 6 台交业务部门使用。具体如图 17、图 18、图 19、图 20 所示。

中国工商银行转账支票存根

X VI26380086

科目：
对方科目：
签发日期：2013 年 12 月 06 日
收款人：西安赛格电子城
金额：￥36 036.00
用途：购买电脑
备注：

单位主管　　　会计

复核　　　记账

图 17

西安市增值税专用发票

2218365903　　　　发 票 联　　　　№ 10253765

开票日期：2012 年 12 月 6 日

购货单位	名称：银河实业有限公司 纳税人识别号：6120384659735356 地址、电话：雁塔区和平路 256 号 21625898 开户行及账号：中国工商银行雁塔支行 6120380057067248102				密码区	（略）	
货物及应税劳务名称	规格型号	单位	数量	单价	金额	税率	税额
电脑		台	8	3 850	30 800.00	17%	5 236.00
合计					30 800.00		5 236.00
价税合计（大写）	⊗叁万陆仟零叁拾陆元整				（小写）￥36 036.00		
销货单位	名称：西安赛格电子城 纳税人识别号：612040103846153 地址、电话：新城区莲湖路 115 号 22836789 开户行及账号：中国银行西安分行雁塔支行账户 6355008463523851665				备注		

收款人：张兰　　复核：刘海涛　　开票人：王娜　　销货单位（章）：

第二联　发票联　购货方记账凭证

图 18

固定资产交接单

2013 年 12 月 6 日

移交单位		接收单位	办公室
固定资产名称	惠普电脑	规格	
附属物		数量	2
建造单位	惠普公司	出厂或建造年月	2013 年 9 月 25 日
安装单位		安装完成年月	2013 年 12 月 05 日
原值	7 700.00	其中：安装费	
移交单位负责人		接收单位负责人	

图 19

固定资产交接单

2013年12月6日

移交单位		接收单位	业务部门
固定资产名称	惠普电脑	规格	
附属物		数量	6
建造单位	惠普公司	出厂或建造年月	2013年9月25日
安装单位		安装完成年月	2013年12月05日
原值	23 100.00	其中：安装费	
移交单位负责人		接收单位负责人	

图20

业务7：

7日，刘洋报销差旅费2 800元，交回结余现金200元。具体如图21、图22所示。

差旅费报销单

出差人	刘洋	共1人	职务	副总经理	部门	企划部	审批人	刘军
出差事由	会议	出差日期		自2013年11月29日 至2013年12月4日共6日				
到达地点	西安							
项目金额	交通工具				其他		住宿费	出差补助	
	火车	汽车	飞机	轮船	餐饮费	会议费	住宿4天	天数	金额
	590.00				310.00	800.00	800.00	6天	300.00
总计人民币（大写）贰仟捌佰元整			¥2 800.00						
原借款金额	报销金额	交回结余或超支金额¥200.00							
3 000.00	2 800.00	人民币（大写）贰佰元整							

会计主管：　　　　会计：　　　　出纳：

图21

收据

收据

2013 年 12 月 07 日

今收到企划部刘洋

交来差旅费余款现金

人民币（大写）贰佰元整　　　　　　　　　¥200.00。

收款单位：

（公章）　　　　　　收款人：　　　　　　交款人：

第三联　记账凭证　　（签章）　　　　　　（签章）

图 22

业务 8：

8 日，企业向红十字会捐款 80 000 元（注：该公司以前月份未发生捐赠业务）。具体如图 23、图 24 所示。

中国工商银行转账支票

X VI26380087

科目：
对方科目：
签发日期：2013 年 12 月 08 日
收款人：红十字会办公室
金额：¥80 000.00
用途：捐赠
备注：

单位主管　　　　会计

复核　　　　　　记账

图 23

红十字会捐款专用收据

陕财政监督字 261-18

捐赠者：银河实业有限公司　　　　捐赠号：26180036
捐赠货币（实物）种类：货币（人民币）
捐赠金额（实物价值）：
　　小写：¥80 000.00
　　大写：⊗捌万元整

2013年12月8日
收款单位（公章）　　　　　　　　经手人：

第一联　收据

图 24

业务 9：

9 日，生产车间领用甲材料 2 000 千克、乙材料 1 500 千克，用于产品生产。具体如图 25、图 26 所示。

领料单

仓库：材料库　　　　2013年12月9日　　　　领料单编号：1201

编号	类别	材料名称	规格	单位	数量		实际成本	
					请领	实发	单价	金额
C01		甲材料			2 000	2 000		
用途	车间生产产品				领料部门		发料部门	
					负责人	领料人	核准人	发料人
					李　云	刘　云	陈　康	周　晓

第三联　记账联

图 25

领料单

仓库：材料库　　　　2013 年 12 月 9 日　　　　领料单编号：1202

编号	类别	材料名称	规格	单位	数量		实际成本	
					请领	实发	单价	金额
C02		乙材料			1 500	1 500		
用途	车间生产产品				领料部门		发料部门	
					负责人	领料人	核准人	发料人
					李　云	刘　云	陈　康	周　晓

第三联　记账联

图 26

业务 10：

10 日，转账支付上月（11 月份）应交的各税税额及罚款。具体如图 27、图 28、图 29、图 30、图 31、图 32 所示。

中华人民共和国税收通用缴款书　地

2013 年 12 月 10 日

缴款单位（人）	代码	6346210	预算科目	编码	
	全称	银河实业有限公司		名称	
	开户银行	工商银行雁塔支行		级次	
	账号	6120380057067248102	收款国库		
税款所属时期:2013 年 11 月 1 日至 2013 年 11 月 30 日			税款限缴日期:2013 年 12 月 15 日		
品目名称	课税数量	计税金额或销售收入	税率或单位税额	已缴或扣除额	实缴金额
营业税		480 000. 00	5%		24 000. 00
金额合计（大写）：人民币贰万肆仟元整					¥24 000. 00
缴款单位（人）： （盖章） 经办人（签章）	税务机关 （盖章） 填表人（签章）	上述款项已收妥并划转收款单位账户 国库（银行）盖 章 2013 年 12 月 10 日		备注	

中国工商银行雁塔支行 和平路分理处 转讫

第一联国库（银行）收款盖章后退缴款人作完税凭证

图 27

中华人民共和国税收通用缴款书　地

2013 年 12 月 10 日

缴款单位（人）	代码	6346210	预算科目	编码	
	全称	银河实业有限公司		名称	
	开户银行	工商银行雁塔支行		级次	
	账号	612038005706724810 2	收款国库		
税款所属时期:2013 年 11 月 1 日至 2013 年 11 月 30 日			税款限缴日期:2013 年 12 月 15 日		

品目名称	课税数量	计税金额或销售收入	税率或单位税额	已缴或扣除额	实缴金额
城市维护建设税		24 000. 00	7%		1 680. 00
金额合计（大写）：人民币壹仟陆佰捌拾元整					¥1 680. 00
缴款单位（人）： （盖章） 经办人（签章）	税务机关 （盖章） 填表人（签章）	上述款项已收妥并划转收款单位账户 国库（银行）盖 章 2013 年 12 月 10 日			备注

中国工商银行雁塔支行 和平路分理处 转讫

第一联国库（银行）收款盖章后退缴款人作完税凭证

图 28

中华人民共和国税收通用缴款书　地

2013 年 12 月 10 日

缴款单位（人）	代码	6346210	预算科目	编码	
	全称	银河实业有限公司		名称	
	开户银行	工商银行雁塔支行		级次	
	账号	6120380057067248102	收款国库		
税款所属时期:2013 年 11 月 1 日至 2013 年 11 月 30 日			税款限缴日期:2013 年 12 月 15 日		

品目名称	课税数量	计税金额或销售收入	税率或单位税额	已缴或扣除额	实缴金额
教育费附加		24 000. 00	3%		720. 00
金额合计（大写）：人民币柒佰贰拾元整					¥720. 00
缴款单位（人）： （盖章） 经办人（签章）	税务机关 （盖章） 填表人（签章）	上述款项已收妥并划转收款单位账户 国库（银行）盖 章 2013 年 12 月 10 日			备注

中国工商银行雁塔支行 和平路分理处 转讫

第一联国库（银行）收款盖章后退缴款人作完税凭证

图 29

中华人民共和国税收通用缴款书　国

2013 年 12 月 10 日

缴款单位（人）	代码	6346210	预算科目	编码	
	全称	银河实业有限公司		名称	企业所得税
	开户银行	工商银行雁塔支行		级次	中央 60%、地市 22%、县区 18%
	账号	6120380057067248102	收款国库		
税款所属时期:2013 年 11 月 1 日至 2013 年 11 月 30 日			税款限缴日期:2011 年 12 月 15 日		

品目名称	课税数量	计税金额或销售收入	税率或单位税额	已缴或扣除额	实缴金额
企业所得税		350 000.00	25%		87 500.00
金额合计（大写）：人民币捌万柒仟伍佰元整					￥87 500.00
缴款单位（人）：（盖章）经办人（签章）	税务机关（盖章）填表人（签章）	上述款项已收妥并划转收款单位账户 国库（银行）盖 章 2013 年 12 月 10 日			备注

中国工商银行雁塔支行 和平路分理处 转讫

第一联国库（银行）收款盖章后退缴款人作完税凭证

图 30

中华人民共和国税收通用缴款书　地

2013 年 12 月 10 日

缴款单位（人）	代码	6346210	预算科目	编码	
	全称	银河实业有限公司		名称	
	开户银行	工商银行雁塔支行		级次	
	账号	6120380057067248102	收款国库		
税款所属时期:2013 年 11 月 1 日至 2013 年 11 月 30 日			税款限缴日期:2013 年 12 月 15 日		

品目名称	课税数量	计税金额或销售收入	税率或单位税额	已缴或扣除额	实缴金额
个人所得税					
金额合计（大写）：人民币肆仟壹佰玖拾柒元整					￥4 197.00
缴款单位（人）：（盖章）经办人（签章）	税务机关（盖章）填表人（签章）	上述款项已收妥并划转收款单位账户 国库（银行）盖 章 2013 年 12 月 10 日			备注

中国工商银行雁塔支行 和平路分理处 转讫

第一联国库（银行）收款盖章后退缴款人作完税凭证

图 31

税收罚款收据

经济性质：有限责任　填发日期：2013 年 12 月 10 日

征收机关：雁塔区国税局

被罚人	代码	6120384659735356	地址	
	名称	银河实业有限公司	补税凭证字号	
违章事实		漏税		
处罚依据		《税收征管法》		
处罚办法		罚款		
处罚金额		大写：人民币叁万元整	小写￥30 000.00	
征收机关（盖章）		填表人：（盖章）	备注	

图 32

业务 11：

11 日，A、B 完工产品入库。具体如图 33、图 34 所示。

产品入库单

2013 年 12 月 11 日

名称	编号	单位	数量	单价	金额									备注
					百	十	万	千	百	十	元	角	分	
A 产品	K01	件	1 400											
合计														

第三联　记账联

主管：陈达　会计：　质检员：　保管员：王新　经手人：李立

图 33

产品入库单

2013 年 12 月 11 日

名称	编号	单位	数量	单价	金额									备注
					百	十	万	千	百	十	元	角	分	
B 产品	K02	件	1 500											
合计														

第三联 记账联

主管：陈达　会计：　　质检员：　　保管员：王新　经手人：李立

图 34

业务 12：

12 日，销售 B 产品 2 000 件给乐华公司，单价为 520 元，开出增值税专用发票，收到乐华公司补付货款 916 800 元（已预付 300 000 元）的转账支票及银行进账单。具体如图 35、图 36、图 37、图 38 所示。

3157382921　　**西安市增值税专用发票**　　№ 28463890

开票日期：2012 年 12 月 12 日

购货单位	名称：乐华有限责任公司 纳税人识别号：630107962518231 地址、电话：开远市康宁路 149 号 52323692 开户行及账号：农业银行正东支行账号 620004658793738					密码区	（略）
货物及应税劳务名称	规格型号	单位	数量	单价	金额	税率	税额
B 产品	K02	件	2 000	520	1 040 000. 00	17%	176 800. 00
合计					1 040 000. 00		176 800. 00
价税合计（大写）	⊗壹佰贰拾壹万陆仟捌佰元整				（小写）￥1 216 800. 00		
销货单位	名称：银河实业有限公司 纳税人识别号：6120384659735356 地址、电话：雁塔区和平路 256 号 21625898 开户行及账号：中国工商银行雁塔支行 6120380057067248102					备注	

第一联 记账联 购货方记账凭证

收款人：蒋敏　　复核：王毅　　开票人：戴斌　　销货单位（章）：

图 35

销售产品发货单

购货单位：乐华有限责任公司　2013 年 12 月 12 日　运输方式：发运　编号：1202

产品编号	产品名称规格	单位	数量	单价	金额	备注
K02	B 产品	件	2 000	520.00	1 040 000.00	

销售部门负责人：　发货人：　制单人：

图 36

产品出库单

2013 年 12 月 12 日　第 037 号

名称	单位	数量	单价	金额									用途或原因
				百	十	万	千	百	十	元	角	分	
B 产品	件	2 000											销售
合计		2 000											

第三联　记账联

仓库主管：陈达　会计：　质检员：　保管员：王新　经手人：李立

图 37

中国工商银行进账单（回单或收账通知）

2013 年 12 月 12 日

付款人	全称	乐华有限责任公司	收款人	全称	银河实业有限公司
	账号	620004658793738		账号	6120380057067248102
	开户银行	农业银行正东支行		开户银行	工商银行雁塔支行

人民币（大写）	⊗玖拾壹万陆仟捌佰元整	千	百	十	万	千	百	十	元	角	分
			¥	9	1	6	8	0	0	0	0

票据种类	转账	票据张数	1 张
票据号码			
单位主管　会计　复核　记账			

中国工商银行雁塔支行
和平路分理处
2013.12.12
转
讫

收款人开户银行（盖章）
2013 年 12 月 11 日

此联是收款人开户银行交给收款人的收账通知

图 38

业务 13：

13 日，销售 A 产品 3 500 件，开具的增值税专用发票注明单价为 450 元，价款 1 575 000 元、增值税 267 750 元，已办妥进账手续。具体如如图 39、图 40、图 41、图 42 所示。

3157389321　　　　**西安市增值税专用发票**　　　　№ 28463890

开票日期：2012 年 12 月 13 日

购货单位	名称：天马有限责任公司 纳税人识别号：310014953792429 地址、电话：延吉市新华区平安路 256 号 21625898 开户行及账号：建设银行新华支行账号 3100026474535363115				密码区	（略）	
货物及应税劳务名称	规格型号	单位	数量	单价	金额	税率	税额
A 产品	K01	件	3 500	450	1 575 000. 00	17%	267 750. 00
合计					1 575 000. 00		267 750. 00
价税合计（大写）	⊗壹佰捌拾肆万贰仟柒佰伍拾元整　（小写）￥1 842 750. 00						
销货单位	名称：银河实业有限公司 纳税人识别号：612038465973535 地址、电话：雁塔区和平路 256 号 21625898 开户行及账号：中国工商银行雁塔支行 6120380057067248102				备注		

收款人：蒋敏　　复核：王毅　　开票人：戴斌　　销货单位（章）：

第一联 记账联 购货方记账凭证

图 39

中国工商银行进账单（回单或收账通知）

2011 年 12 月 13 日

付款人	全称	天马有限责任公司	收款人	全称	银河实业有限公司
	账号	3100026474535363115		账号	6120380057067248102
	开户银行	建设银行新华支行		开户银行	工商银行雁塔支行

人民币（大写）	千	百	十	万	千	百	十	元	角	分
⊗壹佰捌拾肆万贰仟柒佰伍拾元整	￥	1	8	4	2	7	5	0	0	0

票据种类	转账	票据张数	1 张	中国工商银行雁塔支行 和平路分理处 2013.12.13
票据号码				
单位主管　会计　复核　记账				收款人开户银行（盖章） 2013 年 12 月 13 日

此联是收款人开户银行交给收款人的收账通知

图 40

销售产品发货单

购货单位：天马有限责任公司　　2013 年 12 月 13 日　　运输方式：发运　　编号：1201

产品编号	产品名称规格	单位	数量	单价	金额	备注
K01	A 产品	件	3 500	450. 00	1 575 000. 00	

销售部门负责人：　　　　发货人：　　　　制单人：

图 41

产品出库单

2013 年 12 月 13 日　　　　第 036 号

名称	单位	数量	单价	金额									用途或原因
				百	十	万	千	百	十	元	角	分	
A 产品	件	3 500											销售
合计		3 500											

第三联　记账联

仓库主管：陈达　会计：　　质检员：　　保管员：王新　经手人：李立

图 42

业务 14：

14 日，收到自来水公司开具的增值税专用发票和银行委托收款付款通知，由开户银行代付水费 7 950 元、增值税 1 033. 50 元，共计 8 983. 50 元。具体如图 43、图 44 所示。

西安市增值税专用发票

3126782513　　　　　　　　　　No 21625373

发 票 联

开票日期：2012 年 12 月 14 日

购货单位	名称：银河实业有限公司 纳税人识别号：6120384659735356 地址、电话：雁塔区和平路 256 号 21625898 开户行及账号：中国工商银行雁塔支行 6120380057067248102					密码区	（略）
货物及应税劳务名称	规格型号	单位	数量	单价	金额	税率	税额
自来水		吨	2 650	3.00	7 950.00	17%	1 033.50
合计					7 950.00		1 033.50
价税合计（大写）	⊗捌仟玖佰捌拾叁元伍角零分						（小写）¥8 983.50
销货单位	名称：西安自来水公司 纳税人识别号：612158236136843 地址、电话：长安区青年北街 202 号 22855374 开户行及账号：工商银行长安支行账户 6122146485674389372				备注		

收款人：王晓伟　　复核：张秋红　　开票人：冉丹　　销货单位（章）：

第二联 发票联 购货方记账凭证

图 43

委托收款凭证（付款通知）　　　5

委托日期：2013 年 12 月 12 日　　付款期限：2013 年 12 月 14 日

付款人	全称	银河实业有限公司	收款人	全称	西安自来水公司									
	账号	6120380057067248102		账号	6122146485674389372									
	开户银行	工商银行雁塔支行		开户银行	工商银行雁塔支行									
托收金额	人民币（大写）捌仟玖佰捌拾叁元伍角					十	万	千	百	十	元	角	分	
							¥	8	9	8	3	5	0	
票据种类	转账		中国工商银行雁塔支行和平路分理处 2013.12.14 转 付款人开户银行（盖章）											
票据张数	1 张													
单位主管　会计　复核　记账														

此联是付款人开户行交付款人按期付款的通知

图 44

业务 15：

15 日，收到西安电力局委托收款通知及开具的增值税专用发票，由开户银行代付电费 66 000 元、增值税 11 220 元，共计 77 220 元。具体如图 45、图 46 所示。

西安市增值税专用发票

发 票 联

3124738295　　　　No 20253671

开票日期：2013 年 12 月 15 日

购货单位	名称：银河实业有限公司 纳税人识别号：612038465973535 6 地址、电话：雁塔区和平路 256 号 21625898 开户行及账号：中国工商银行雁塔支行 612038005706724810 2				密码区	（略）	
货物及应税劳务名称	规格型号	单位	数量	单价	金额	税率	税额
电		度	55 000	1.20	66 000.00	17%	11 220.00
合计					66 000.00		11 220.00
价税合计（大写）	⊗柒万柒仟贰佰贰拾元整				（小写）￥77 220.00		
销货单位	名称：西安电力公司 纳税人识别号：61200112531541 5 地址、电话：环城东路中段 51 号 22855374 开户行及账号：工商银行碑林支行账户 6100124164756935242				备注		

收款人：陈小艺　　复核：于洪磊　　开票人：雷叶梦　　销货单位（章）：

第二联 发票联 购货方记账凭证

图 45

委托收款凭证（付款通知）　　5

委托日期：2013 年 12 月 12 日　　付款期限：2013 年 12 月 15 日

付款人	全称	银河实业有限公司	收款人	全称	西安电力公司
	账号	6120380057067248102		账号	6100124164756935242
	开户银行	工商银行雁塔支行		开户银行	工商银行碑林支行

托收金额	人民币（大写）柒万柒仟贰佰贰拾元整	十	万	千	百	十	元	角	分
		￥	7	7	2	2	0	0	0

票据种类	转账	中国工商银行雁塔支行和平路分理处 2013.12.15 转 付款人开户银行（盖章）
票据张数	1 张	
单位主管　会计　复核　记账		

此联是付款人开户行交付款人按期付款的通知

图 46

业务 16：

16 日，收到开户银行转来的托收凭证收款通知，应收万达公司签发的商业汇票票款 351 000 元，已收讫。具体如图 47 所示。

托收凭证（收款通知）

委托日期：2013 年 12 月 14 日　　付款期限：2013 年 12 月 16 日

付款人	全称	万达有限责任公司	收款人	全称	银河实业有限公司
	账号	7100264538374643759		账号	6120380057067248102
	开户银行	中国银行吴中支行		开户银行	工商银行雁塔支行
托收金额	人民币（大写）叁拾伍万壹仟元整		百 十 万 千 百 十 元 角 分	¥ 3 5 1 0 0 0 0 0	
票据种类	商业汇票	托收凭据名称	商业承兑汇票	票据张数	1 张
备注 复核　记账	上列款项已划回收入你方账户内。 收款人开户银行签章 2011 年 12 月 16 日 （中国工商银行雁塔支行 2013.12.16 转讫）		付款人开户银行（盖章） 2011 年 12 月 14 日 （中国银行吴中支行西山路分理处 2013.12.15 转讫）		

此联是付款人开户行交付款人按期付款的通知

图 47

业务 17：

17 日，收到富乐公司签发的转账支票予以偿还前欠购货款 268 000 元，出纳员及时办理进账手续。具体如图 48 所示。

中国工商银行进账单（回单或收账通知）

2013 年 12 月 17 日

付款人	全称	富乐有限责任公司	收款人	全称	银河实业有限公司
	账号	3511002364890367124		账号	6120380057067248102
	开户银行	交通银行大华支行		开户银行	工商银行雁塔支行
人民币（大写）	⊗贰拾陆万捌仟元整		千 百 十 万 千 百 十 元 角 分	¥ 2 6 8 0 0 0 0 0	
票据种类	转账	票据张数	1 张	收款人开户银行（盖章） 2013 年 12 月 17 日 （中国工商银行雁塔支行和平路分理处 2013.12.17 转讫）	
票据号码					
单位主管　会计　复核　记账					

此联是收款人开户银行交给收款人的收账通知

图 48

业务 18：

18 日，生产车间和企划部领用材料。具体如图 49、图 50 所示。

领料单

仓库：材料库　　2013 年 12 月 18 日　　领料单编号：1203

编号	类别	材料名称	规格	单位	数量		实际成本	
					请领	实发	单价	金额
C01		甲材料		千克	2 000	2 000		
C02		乙材料		千克	2 000	2 000		
用途	生产车间生产产品				领料部门		发料部门	
					负责人	领料人	核准人	发料人
					李　云	刘　云	陈　康	周　晓

第三联　记账联

图 49

领料单

仓库：材料库　　2013 年 12 月 18 日　　领料单编号：1201

编号	类别	材料名称	规格	单位	数量		实际成本	
					请领	实发	单价	金额
C01		甲材料			100	100		
用途	企划部门使用				领料部门		发料部门	
					负责人	领料人	核准人	发料人
					刘　军	王　梦	陈　康	周　晓

第三联　记账联

图 50

业务 19：

19 日，从长丰公司购买乙材料 2 000 千克，货款已签发转账支票付讫。具体如图 51、图 52、图 53 所示。

中国工商银行转账支票

X VI26380088

科目：
对方科目：
签发日期：2013 年 12 月 19 日
收款人：长丰有限责任公司
金额：￥393 120.00
用途：购买材料
备注：

单位主管　　　　会计

复核　　　　　　记账

图 51

东江市增值税专用发票

1426378261　　　　**发 票 联**　　　　No15274839

开票日期：2013 年 12 月 19 日

购货单位	名称：银河实业有限公司 纳税人识别号：6120384659735356 地址、电话：雁塔区和平路 256 号 21625898 开户行及账号：中国工商银行雁塔支行 6120380057067248102					密码区	（略）
货物及应税劳务名称	规格型号	单位	数量	单价	金额	税率	税额
乙材料		千克	2 000	168	336 000.00	17%	57 120.00
合计					336 000.00		57 120.00
价税合计（大写）	⊗叁拾玖万叁仟壹佰贰拾元整　　（小写）￥393 120.00						
销货单位	名称：长丰有限责任公司 纳税人识别号：612026713415261 地址、电话：东江市鸿泰路 358 号 32876856 开户行及账号：工商银行东江支行账户 5200116452383524902					备注	

第二联　发票联　购货方记账凭证

收款人：李小萌　　复核：司　南　　开票人：杨　梅　　销货单位（章）：

图 52

收料单

供应单位：长丰有限责任公司　　　　　　　　入库单编号：20111202

材料类别：主要材料　　　2011 年 12 月 19 日　　　收料仓库：材料库

编号	名称	规格	单位	数量		实际成本				
				应收	实收	买价		运杂费	其他	合计
						单价	金额			
C02	乙材料		千克	2 000	2 000	168.00	336 000			336 000
合计							336 000			336 000

主管：　　采购员：　　检验员：　　记账员：　　保管员：周晓

第三联　记账联

图 53

业务 20：

20 日，收到前期用银行汇票购买的生产设备及增值税专用发票、银行汇票多余款收账通知等凭证，并已办理固定资产交接手续。具体如图 54、图 55、图 56 所示。

涪江市增值税专用发票

发 票 联

3125342672　　　　　　No35241746

开票日期：2013 年 12 月 20 日

购货单位	名称：银河实业有限公司 纳税人识别号：6120384659735356 地址、电话：雁塔区和平路 256 号 21625898 开户行及账号：中国工商银行雁塔支行 6120380057067248102					密码区	（略）
货物及应税劳务名称	规格型号	单位	数量	单价	金额	税率	税额
T 通用设备		台	1	170 000	170 000.00	17%	28 900.00
合计					170 000.00		28 900.00
价税合计（大写）	⊗壹拾玖万捌仟玖佰元整				（小写）￥198 900.00		
销货单位	名称：大通有限责任公司 纳税人识别号：238576942817335 地址、电话：涪江市太华路 296 号 64538788 开户行及账号：工商银行涪江支行账户 7400083524902634232				备注		

收款人：吴晓妮　　复核：任静怡　　开票人：马娇娇　　销货单位（章）：

第二联　发票联　购货方记账凭证

图 54

工商银行银行汇票（多余款收账通知） 4

出票日期（大写）贰零壹叁年壹拾贰月贰拾玖日

代理付款行：太华分理处　行号 5632

收款人：大通有限责任公司　　账号：7400083524902634232

出票金额人民币（大写）：贰拾万元整

实际结算金额
人民币（大写）：壹拾玖万捌仟玖佰元整

百	十	万	千	百	十	元	角	分
¥	1	9	8	9	0	0	0	0

账号：0100012075656329

申请人：银河实业有限公司
出票行：工行和平分理处
备注：购买生产设备
出票行签章

行雁塔支行 和平路分理处 2013.12.20 转讫

密押：

多余金额

万	千	百	十	元	角	分
¥	1	1	0	0	0	0

左列退回多余金额已收入你账户内

2013 年 12 月 20 日

此联出票行结清多余款后交申请人

图 55

固定资产交接单

2013 年 12 月 20 日

移交单位	设备部	接收单位	加工车间
固定资产名称	T 通用设备	规格	TY25
技术特征		数量	1 台
附属物			
建造企业	大通有限责任公司	出厂或建成年月	2013. 11
安装单位	大通有限责任公司	安装完工年月	2013. 12
原值	¥170 000	其中：安装费	
移交单位负责人	张伟	接收单位负责人	李立

图 56

业务 21：

21 日，A、B 产品完工入库。具体如图 57、图 58 所示。

产品入库单

2013 年 12 月 21 日

名称	编号	单位	数量	单价	金额									备注
					百	十	万	千	百	十	元	角	分	
A 产品	K01	件	1 000											
合计														

主管：陈达　会计：　质检员：　保管员：王新　经手人：李立

第三联　记账联

图 57

产品入库单

2013 年 12 月 21 日

名称	编号	单位	数量	单价	金额									备注
					百	十	万	千	百	十	元	角	分	
B 产品	K02	件	1 300											
合计														

主管：陈达　会计：　质检员：　保管员：王新　经手人：李立

第三联　记账联

图 58

业务 22：

22 日，销售 A 产品 1 000 件，单价 450 元，B 产品 1 000 件，单价 520 元，收到购买方签发为期 3 个月的商业承兑汇票一张，金额为 1 134 900 元，企业已开出增值税专用发票。具体如图 59、图 60、图 61、图 62 所示。

商业承兑汇票　　2 A A　　15502102

出票日期（大写）贰零壹叁年壹拾贰月贰拾贰日　　0 1

付款人	全称	春光有限责任公司	收款人	全称	银河实业有限公司
	账号	2011100324172375806		账号	6120380057067248102
	开户银行	农业银行怀远支行		开户银行	工商银行雁塔支行

出票金额	人民币：（大写）	壹佰壹拾叁万肆仟玖佰元整	千	百	十	万	千	百	十	元	角	分
			¥	1	1	3	4	9	0	0	0	0

汇票到期日大写	贰零壹贰年零叁月贰拾贰日	付款人开户行	行号	5533
合同交易号	10045		地址	临汾市大庆路 218 号
本汇票已经承兑，到期无条件支付票款。 承兑人（签章） 承兑日期 2013 年 12 月 22 日		本汇票请予以承兑，于到期日付款。 出票人（签章）		

图 59

销售产品发货单

购货单位：春光有限责任公司　2013 年 12 月 22 日

运输方式：发运　编号：1202

产品编号	产品名称规格	单位	数量	单价	金额	备注
K01	A 产品	件	1 000	450. 00	450 000. 00	
K02	B 产品	件	1 000	520. 00	520 000. 00	
合计					970 000. 00	

销售部门负责人：　　发货人：　　制单人：

图 60

3157471123　　**西安市增值税专用发票**　　No28463905

开票日期：2013 年 12 月 22 日

购货单位	名称：春光有限责任公司 纳税人识别号：630107962518231 地址、电话：临汾市大庆路 218 号 23523692 开户行及账号：农业银行怀远支行账号 2011100324172375806				密码区	（略）	
货物及应税劳务名称	规格型号	单位	数量	单价	金额	税率	税额
A 产品	K01	件	1 000	450	450 000. 00	17%	76 500. 00
B 产品	K02	件	1 000	520	520 000. 00	17%	88 400. 00
合计					970 000. 00		164 900. 00
价税合计（大写）	⊗壹佰壹拾叁万肆仟玖佰元整				（小写）￥1 134 900. 00		
销货单位	名称：银河实业有限公司 纳税人识别号：6120384659735356 地址、电话：雁塔区和平路 256 号 21625898 开户行及账号：中国工商银行雁塔支行 6120380057067248102				备注		

收款人：蒋敏　　复核：王毅　　开票人：戴斌　　销货单位（章）：

第二联　发票联　购货方记账凭证

图 61

产品出库单

2013 年 12 月 22 日　　第 037 号

名称	单位	数量	单价	金额									用途或原因
				百	十	万	千	百	十	元	角	分	
A 产品	件	1 000											销售
B 产品	件	1 000											销售
合计		2 000											

仓库主管：陈达　会计：　　质检员：　　保管员：王新　经手人：李立

第三联　记账联

图 62

业务 23：

30 日，分配本月材料费。具体如表 10、表 11、表 12、表 13 所示。

表 10

部门	材料名称	领用数量（千克）	材料单价（元）	材料费用总额（元）
生产产品耗用	甲材料	4 000	130. 11	521 450
	乙材料	3 500	170. 27	595 950
	小计			117 400
企划部门领用	甲材料	100	132. 90	13 290
合计				1 130 690

审核： 制表：

表 11

材料名称：甲材料

产品名称	单位	投产量	单位产品材料消耗定额	材料定额耗用量	分配率	应分配材料费用（元）
A 产品	件	2 200	0. 8			
B 产品	件	2 000	1. 2			
合计						521 450

审核： 制表：

表 12

材料名称：乙材料

产品名称	单位	投产量	单位产品材料消耗定额	材料定额耗用量	分配率	应分配材料费用（元）
A 产品	件	2 200	1. 1			
B 产品	件	2 000	1. 0			
合计						595 950

审核： 制表：

表 13

应借科目	投产量（件）	共同耗用原材料费用的分配			直接耗用的原材料费用（元）	耗用原材料费用总额（元）
		分配标准	分配率	应分配的原材料费用（元）		
生产成本——A 产品	2 200					
生产成本——B 产品	2 000					
小计						
管理费用						
合计						

审核：　　　　　　　　　　　　　　　　制表：

业务 24：

31 日，分配本月水费 7 950 元。具体如表 14、表 15 所示。

表 14

使用部门	用水量（立方米）	单价（元/立方米）
生产车间	2 000	3
管理部门	550	3
销售部门	100	3
合计	2 650	

表 15

使用部门	用水量（立方米）	单价（元/立方米）	金额（元）
合计			

业务 25：

31 日，分配本月电费 66 000 元。具体如表 16、表 17、表 18 所示。

表 16

使用部门	用电量（度）	单价（元/度）
生产车间（产品用）	96 800	0.60
生产车间（管理用）	2 000	0.60
管理部门	10 000	0.60
销售部门	1 200	0.60
合计	110 000	

表 17

使用部门	用电量（度）	单价（元/度）	金额（元）
生产产品	96 800	0.6	
生产车间（管理用）	2 000	0.6	
管理部门	10 000	0.6	
销售部门	1 200	0.6	
合计	110 000		66 000.00

审核：　　　　　　　　　　　　　　　　制表：

表 18

使用部门	产品名称	生产工时	分配率	分配金额（元）
生产车间生产工艺用电	A 产品	6 000		
	B 产品	7 200		
合计		13 200		

审核：　　　　　　　　　　　　　　　　制表：

业务 26：

31 日，提取现金 225 496.21 元，备发工资。具体如图 63 所示。

中国工商银行现金支票存根

X VI26380021

科目：
对方科目：
签发日期：2013 年 12 月 31 日
收款人：银河实业有限公司
金额：￥225 496.21
用途：备发工资
备注：

单位主管　　　　会计

复核　　　　记账

图 63

业务 27：

31 日，结算本月应付工资、实发工资及代扣款项。具体如表 19 所示。

表 19 单位:元

部门名称	基本工资	津贴	补贴	奖金	病假扣款	事假扣款	应付工资	代扣款项					实发工资
								养老保险	医疗保险	失业保险	住房公积	个税	
生产工人	73 360.00	56 525.00		46 200.00	10.00	30.00	176 045.00	14 083.60	3 520.90	1 760.40	14 083.60	198.01	142 398.44
车间管理人员	6 230.00	1 510.00	600.00	1 600.00			9 940.00	795.20	198.80	99.40	795.20	384.03	7 667.37
生产车间小计	79 590.00	58 035.00	600.00	47 800.00	10.00	30.00	185 985.00	14 878.80	3 719.70	1 858.60	14 878.80	582.64	150 066.46
销售部门	8 650.00	1 850.00	600.00	2 000.00			13 100.00	1 048.00	262.00	131.00	1 048.00	482.45	10 128.55
管理部门	60 770.00	8 790.00	6 800.00	9 460.00			85 820.00	6 865.60	1 716.40	858.20	6 865.60	4 211.75	65 302.45
合计	149 010.00	68 675.00	8 000.00	59 260.00	10.00	30.00	284 905.00	22 792.40	5 698.10	2 849.05	22 792.40	5 276.84	225 496.21

业务 28：

31 日，分配本月工资 284 905 元。其中，生产工人工资 176 045元，车间管理人员工资 9 940 元，销售部门人员工资 13 100 元，行政管理部门人员工资 85 820 元。具体如表 20 所示。

表 20

应借科目		生产工人工资额分配			直接工资（元）	合计（元）
		生产工时	分配率	分配金额（元）		
生产成本	A 产品	6 000		80 040		80 040
	B 产品	7 200		96 005		96 005
	小计	13 200	13. 34	176 045		176 045
制造费用					9 940	9 940
管理费用					85 820	85 820
销售费用					13 100	13 100
合计				176 045	108 860	284 905

审核： 制表：

业务 29：

31 日，按工资总额的 15%、2%和 3%计提职工福利费、工会经费和职工教育经费。具体如表 21 所示。

表 21 单位：元

应借科目		计提基数	职工福利（15%）	工会经费（2%）	职工教育经费（3%）	合计
生产成本	A 产品	80 040	12 006. 00	1 600. 80	2 401. 20	16 008. 00
	B 产品	96 005	14 400. 75	1 920. 10	2 880. 15	19 201. 00
	小计	176 045	26 406. 75	3 520. 90	5 281. 35	35 217. 00
制造费用		9 940	1 491. 00	198. 80	298. 20	1 988. 00
管理费用		85 820	12 873. 00	1 716. 40	2 574. 60	17 164. 00
销售费用		13 100	1 965. 00	262. 00	393. 00	2 620. 00
合计		284 905	42 735. 75	5 698. 10	8 547. 15	56 981. 00

审核： 制表：

业务 30：

31 日，按照 2010 年度月平均应付工资 284 905 元计算 12 月份应缴的社会保险费用和住房公积金。其中，生产工人工资 176 045元，车间管理人员工资 9 940 元，销售部门人员工资 13 100元，行政管理部门人员工资 85 820 元。具体如表 22、表 23 所示。

表 22　　单位：元

项目	月缴费基数	单位负担		个人负担		合计	备注
		缴费比例	缴费金额	缴费比例	缴费金额		
养老保险	284 905	20%	56 981.00	8%	22 792.40	79 773.40	
医疗保险	284 905	8%	22 792.40	2%	5 698.10	28 490.50	
失业保险	284 905	2%	5 698.10	1%	2 849.05	8 547.15	
工伤保险	284 905	1%	2 849.05			2 849.05	
生育保险	284 905	0.8%	2 279.24			2 279.24	
住房公积金	284 905	12%	34 188.60	8%	22 792.40	56 981.00	
合计			124 788.39		54 131.95	178 920.34	

审核：　　制表：

表 23　　单位：元

应借科目		缴费基数	养老保险	医疗保险	失业保险	工伤保险	生育保险	住房公积金	合计
生产成本	A 产品	80 040	16 008	6 403.20	1 600.80	800.40	640.32	9 604.80	35 057.52
	B 产品	96 005	19 201	7 680.40	1 920.10	960.05	768.04	11 520.60	42 050.19
	小计	176 045	35 209	14 083.60	3 520.90	1 760.45	1 408.36	21 125.40	77 107.71
制造费用		9 940	1 988	795.20	198.80	99.40	79.52	1 192.80	4 353.72
管理费用		85 820	17 164	6 865.60	1 716.40	858.20	686.56	10 298.40	37 589.16
销售费用		13 100	2 206	1 048.00	262.00	131.00	104.80	1 572.00	5 737.80
合计		284 905	56 981	22 792.40	5 698.10	2 849.05	2 279.24	34 188.60	124 788.39

审核：　　制表：

业务 31：

31 日，收到社会保险基金管理中心开具的社会保险专用基金收费票据、住房公积金管理中心开具的住房公积金交款收据及委托银行收款凭证（付款通知），银行已扣缴企业及职工负担的各项社会保险费用和住房公积金。具体如图 64、图 65、图 66、图 67、图 68、图 69、图 70、图 71、图 72 所示。

社会保险专用基金票据

支票号：2211877

付款单位	银河实业有限公司										
征缴险种	征缴项目	金额									
		千	百	十	万	千	百	十	元	角	分
养老保险					7	9	7	7	3	4	0
小写金额合计				¥	7	9	7	7	3	4	0
大写金额	⊗仟⊗佰⊗拾柒万玖仟柒佰柒拾叁元肆角零分										

征缴单位（盖章）　　经办人：李敏　　2013 年 12 月 31 日

图 64

社会保险专用基金票据

支票号：2100654

付款单位	银河实业有限公司										
征缴险种	征缴项目	金额									
		千	百	十	万	千	百	十	元	角	分
医疗保险					2	8	4	9	0	5	0
小写金额合计				¥	2	8	4	9	0	5	0
大写金额	⊗仟⊗佰⊗拾贰万捌仟肆佰玖拾元伍角零分										

征缴单位（盖章）　　经办人：李敏　　2013 年 12 月 31 日

图 65

社会保险专用基金票据

支票号：2211878

付款单位	银河实业有限公司										
征缴险种	征缴项目	金额									
		千	百	十	万	千	百	十	元	角	分
失业保险						8	5	4	7	1	5
小写金额合计					¥	8	5	4	7	1	5
大写金额	⊗仟⊗佰⊗拾⊗万捌仟伍佰肆拾柒元壹角伍分										

征缴单位（盖章）　　经办人：李敏　　2013 年 12 月 31 日

图 66

社会保险专用基金票据

支票号：2211879

付款单位	银河实业有限公司										
征缴险种	征缴项目	金额									
		千	百	十	万	千	百	十	元	角	分
工伤保险						2	8	4	9	0	5
小写金额合计					¥	2	8	4	9	0	5
大写金额	⊗仟⊗佰⊗拾⊗万贰仟捌佰肆拾玖元零伍分										

征缴单位（盖章）　　经办人：李敏　　2013 年 12 月 31 日

图 67

社会保险专用基金票据

支票号：2211880

付款单位	银河实业有限公司										
征缴险种	征缴项目	金额									
		千	百	十	万	千	百	十	元	角	分
生育保险						2	2	7	9	2	4
小写金额合计					¥	2	2	7	9	2	4
大写金额	⊗仟⊗佰⊗拾⊗万贰仟贰佰柒拾玖元贰角肆分										

征缴单位（盖章）　　经办人：李敏　　2013 年 12 月 31 日

图 68

住房公积金缴费票据

支票号：2100654

付款单位	银河实业有限公司										
征缴项目		金额									
		千	百	十	万	千	百	十	元	角	分
住房公积金					5	6	9	8	1	0	0
小写金额合计				¥	5	6	9	8	1	0	0
大写金额	⊗仟⊗佰⊗拾伍万陆仟玖佰捌拾壹元零角零分										

征缴单位（盖章）　　经办人：李敏　　2013 年 12 月 31 日

图 69

同城特约委托收款凭证（付款通知） 2

委托日期贰零壹叁年壹拾贰月叁拾日

委托号码：第 332 号

<table>
<tr><td rowspan="3">付款人</td><td>全称</td><td>银河实业有限公司</td><td rowspan="3">收款人</td><td>全称</td><td colspan="8">西安市雁塔区社会保险基金管理中心</td></tr>
<tr><td>账号</td><td>6120380057067248102</td><td>账号</td><td colspan="8">6100026437592362525</td></tr>
<tr><td>开户银行</td><td>工商银行雁塔支行</td><td>开户银行</td><td colspan="8">建设银行雁塔支行</td></tr>
<tr><td colspan="2" rowspan="2">委托收款金额</td><td colspan="3" rowspan="2">人民币（大写）贰万捌仟肆佰玖拾元伍角</td><td>十</td><td>万</td><td>千</td><td>百</td><td>十</td><td>元</td><td>角</td><td>分</td></tr>
<tr><td>¥</td><td>2</td><td>8</td><td>4</td><td>9</td><td>0</td><td>5</td><td>0</td></tr>
<tr><td colspan="2">款项内容</td><td>合同号</td><td></td><td>收款人联系电话</td><td colspan="8">28926578</td></tr>
<tr><td colspan="2">收 2013 年 12 月份
医疗保险
28 490. 50 元</td><td>备注：</td><td colspan="2">收款人（签章）</td><td colspan="8">中国工商银行雁塔支行
和平路分理处
2013.12.31
转
讫
付款人开户银行（签章）</td></tr>
</table>

单位主管：　　会计：　　复核：　　记账：

此联付款人开户行给付款人按期付款的通知

图 70

同城特约委托收款凭证（付款通知） 2

委托日期贰零壹叁年壹拾贰月叁拾日

委托号码：第 336 号

<table>
<tr><td rowspan="3">付款人</td><td>全称</td><td>银河实业有限公司</td><td rowspan="3">收款人</td><td>全称</td><td colspan="8">西安市雁塔区社会保险基金管理中心</td></tr>
<tr><td>账号</td><td>6120380057067248102</td><td>账号</td><td colspan="8">6100026437592362525</td></tr>
<tr><td>开户银行</td><td>工商银行雁塔支行</td><td>开户银行</td><td colspan="8">建设银行雁塔支行</td></tr>
<tr><td colspan="2" rowspan="2">委托收款金额</td><td colspan="3" rowspan="2">人民币（大写）玖万叁仟肆佰肆拾捌元捌角肆分</td><td>十</td><td>万</td><td>千</td><td>百</td><td>十</td><td>元</td><td>角</td><td>分</td></tr>
<tr><td>¥</td><td>9</td><td>3</td><td>4</td><td>4</td><td>8</td><td>8</td><td>4</td></tr>
<tr><td colspan="2">款项内容</td><td>合同号</td><td></td><td>收款人联系电话</td><td colspan="8">28926578</td></tr>
<tr><td colspan="2">收 2013 年 12 月份
养老保险 79 773. 40 元
失业保险 8 547. 15 元
工伤保险 2 849. 05 元
生育保险 2 279. 24 元</td><td>备注：</td><td colspan="2">收款人（签章）</td><td colspan="8">中国工商银行雁塔支行
和平路分理处
2013.12.31
转
讫
付款人开户银行（签章）</td></tr>
</table>

单位主管：　　会计：　　复核：　　记账：

此联付款人开户行给付款人按期付款的通知

图 71

同城特约委托收款凭证（付款通知）　2

委托日期贰零壹叁年壹拾贰月叁拾日

委托号码：第 339 号

<table>
<tr><td rowspan="3">付款人</td><td>全称</td><td>银河实业有限公司</td><td rowspan="3">收款人</td><td>全称</td><td colspan="9">西安市雁塔区住房公积金管理中心</td></tr>
<tr><td>账号</td><td>6120380057067248102</td><td>账号</td><td colspan="9">6100026412743976612</td></tr>
<tr><td>开户银行</td><td>工商银行雁塔支行</td><td>开户银行</td><td colspan="9">建设银行雁塔支行</td></tr>
<tr><td colspan="2" rowspan="2">委托收款金额</td><td colspan="3" rowspan="2">人民币（大写）伍万陆仟玖佰捌拾壹元整</td><td>十</td><td>万</td><td>千</td><td>百</td><td>十</td><td>元</td><td>角</td><td>分</td></tr>
<tr><td>¥</td><td>5</td><td>6</td><td>9</td><td>8</td><td>1</td><td>0</td><td>0</td></tr>
<tr><td colspan="2">款项内容</td><td>合同号</td><td></td><td>收款人联系电话</td><td colspan="9">28926578</td></tr>
<tr><td colspan="2">收 2013 年 12 月份
住房公积金 56 981 元</td><td>备注：</td><td colspan="2">收款人（签章）</td><td colspan="9">中国工商银行雁塔支行和平路分理处
2013.12.31
转讫
付款人开户银行（签章）</td></tr>
</table>

此联付款人开户行给付款人按期付款的通知

单位主管：　　　　会计：　　　　复核：　　　　记账：

图 72

业务 32：

31 日，计提本月固定资产折旧。具体如表 24 所示。

表 24

使用单位	固定资产类别	月初应计折旧固定资产原值（元）	月分类折旧率（%）	月折旧额（元）
生产车间	房屋及建筑物	5 100 000. 00	0. 3	
	通用设备	4 200 000. 00	0. 8	
	电子设备及其他通信设备	25 000. 00	0. 8	
	交通运输设备	140 000. 00	0. 8	
	小计	9 465 000. 00		

表 24（续）

使用单位	固定资产类别	月初应计折旧固定资产原值（元）	月分类折旧率（%）	月折旧额（元）
管理部门	房屋及建筑物	2 320 000.00	0.3	
	通用设备			
	电子设备及其他通信设备	690 000.00	0.8	
	交通运输设备	560 000.00	0.8	
	小计	3 570 000.00		
销售部门	房屋及建筑物	180 000.00	0.3	
	通用设备			
	电子设备及其他通信设备	25 000.00	0.8	
	交通运输设备			
	小计	205 000.00		
合计		13 240 000.00		

审核：　　　　　　　　　　　　　　　　制表：

业务 33：

31 日，分配本月发生的制造费用。具体如表 25 所示。

表 25

分配对象（产品）	分配标准（实际工时）	分配率（单位成本）	分配金额（元）
A 产品	6 000		
B 产品	7 200		
合计	13 200		

审核：　　　　　　　　　　　　　　　　制表：

业务 34：

31 日，计算本月完工产品和月末在产品成本。具体如表 26、表 27、表 28 所示。

表 26　　　　单位：元

项目	直接材料	直接人工	制造费用	合计
月初在产品成本	583 200.00	16 300.00	16 100.00	615 600.00
本月生产费用				
生产费用合计				
完工产品产量				
在产品约当产量				
单位成本				
完工产品成本				
月末在产品成本				

审核：　　　　制表：

表 27　　　　单位：元

项目	直接材料	直接人工	制造费用	合计
月初在产品成本	814 500.00	39 030.00	22 520.00	859 750.00
本月生产费用				
生产费用合计				
完工产品产量				
在产品约当产量				
单位成本				
完工产品成本				
月末在产品成本				

审核：　　　　制表：

表 28　　　　　　　　　　　　　　　　附单据　　张

产品名称	计量单位	产量	直接材料（元）	直接人工（元）	制造费用（元）	总成本（元）	单位成本（元）
A 产品	件	2 400					
B 产品	件	2 800					
合计							

审核：　　　　　　　　　　　　　　　　制表：

业务 35：

31 日，计算结转主营业务成本（产品销售成本）。具体如表 29 所示。

表 29　　　　　　　　　　　　　　　　附单据　　张

产品名称	期初结存			本期完工入库			本期销售		
	数量（件）	单位成本（元）	总成本（元）	数量（件）	单位成本（元）	总成本（元）	数量（件）	单位成本（元）	总成本（元）
A 产品	2 500	324.00	810 000	2 400			4 500		
B 产品	2 200	362.00	796 400	2 800			3 000		
合计									

审核：　　　　　　　　　　　　　　　　制表：

业务 36：

31 日，期末乙材料盘亏 10 千克，单位成本为 171.90 元，共计 1 719 元。经查属于非常损失，经批准由保管员负担 1 000 元，其余列作营业外支出。具体如表 30、图 73 所示。

表 30　　　　　　　　　　　　　　　　第 012 号

编号	名称	单位	单价（元）	数量（件）		盘盈		盘亏		原因
				账存	实存	数量（件）	金额（元）	数量（件）	金额（元）	
C01	乙材料	千克	171.90	2 490	2 480			10	1 719.00	保管不善
合计				2 490	2 480			10	1 719.00	

材料盘亏（盈）处理通知单

经审查确认盘亏10千克乙材料属于非常损失，现决定盘亏乙材料处理如下：

保管员周晓负担1 000元，其余损失作为营业外支出处理。

单位（公章）

总经理：（签章） 2013年12月31日　　会计主管：（签章） 2013年12月31日　　会计：（签章） 2013年12月31日

图73

业务37：

31日，计算本期应交增值税，结转未交增值税。具体如表31所示。

表31

<table>
<tr><td colspan="4">项目</td><td>销售额</td><td>税额</td><td>备注</td></tr>
<tr><td rowspan="7">销项税额</td><td rowspan="4">应税货物</td><td>货物名称</td><td>适用税率</td><td></td><td></td><td></td></tr>
<tr><td></td><td></td><td></td><td></td><td></td></tr>
<tr><td></td><td></td><td></td><td></td><td></td></tr>
<tr><td>小计</td><td></td><td></td><td></td><td></td></tr>
<tr><td colspan="2">应税劳务</td><td></td><td></td><td></td><td></td></tr>
<tr><td colspan="2">1.</td><td></td><td></td><td></td><td></td></tr>
<tr><td colspan="2">2.</td><td></td><td></td><td></td><td></td></tr>
<tr><td rowspan="4">进项税额</td><td colspan="3">本期进项税额发生额</td><td colspan="3"></td></tr>
<tr><td colspan="3">进项税额转出</td><td colspan="3"></td></tr>
<tr><td colspan="3">1.</td><td colspan="3"></td></tr>
<tr><td colspan="3">2.</td><td colspan="3"></td></tr>
<tr><td colspan="4">应纳税额</td><td colspan="3"></td></tr>
</table>

审核：　　　　　　　　　　制表：

业务 38：

31 日，计算本月应缴纳的城市维护建设税和教育费附加。具体如表 32、表 33 所示。

表 32 单位：元

计税基数				税率 (5)	应交城市维护建设税 (6)
增值税额 (1)	营业税额 (2)	消费税额 (3)	合计 (4)		
			(4) = (1) + (2) + (3)		(6) = (4) × (5)

审核： 制表：

表 33

单位：元

计税基数				税率 (5)	应交教育费附加 (6)
增值税额 (1)	营业税额 (2)	消费税额 (3)	合计 (4)		
			(4) = (1) + (2) + (3)		(6) = (4) × (5)

审核： 制表：

业务 39：

31 日，计提本年度坏账准备。具体如表 34 所示。

表 34

应收款项 (1)	应收款项年末借方余额 (2)	计提比例 (3)	按应收款项计算的应提坏账准备金额 (4)	调整前“坏账准备”账户期末借方（-）或贷方（+）余额 (5)	应提取的坏账准备金额
			(4) = (2) × (3)		(6) = (4) - (5)
合计					

审核： 制表：

业务 40：

31 日，计提本月应交房产税、城镇土地使用税和车船税。具体如表 35、表 36、表 37 所示。

表 35　　　　单位：元

房产原值	减除比例	租金收入	适用税率	全年应纳房产税	本期应纳税额
合计					

审核：　　　　制表：

表 36

面积（平方米）	土地等级	适用税额（元）	全年应提税额（元）	备注
合计				

审核：　　　　制表：

表 37

车辆类别		适用税额（元/辆或元/吨）	数量（辆）	全年应纳税额（元）
乘用车	排气量 2.5 升的小轿车	1 200	2	
	排气量 2.8 升的小轿车	2 160	2	
	排气量 3.2 升的小轿车	3 000	1	

表 37（续）

<table>
<tr><td colspan="3">车辆类别</td><td>适用税额
（元/辆或元/吨）</td><td>数量
（辆）</td><td>全年应纳税额
（元）</td></tr>
<tr><td rowspan="3">商用车</td><td rowspan="2">客车</td><td>20 座以下</td><td>660</td><td>2</td><td></td></tr>
<tr><td>20 座以上</td><td>1 200</td><td>2</td><td></td></tr>
<tr><td>货车</td><td>5 吨整备质量</td><td>100</td><td>10</td><td></td></tr>
<tr><td>挂车</td><td colspan="2">4 吨整备质量</td><td>100（按照货车税额的 50%征收）</td><td>5</td><td></td></tr>
<tr><td colspan="3">合计</td><td></td><td></td><td></td></tr>
</table>

审核：　　　　　　　　　　　　　　　　制表：

业务 41：

31 日，计提长期借款利息。具体如表 38 所示。

表 38

<table>
<tr><td>借款性质</td><td>借款证号</td><td>借款期限</td><td>借款期间</td><td>计息期间</td><td>借款金额（元）</td><td>借款利率（%）</td><td>本月借款利息（元）</td><td>已提利息（元）</td><td>合计（元）</td></tr>
<tr><td>基建借款</td><td>2058</td><td>3 年</td><td>2011. 10. 1 ~ 2014. 10. 1</td><td>12. 01 ~ 12. 31</td><td>3 000 000</td><td>8</td><td>20 000. 00</td><td>40 000. 00</td><td>60 000. 00</td></tr>
<tr><td></td><td></td><td></td><td></td><td></td><td></td><td></td><td></td><td></td><td></td></tr>
<tr><td>备注</td><td colspan="9">该借款是一次还本分年付息，用于生产设备的购置，购置的设备已于 2013 年 10 月 1 日交付使用。</td></tr>
</table>

审核：　　　　　　　　　　　　　　　　制表：

业务 42：

31 日，开出转账支票支付全年的广告费 960 000 元（假设全年销售收入为 20 000 000 元）。具体如图 74、图 75 所示。

中国工商银行转账支票存根

X VI26380094

科目：
对方科目：
签发日期：2013 年 12 月 31 日
收款人：西部广告代理公司
金额：¥960 000.00
用途：支付广告费
备注：

单位主管　　　　会计

复核　　　　　　记账

图 74

广告业专用发票

发票联

客户名称：银河实业有限公司　　　地址：　　　　　2013 年 12 月 31 日

I	单位	数量	单价	金额								
				百	十	万	千	百	十	元	角	分
广告制作					9	6	0	0	0	0	0	0
				¥	9	6	0	0	0	0	0	0
合计金额（大写）	⊗佰玖拾陆万零仟零佰零拾零元零角零分											

收款单位（公章）　　地址：　　　　　　开票人：刘娜

图 75

业务 43：

31 日，开出转账支票支付全年的业务招待费 200 000 元。具体如图 76 所示。

中国工商银行转账支票存根

X VI26380095

科目：
对方科目：
签发日期：2013 年 12 月 31 日
收款人：世纪国际大酒店
金额：￥200 000.00
用途：支付招待费
备注：

单位主管　　　　会计

复核　　　　　　记账

图 76

业务 44：

31 日，结转收入和费用账户余额。

业务 45：

31 日，计算并结转企业所得税（假设除实训题目中所涉及资料外，无其他须调整事项）。

业务 46：

31 日，结转全年实现的净利润。

业务 47：

31 日，根据公司董事会决议，计提法定盈余公积，将全年实现净利润的 50%按照各投资者的持股比例进行分配。具体如表 39 所示。

表 39 单位：元

利润分配项目	分配基数	分配比例	分配金额
合计			

审核： 制表：

业务 48：

12 月 31 日，将“利润分配”其他各明细账户的余额转入“利润分配——未分配利润”明细账户。

业务 49：

根据上述资料，进行相关账务处理，并填制增值税、城市维护建设税、教育费附加和企业所得税的纳税申报表。